现代德育建设与就业规划

孙 军 张 凤 张 敏 著

辽海出版社

图书在版编目（CIP）数据

现代德育建设与就业规划 / 孙军，张凤，张敏著．-- 沈阳：辽海出版社，2019.6
 ISBN 978-7-5451-5496-2

Ⅰ.①现… Ⅱ.①孙… ②张… ③张… Ⅲ.①大学生—德育—研究—中国②大学生—就业—研究—中国 Ⅳ.① G641 ② G647.38

中国版本图书馆 CIP 数据核字 (2019) 第 119763 号

责任编辑：丁　凡　高东妮
责任校对：丁　雁

北方联合出版传媒（集团）股份有限公司
辽海出版社出版发行
（辽宁省沈阳市和平区十一纬路 25 号 辽海出版社　邮政编码：110003）
北京市天河印刷厂印刷　　全国新华书店经销
开本：710mm×1000mm　　1/16　　印张：16　　字数：280 千字
2020 年 1 月第 1 版　　2022 年 8 月第 2 次印刷
定价：68.00 元

前　言

德育建设对学生健康成长成才和学校工作具有重要的导向、动力和保证作用。法律素养，不仅是当代教育中思想道德素养的重要内容，也是大学生学习、生活和社交的现实需要，更是其面对新时代走上工作岗位必需的核心素质和基本能力。

就业是民生之本，大学生就业已成为当今中国经济发展中备受关注的社会热点问题。大学生就业关系到人才强国战略的实施，关系到广大人民群众的切身利益，关系到社会和谐稳定，关系到高等教育事业持续健康的发展。如今，就业问题的研究和解决显得尤为迫切。

德育教育在如今的学生就业指导中起着重要的作用。在大学生的就业指导中要加强德育教育响应时代的要求。在高校的就业指导中加强德育教育是为了更好地解决社会上大学生业困难的现状。

鉴于此，三位作者合力撰写了《现代德育建设与就业规划》一书。本书主要研究了现代德育与就业规划，通过对德育建设的内容、意义、理论基础等方面的深入探析，对现代德育课程的进一步探究以及现代德育与传统德育的内在联系，提出了现代德育建设和大学生就业，现代德育与法律素养培育的一些深刻见解和思考，以求在新时代背景下给读者在现代德育建设、大学生就业规划、大学生与教师法律素养层面提供借鉴和启发，为我国社会主义建设贡献绵薄之力。

本书共有十一章。第一章论述了德育建设与大学生就业，第二章从职业规划与德育建设进行了研究，第三章对德育建设环境下的当代大学生进行了探究，第四章对现代德育和时代关系进行了多维度的研究，第五章探析了现代德育课程，第六章对现代德育与传统德育做深入探索，第七章从多维视角对现代德育进行探析，第八章探讨了大学生法律素养的培育，第九章深入研究了教师的法律素养，第十章对教育管理与教师培训研究进行了阐述，第十一章探究了德育建设与法律素养。

本书有两大特点值得一提：

第一，本书结构严谨，逻辑性强，以德育建设与大学生就业的研究为主线，对德育建设和大学生就业所涉及的领域进行了探索。

第二，本书理论与实践紧密结合，对德育建设的内容、意义、理论基础、相关延伸和大学生就业以及师生法律素养的培育等方面进行了深入探索和研究，以便读者加深对基本理论的理解。

三位作者在撰写本书的过程中，借鉴了许多前辈的研究成果，在此表示衷心的感谢！

由于德育建设与法律素养和就业问题涉及的范畴比较广，需要探索的层面比较深，对一些相关问题的研究不透彻，做出的总结与研究也有一定的局限性，加之水平所限，书中难免存在一定的不妥和疏漏之处，恳请前辈、同行以及广大读者斧正。作者今后还将在该领域进一步学习、实践和研究，探索更加适应新形势和新时代下的现代德育建设。

目 录

第一章 德育建设与大学生就业 ... 1
- 第一节 从就业的角度看高校的德育教育 ... 1
- 第二节 德育教育与就业指导的相互结合 ... 2
- 第三节 高校大学生就业德育工作 ... 6
- 第四节 大学生就业的德育指导与建设 ... 9
- 第五节 就业视角下当代大学生德育内容新探 ... 11
- 第六节 德育在大学生就业指导中的作用 ... 17
- 第七节 大学生就业能力培养的问题与德育路径 ... 19
- 第八节 高校德育视野下的大学生农村基层就业 ... 23
- 第九节 高职院校大学生就业与德育工作的融合研究 ... 28

第二章 职业规划与德育 ... 32
- 第一节 大学生择业观与大学德育的辩证关系 ... 32
- 第二节 职业生涯设计与德育 ... 35
- 第三节 职业生涯规划德育载体的构建途径与运用策略 ... 37
- 第四节 德育在中职学生职业生涯规划中的作用 ... 40
- 第五节 高职院校德育与职业生涯规划教育的有机结合 ... 43
- 第六节 职业规划对高职院校德育建设的重要意义 ... 47
- 第七节 从德育生活化模式看大学生德育内容的建构 ... 50

第三章 德育建设环境下的当代大学生 ... 54
- 第一节 大学生德育实效性探索 ... 54
- 第二节 大学生道德教育的挑战与对策 ... 57
- 第三节 新媒体环境下大学生德育建设 ... 62
- 第四节 德育视域下的大学生创业教育创新 ... 66
- 第五节 大学生德育建设的反思与推进 ... 71

第四章　现代德育和时代关系研究 … 76

第一节　现代德育与现代德育理论 … 76
第二节　现代德育的特点与任务 … 79
第三节　新形势下现代德育观的确立 … 81
第四节　道德教育的时代课题 … 84
第五节　利用文学手段提高德育实效性的实践和思考 … 90
第六节　德育现代化为全面建设小康社会助跑 … 93

第五章　现代德育课程探究 … 99

第一节　现代德育课程基本特征探析 … 99
第二节　现代德育课程评价探析 … 104
第三节　现代德育课程研究的基本思路 … 113
第四节　德育建设在现代师生关系中的作用 … 117

第六章　现代德育与传统德育 … 121

第一节　现代德育与传统德育之异同 … 121
第二节　中国优秀传统文化与现代德育的内在联系 … 126
第三节　中国古代文学中的德育渗透 … 134
第四节　中国现当代文学教学与德育渗透 … 138
第五节　中国传统文化精神应在高校德育工作中弘扬 … 142
第六节　现代德育发展的几大趋势 … 146

第七章　现代德育探析 … 151

第一节　现代德育方法与模式 … 151
第二节　现代德育管理的运行与现代学校德育管理 … 153
第三节　德育评价和德育工作评价 … 155
第四节　现代德育研究概述 … 156

第八章　大学生法律素养的培育 … 159

第一节　高职生法律素养培育探析 … 159
第二节　高校提升大学生法律素养路径规划研究 … 164
第三节　加强大学生法律素养培育的实践教学模式探析 … 169
第四节　对提升大学生法律素养的几点思考 … 172

第九章　教师的法律素养 …… 177
第一节　教师教育法律素养的重要性及其现实意义 …… 177
第二节　中小学教师教育法律素养的现状分析 …… 182
第三节　中小学教师的法律素养及其培养 …… 186
第四节　中小学教师法律素养在法治教育中的师表作用及其实现 …… 191
第五节　教师法律素养的养成 …… 196
第六节　培养高校青年教师法律素养的必要性 …… 200
第七节　关于提高高校青年教师法律素养的路径探索 …… 203

第十章　教育管理与教师培训研究 …… 207
第一节　教育管理建设 …… 207
第二节　德育工作在教育管理中的运用 …… 209
第三节　教师培训的核心要素 …… 210
第四节　教师培训的现实困境与对策 …… 218
第五节　教师培训——积极德育实践的新保障 …… 223
第六节　重视教师培训中的德育工作 …… 225

第十一章　德育建设与法律素养 …… 229
第一节　大学生法律素养及德育再思考 …… 229
第二节　高校法律素养教育在德育教育中的实效性 …… 231
第三节　发挥德育课功能提高学生法律素养 …… 234
第四节　渗透式法律素质教育是拓展高校德育的有效途径 …… 236

结束语 …… 241

参考文献 …… 243

第一章　德育建设与大学生就业

第一节　从就业的角度看高校的德育教育

处于递进式人才培养生产流水线末端的高等学校教育对人才质量的提升起着关键性的作用，而德育又是高校教育的重中之重。从某种程度上讲，德育教育的成败决定着高校教育的成败。作为高校教育者，要把德育教育放在首位，才能培养出社会主义建设所需要的德才兼备型人才。

德育即教育者按照一定社会或阶级的要求，有目的、有计划、有组织地对受教育者进行系统的影响，把一定的社会思想和道德原则转化为个体的思想意识和道德品质的教育。德育是教育的一个重要组成部分，它随社会的发展而发展。德育是社会主义全面发展教育不可分割的重要组成部分，是建设社会主义精神文明不可缺少的方面，是培养全面发展新人的重要途径。德育教育是一个全社会普遍关注的教育热点问题。2005年10月，国家教育行政学院组织开展了以"德育在素质教育中的灵魂和核心地位"为主题的专题调研。在79名市教育局长和167名县教育局长提交的有效调查问卷中，76.73%的人认同德育在素质教育中的核心和灵魂地位。

众所周知，国以人兴，一个国家的富强与高素质、高水平的人才是密不可分的。由于高等学校处于递进式的人才培养生产流水线的末端，高校的教育劳动承载着崇高的社会期望和人类的远大理想。高校的教育劳动效果直接关系到青年大学生道德素质的形成，影响着高校人才质量的提升。而人才的培养质量又与社会利益息息相关，社会对人才数量和质量的渴望也就不可避免地寄托在高等学校身上。高校作为高素质人才培养的重要阵地，已经并正在为社会主义现代化建设提供着坚实的人才保证和智力支持。首先应该肯定当代大学生思想状况的主流是积极、健康、向上的，但是也要清醒地看到，高校在校生的道德教育出现了许多新情况、新问题和新矛盾，面临着严峻的挑战，在德育教育方面还存在不少问题和薄弱环节。多元化教育与个性化教学是中等生成功教育的新途径。

德育作为人类精神文明建设和发展的决定性因素，对社会个体、国家、民族乃至人类社会的健康发展都起着巨大作用。高校培养的毕业生，他们思想道德、科学文化素质如何直接关系到21世纪中国社会主义现代化建设战略目标能否实现。

高校毕业生处在由学校走向社会的特殊转折阶段，他们既要考虑如何顺利毕业，又要考虑就业问题。由于复杂的社会背景和毕业生自身的素质，许多学生在政治追求、职业选择和如何适应社会等问题上存在各种各样的思想动向，在就业指导中贯穿思想品德教育就显得十分重要和必要。它有助于帮助毕业生确立坚持中国特色社会主义事业的理想信念，具有为人民服务奉献社会的使命感和责任感，有助于毕业生树立科学的世界观、人生观、价值观，养成科学的思想方法；有助于毕业生自觉地遵纪守法、维护权益，具有良好的道德品质和健康的心理素质；有助于毕业生热爱事业，养成良好的职业习惯和安全意识、质量意识、效率意识和环境意识；有助于毕业生在离校前初步具有一定的道德评价能力、自我教育能力、客观冷静面对困难的心态。

总之，在高校大学生就业指导中把德育贯穿始终，是对大学生思想政治课的深化与拓展，能帮助毕业生正确认识个人与国家、社会、家庭的关系，正确处理个人与个人、个人与集体、个人与自然的关系，树立公平竞争意识，增强服务意识，在求职过程中降低求职期望，顺利适应社会，坚定"先就业，再择业，条件成熟再创业"的信心，为成功就业奠定坚实基础。

第二节 德育教育与就业指导的相互结合

帮助大学生树立正确的就业观念，进一步建立和健全大学生就业指导机构和就业信息服务系统，提供高效优质的就业创业服务是高校就业工作者义不容辞的责任。在毕业生的就业指导过程中，应加大毕业生的德育教育，解决毕业生就业过程中的心理问题，鼓励毕业生选择正确的就业方向，正确引导毕业生积极充分就业。

中共中央、国务院在《关于进一步加强和改进大学生思想政治教育的意见》中指出：要帮助大学生树立正确的就业观念，进一步建立健全大学生就业指导机构和就业信息服务系统，提供高效优质的就业创业服务。目前，毕业生工作已成为学校的核心工作之一，针对大学生思想、价值、观念、行为呈现出的特点，在就业指导过程中，有目的地将德育教育与就业指导相互结合显得尤为重要。

一、高等教育进入大众化时代后高校毕业生所面临的就业形势

自从1999年高校扩大招生规模以来，我国大学毕业生数量逐年增加：2005年达到338万人，而到了2011年，这一数字已达660万人，并在此后以每年2%~5%的速度增长，2018年首次超过800万人，达到820万人。除了近千万的大学毕业生相互竞争外，下岗失业人员再就业和农村劳动力也对大学生就业形成了巨大的冲击[①]。当前农村富余劳动力转移和进城务工的规模和速度正在加大，全国各地也正在

---

① 王蔚，孔雷.论德育教育与就业指导的相互结合[J].中国大学生就业.2007(06).

清除、限制农民工的就业门槛，为大众提供一个更加公平的就业市场，这种情况大大增加了社会、高等学校和毕业生本人的就业压力。

二、德育教育与就业指导相互结合的必要性

在计划经济时代，毕业生的就业过程很简单，就是服从分配。市场经济条件下，随着我国毕业生就业制度改革的深入，"双项选择，自主择业"已经深入人心，大学生就业观念日趋实惠、功利，强化个人利益，淡化国家和集体利益，造成部分大学生就业道德表现不尽如人意，主要表现在以下几个方面：

（一）高收入主义倾向严重

部分毕业生将高收入、高待遇作为衡量实现自身价值的唯一标准，而舍弃了国家利益、集体利益和职业的思想价值，从而使择业呈现个人利益至上、功利主义的价值取向。这部分毕业生就业时重金钱，图实惠，只要工资高，什么工作都干；有的只考虑单位的"门面"，不考虑是否适合自己的发展，信奉的是到大城市、大机关、涉外单位去；有的毕业生贪图虚荣，一心要找一份"理性体面"的工作。

（二）认识偏差

大学生对当前就业中出现的所谓"就业难"认识产生偏差，容易造成思想混乱。目前我国正处于调整产业结构、经济加速发展的重要时期，国家建设需要大量的人才。如新兴产业对高科技人才的需求、农业和乡镇企业的发展对技术人才的需求、西部地区开发与建设对各类人才的需求、企业和社会对各种复合型人才的需求等，我国人才总量与国家建设的需要相比还有较大的不足。然而，由于高校毕业生自身方面的原因，如期望值过高、择业目标偏离社会实际需求等，以及社会经济发展状况、人才配置区域性不平衡，人事制度、就业体制、机构改革及国有企业的减员增效等种种客观问题的存在，导致了大学生所谓的"就业难"。由此，大学生择业中容易滋生一些不良的心态和负面认识，使他们不能审时度势，准确为自己定位，把职业选择理想化。部分大学生在实际求职中碰壁，进而引发心理焦虑、失去自信、自暴自弃的现象，甚至有的毕业生还存在严重的依赖思想，等待、依靠学校提供良好的就业机会，而个人主动参与的竞争意识不足。

（三）不能处理好奉献与索取的关系

许多大学生在工作上要求有好的工种，工作环境要求高，既要轻松，又要舒适，追求享受，却不考虑单位的情况和自身的条件，只想到自己的发展，不考虑单位的情况，没有奉献，只谈索取，这种自大的方式往往影响了自己的就业道路。许多工科专业的本科生一听到要去生产第一线去锻炼，往往会放弃工作机会。

（四）在择业过程中诚信不足

部分大学生为了获得一份满意的工作，不惜采取各种手段去迎合用人单位的标

准，夸大个人，千方百计地包装自己。有些大学生为了保底，往往先和一家用人单位签约，一旦发现更好的用人单位，便马上违约，个别还出现"一女多嫁"的情况，有的甚至把选择的职业、单位作为跳板，一旦有了工作经验并且时机成熟，便"挥手作别"，这也使许多用人单位大呼"现代大学生诚信缺失"。

（五）缺乏竞争意识和法制观念

面对越来越严峻的就业市场，必将有部分大学生通过竞争进入社会精英岗位，另一部分大学生从事与大众化相适应的"蓝领"职业。有的大学生由于没有经过锻炼，缺乏竞争意识，到了人才市场、招聘会面试时感到胆怯、过于拘谨，失去了就业机会；有的学生抱有自卑心理，不敢积极表现，与用人单位交谈时缩手缩脚；在竞争中合作、提高是学生道德品质的体现，也是用人单位要着重考察的。部分大学生无视就业协议的法律效应，对就业协议中的各项条款不能很好地理解，有的甚至单方面毁约，这样做既损害了自己的人格形象，还会影响所在学校的社会名声，甚至有可能承担一定的法律责任。

德育教育是在总结德育工作经验和科研研究的基础上形成的关于大学生政治、思想、法律、道德和心理素质等方面的系统理论和知识。将德育教育与就业指导相互结合是我国教育方向和培养目标的迫切要求。它有利于引导大学生树立正确的择业观，增强使命感、责任感、上进心，培养良好的道德品质，顺利完成由学生向职业人的转变。

三、德育教育与就业指导相互结合的具体做法

（一）要加强德育教育队伍建设和培训工作

大学生要树立正确的就业观、成才观，就需要有好的道德修养，就必须在大学期间进行系统的德育教育，就要有一支高素质的德育教学队伍。同时要对这支队伍进行就业指导、职业生涯规划方面的培训，使他们能够将德育教育和就业指导巧妙地融合在课堂上。

通过高校德育教育可以告诉大学生如何做人，怎样正确处理自己和他人、个人和群体的关系。入世后，用人单位要求现代人才必须综合素质高，对大学生的成才提出了更高的要求，它不仅需要大学生具有丰富的科学文化知识，知道如何去做事，更重要的是让大学生真正懂得如何去做人。高校的德育教育课正是根据当代青年大学生的生理、心理以及大学期间的具体情况，用马列主义、毛泽东思想、邓小平理论等重要思想武装大学生的头脑，帮助他们提高思想道德修养水平，注重做人的行为规范，强化人格教育，使学生树立正确的思想意识和世界观、人生观、价值观，成为有社会责任感和事业心的人，有志有为、德才兼备的人。

（二）德育教育帮助学生处理利益关系

高校德育教育的理想、信念教育能够使大学生正确处理国家、集体和个人三者之间的利益关系，确立恰当的择业期望值。理想、信念是大学生开拓进取、团结拼搏的强大精神支柱和不竭的动力源泉，也是大学生正确处理个人、集体和国家三者之间的利益关系，发扬对国家和人民奉献精神的基础。高校德育教育课在改革开放和建立社会主义市场经济体制的新形势下，遵循人的认识和发展规律，顺应时代进步潮流，加强了大学生的人生理想和信念教育，并将理论教育转化为大学生的价值取向和人生追求，帮助大学生树立正确的人生理想和坚定的信念。德育教育可以把握时代要求，把满足社会需要和当代大学生精神发展需要紧密统一起来，使大学生能够确立恰当的择业期望值，顾全大局，服从国家需要，把实现社会价值和实现个人人生价值有机地结合起来，促使大学生主动到祖国最需要的、也最能发挥和体现自身价值的地方去建功立业。

（三）高校德育教育课的心理素质教育能培养大学生良好的心理品质

良好的心理素质是获取成功的基石，它对人的思想道德、智力开发、创造能力培养等是一种基础性因素。随着社会和时代的飞速发展，人才的竞争越加激烈，许多毕业生缺乏承受挫折和失败的心理准备。德育教育突出了对大学生心理健康教育，使大学生系统地了解自身的心理发展规律，利用保持心理健康的方法和途径培养他们的乐观主义和拼搏精神，帮助他们正确认识自我和社会现实，使大学生能够保持良好的择业心态，增强抵御挫折的能力，始终保持乐观向上，自立自强的良好心态；在求职过程中出现被用人单位拒收的情况，可以总结教训，查找原因，以更加积极主动的心态去择业。

（四）高校德育教育中的诚信教育是做好毕业生就业工作的基础和前提

人无信不立，德育教育通过课堂、请专家讲座、召开学生座谈会等形式进行诚信教育，培养学生对诚信的自我认同能力和感受能力，使学生充分认识到个人价值的存在，做到自尊自爱，树立起个人诚信意识。这样可以尽量减少毕业生在就职过程中对自荐信、推荐表、各种获奖证书等材料进行造假及签约过程中的违约现象。

（五）德育教育中的法律课能提高大学生的法律意识

针对大学生择业时存在法律意识淡薄的问题，可以通过德育教育中的"两课"来解决。可以通过学习《法律基础》课，使学生懂法、守法，自觉约束不道德的思想和行为。也可对毕业生进行劳动法、合同法等有关知识的灌输，这样，一方面可以减少毕业生就业时主观上的失误；另一方面也可使毕业生在签约时维护个人正当的权益，创造良好公平的就业市场。

我们要充分认识到，高校德育教育在培养社会主义事业的合格建设者和接班人方面具有不可替代的作用，能够帮助毕业生确立正确的择业观念，培养大学生的爱岗敬业精神，树立法律意识和正确的成才观念。所以要不断加强它与大学生就业指导之间的相互融合，促进学生全面就业，提高学生就业质量。

第三节　高校大学生就业德育工作

现今社会，就业形势非常严峻，高校德育能够培养大学生职业道德、社会公德和传统美德，使大学生树立正确的择业观，引领大学生正确择业。因此，在高校就业指导中，应通过完善大学生就业德育的内容、改进大学生就业德育工作的方式方法、拓展大学生就业德育工作的载体、加强大学生就业德育工作队伍建设、完善大学生就业德育的体制管理等途径加强大学生的道德教育。

在我国社会经济快速发展的带动下，高校教育体制发生了变革，为了契合社会对大学生的要求，各高校都在教学过程中对大学生进行了道德教育。德育能够提高大学生在思想、政治、道德等方面的素质，使大学生成为有理想、有文化、有道德、有纪律的社会主义"四有"新人，继承并发扬我国优良的传统美德，艰苦奋斗，诚实守信，爱岗敬业，自强不息，树立正确的人生观、世界观、价值观。但是，当前我国严峻的就业压力促使大学生的思想发生了变化，不能够正确面对就业问题，这就需要高校进一步加强德育工作，积极探索大学生就业中存在的思想道德问题，完善大学生德育的内容，使大学生形成正确的价值观和择业观。

一、当今大学生就业难的原因分析

(一) 大学生的主观原因

大学生在就业过程中的主观因素是影响其就业的直接原因。大学生在就业过程中缺乏对自身的充分认识，不清楚自己的优点、缺点、兴趣爱好等，对职业的发展方向不明确，盲目追随社会的趋势或者遵从家长的指导、安排等；一些大学生在学习过程中不够努力，专业技能不扎实，思想政治水平不高，面临就业时，出现心理素质低下、缺乏自信心、法律意识淡薄、职业发展不明确等问题；一些大学生对自身定位不准，就业期望与社会现实差距较大，对就业前景担忧。

(二) 学校和社会等客观原因

学校方面，近年来，高校扩招，大学生人数逐渐增加，致使就业市场竞争激烈，就业难问题突出。同时，高校对学生就业指导教育做得不够，虽然国家要求高校对学生开设就业指导教育课程，但一些高校的就业指导课程并没能充分发挥就业指导的作用。

社会方面，一是社会不健康的网络环境等影响着大学生的价值观，使大学生过分注重利益得失，注重物质财富的创造，这本质没有错，但可能会影响大学生未来的职业发展。二是用人单位在招聘中提出过多的要求，要求高学历，要求经验丰富，致使大学生在就业过程中的主动性、积极性受到伤害。同时，父母对大学生的建议、期望使大学生争相选择大城市的工作，在小城市就业的意愿相对较低，导致就业不均衡现象产生。

二、德育在大学生就业指导中的作用

我国的经济发展推动了高校教育体制和就业制度的变化，严峻的就业压力对大学生的思想产生了很大的影响，增加了就业的难度。各高校应该积极对大学生就业过程中的思想问题进行探究，并开展有效的就业指导工作和德育工作，使大学生在就业过程中树立正确的价值观，选择合适的职业发展方向。

第一，大学时期是大学生价值观、人生观、世界观的形成时期，职业选择是大学生面向社会、走向社会的第一步，正确和成熟的人生观、价值观对大学生的就业选择有一定的指导意义。在现代多元化的社会中，各种社会现象层出不穷，大学生刚进入社会，很难适应新的世界和生活环境，遇到事情也难以理智判断并正确处理，这对大学生的职业生涯有一定的阻碍作用。在大学生就业指导中进行相应的德育工作，能够培养大学生健康积极的思想观念，树立坚定的社会主义信念，在解决相应的社会问题时，科学地运用马克思主义的唯物辩证法对事情做出合理分析，以更好的心态走入社会。

第二，对大学生进行德育培养，能够使大学生树立正确的人生观、世界观和价值观，培养大学生的职业道德、社会公德和传统美德，引领大学生正确择业，切实解决就业问题。目前我国中西部地区人才资源匮乏，需要高素质的人才到中西部去脚踏实地，吃苦耐劳，为中西部地区的发展做出贡献。在就业指导教育中对大学生进行德育工作，可以转变大学生的就业观念，增强大学生的社会责任意识和奉献精神，主动走向艰苦岗位和基层岗位，从而实现就业。同时，可以培养大学生的职业道德，使大学生在工作岗位上爱岗敬业，诚实守信，实现职业的稳定发展。大学生在职业发展中渴望获得自我价值的实现，如果在工作岗位中找准自己的定位，正确认识自身与企业的紧密联系，认识到实现自我价值是在实现集体价值的基础上，就能够在工作中奋发向上，明确职业的发展方向，转变职业观念，真正实现自身的价值。

三、加强大学生就业德育工作的途径

（一）完善大学生就业德育的内容

大学生就业德育内容应与社会主义的理想信念及荣辱观相结合，培育大学生正确的公民道德意识、法律意识和职业道德意识。公民道德和职业道德教育是大学生就业指导教育的基础性内容,引导大学生自觉遵守道德规则,遵纪守法,明礼诚信,勤俭自强,逐步养成良好的道德行为。另外,高校要加强大学生就业指导中的心理教育。健康积极的心理有助于大学生在就业过程中保持良好的心态,做到正确地认识自己,客观地评价自己,形成良好的就业心理素质。在加强大学生就业心理教育的同时,还应加强法制教育。在现代社会中,懂法用法是每个公民的基本素质。大学生刚进入社会,缺乏相应的法律知识和用法经验,在权益受到侵犯时,不能有效利用法律武器与犯罪行为对抗。法制教育对大学生的职业生涯有积极的引导作用,能够提高大学生在社会中的自我保护能力。

(二)改进大学生德育工作的方式方法

第一,高校要把德育工作与学生的日常教育结合起来,从大学伊始就进行分阶段的德育教育,使德育贯穿大学生的整个大学生活。对低年级的学生,要通过介绍其所学专业的发展情况、发展方向,使学生明确自己的职业发展方向;对高年级的学生,要让其认清就业形势,培养学生的综合素质;对于毕业季的学生,要培养他们正确的择业观,开展就业宣传讲座、优秀毕业生演讲等活动,帮助他们消除思想上的错误认识。设立就业咨询和就业指导部门,由专门的辅导教师对学生在就业过程中出现的问题进行解答,帮助学生解除疑惑,指导学生就业。

第二,在教学过程中对大学生实行全程化的职业生涯辅导,从踏入校门的时候就让学生明白自己的职业生涯并将职业生涯的辅导扩展到学生生活的各个方面。全程化的职业生涯规划可以帮助学生正确认识自己,找到自身的优势和不足,培养学生的职业技能、职业素质和职业道德,提高学生的综合素质。职业生涯可以为学生提供面试技巧,分析就业形势,为学生提供相应的职业咨询,帮助学生树立远大的职业目标,为就业打下基础。

第三,在德育过程中,要充分发挥现代科学技术的优势,丰富德育工作的方式。运用互联网技术可以及时收集、传播教学内容,也可以及时获得就业信息和用人要求,并及时对课程的内容和教学方式做出调整。现代多媒体教学可以使课堂变得生动有趣,丰富课堂形式,促进学生的全面发展。教师可以通过网络或者课堂,增加与学生的互动,及时了解学生的心理状况,解决学生出现的心理问题,有针对性地引导大学生就业。

(三)拓展大学生就业德育工作的载体

第一,促进校园媒体载体的构建。现代互联网技术提供了大量、及时的信息,高校应该抓住这个优势,运用现代互联网技术在校园网络上加强德育和就业指导教育,建立就业指导论坛、热线服务等平台,实现与学生的及时沟通,对学生的就业进行及时指导。同时,高校要发挥传统宣传媒体的作用,注重校园广播、板报、校报、宣传标语等宣传方式,引导和促进广大学生提升思想品德素质。

第二，引导校园文化载体的建设。校园文化可以潜移默化地影响学生的思想观念。高校要积极营造良好的校园文化，为学生提供良好的学习环境，使学生在掌握基本专业技能的同时，养成勤奋、刻苦、进取的治学精神。另外，高校要利用自身资源，组织多样化的德育活动，如讲座、文艺活动、研讨会等，帮助学生提高自身的修养。

第三，加强社会实践载体的建设。在教学过程中，高校要积极寻找社会上的各类合作伙伴，为学生提供丰富的社会实践活动。学生通过社会实践，可以检验自己的专业知识、专业技能等，同时也可以在实习的过程中发现自身的不足，并及时改进，为就业打好基础

(四) 加强大学生就业德育工作队伍的建设

第一，高校要加强德育工作队伍的专业化建设。高校在选拔和任免德育工作人员时，要采用合理的标准，选拔过程要公平、公正、透明，优先选择优秀人才，构建专业化的德育工作队伍，创造良好的竞争机制，激发德育工作者的积极性。

第二，对德育工作者积极开展培训活动，提高德育工作者的技能和素质。定期对德育工作者进行培训，向他们传递先进的教学理念，组织研讨和理论研究，促进德育工作者的交流，提高德育工作者的理论水平和教学水平，创新德育方式，激发学生的学习兴趣。

第三，大学生就业指导中，德育工作者不仅要具备道德教育的能力，还要能够对大学生的就业问题进行指导，具备较强的观察能力和分析总结能力，善于发现大学生在就业过程中出现的各种心理问题，并根据学生自身的特点提出相应的指导措施。这也就要求德育工作者主动学习，积极探索，不断提高。

(五) 完善大学生就业德育的体制管理

第一，高校的德育需要与理论知识教育结合起来。这就要求德育工作的相关教师和专业课教师相互沟通，所以各高校应成立德育领导小组，负责日常教学活动的安排，实现德育与理论知识教育相结合。

第二，在德育过程中，需要完善的制度体系保障德育工作的正常运作。因此相关部门应该根据高校教学的实际情况出台相应的政策，保证高校德育工作的健康发展。同时，高校也应该加大对德育研究的投入力度，不断完善德育理论内容，促进德育工作在就业过程中的发展。

第四节　大学生就业的德育指导与建设

每年毕业季都被戏称为"史上最难就业年"，就业竞争激烈，让大学生面对就业感到困惑、迷茫、无所适从，甚至产生不良思想。加强大学生就业工作中的思想

教育,尤其是充分重视我国传统伦理的优秀内涵,切实采取有效措施,弘扬优秀的传统道德,以进一步提高当代大学生的道德素质,使其能客观评价自我、端正就业心态、转变就业观念。保障大学生顺利就业对其个人、家庭乃至建设和谐社会而言具有重要意义。

在就业竞争日趋激烈的情况下,大学生求职道路困难重重。紧张的形势令大学生面对就业感到困惑、迷茫、无所适从。

一、大学生就业难的原因

究竟是什么原因导致大学生就业如此困难呢?主要是外在和内在两个方面的因素,外在因素包括社会、高校和企业几方面的原因;内在因素主要是大学生自身原因。简单而言,主要表现为以下两点:第一,用人单位的因素。用人单位在观念上存在一定误区。有些用人单位盲目追求高学历,大学生能力与个人素质的考察反居其后;此外,用人单位发布的招聘信息多,但有效的相对较少,间接导致大学生就业难。

第二,大学生自身的因素。很多大学生专业技能不过硬,有许多大学生进入大学后,便放松了学习,他们意识不到大学才是自主学习、个人发展的黄金时期,导致其在求职过程中由于专业知识及技能不扎实而被企业淘汰。另外还有对薪酬的期望过高。现代大学生往往过于看重薪酬,还没有创造价值,就想着高薪酬,影响就业。

二、加强大学生就业德育教育的策略

就业形势固然严峻,但是大学生只要能够端正心态,树立正确的就业观念,相信即使是再难的就业形势,依然能够顺利就业。如何引导大学生树立正确的就业观念,高校责无旁贷,必须改变以往重技术,轻思想的做法,在加强对大学生求职技巧指导之余,也要加强对大学生就业的思想政治教育,特别是在引导大学生树立职业理想、端正价值观上下功夫。

(一)树立崇高的职业理想

苏联教育家苏霍姆林斯基曾说:"学校道德教育的实质,则在于教育者经常去唤起自己的学生们去追求理想的东西,即应该奉献的思想",可见,理想在品德教育中的重要性。所谓理想,就是人们在实践中形成的具有实现对未来可能性的向往和追求。动物只能被动地适应环境,活在现实中。而人类不仅生活在现在,还在改造世界的过程中,根据自己的需要和对世界的认识,形成未来的理想目标,并努力去实现这个目标。这个目标包含了生活、职业、道德和社会层面等,其中职业理想简单地说,就是人们希望自己日后能从事某类心仪的职业并在职业活动中取得理想的成绩。当然，个人职业理想的确定和实现不能脱离中国的社会现实。建设有中国特色的社会主义就是当代中国的社会现实。大学生在树立自己的职业理想时，一定要紧密联系社会实际需求，调整自己的就业心态，降低自己的就业期望，准确定位自己，改变一次就业定终身的观念，摒弃攀比、从众心理，充分理解和把握政策导向，到祖国最需要的地方去，到最需要的岗位上建功立业，在实现个人职业理想的同时，为实现中华民族的伟大复兴而贡献自己力量。

（二）培养正确的人生观

马克思指出"人的本质不是单个人所固有的抽象物，在其现实性上，它是一切社会关系的总和"，即任何人都从属某个社会群体，同周遭的人发生着各种关系。在这些关系的处理过程中，难免要经历喜怒哀乐，由此引发对人生的思考：人为什么活着、人应当怎样活着、怎样的人生是有意义的？这就是人生观的三个方面：人生目的、人生态度和人生价值。人生目的是对"人为什么活着"这一问题的认识和回答，是人们一生实践活动的总目标。

人生目的正确与否决定了我们的人生道路。范仲淹曾提出"先天下之忧而忧，后天下之乐而乐"，顾炎武提出"天下兴亡，匹夫有责"，周恩来提出"为中华崛起而读书"。古往今来，成就大事者大多志存高远，有着明确的人生目的。人生态度是人们在实践中形成的对待人生的稳定的心态。生活总是坎坷曲折的，只有以积极开朗的心态才能从容面对人生的起起落落。人生价值就是个人的生活实践对自己、他人和社会的形成，不少高职院校的毕业生普遍反映在课堂上所学到的知识与工作实践相脱节，很难应用于工作中。

这迫切要求我们要对课程体系进行改革，从而做到在教学实践中"教"，在学生实践过程中"学"，以强调技能和职业岗位能力培养为重点，通过理论教学和实践教学交叉进行，且理论教学服从实践教学的模式，将知识传授、能力训练、素质修养等方面有机结合，提高学生的综合素质，培养出满足岗位需要的高素质应用型技术人才。

第五节 就业视角下当代大学生德育内容新探

德才兼备、以德为先是我们对人才的要求，也是高校人才素质培养的方向。大学生怎样才能成为社会主义现代化建设需要的德智体美全面发展的合格建设者和接班人，就高校德育而言，应当将党和政府十分关心、人民群众尤其关注的就业作为重要视角和内容。结合当前时代背景，加强就业视角下的信仰教育——确立马克思主义的科学信仰，加强就业视角下的理想教育——为中国梦的实现而奋斗，加强就业视角下的行为教育——践行社会主义核心价值观应当成为核心内容和当务之急。

大学生就业问题关系到广大人民群众根本利益的实现，关系到社会主义现代化建设事业的成败，是党和政府十分关心，人民群众尤其关注的重大问题。在当前十分严峻的大学生就业形势下，以就业为视角做好当代大学生德育工作，端正大学生就业观念，提高大学生的就业能力，促进大学生科学就业是高校德育工作必须面对的重大课题。

一、当代大学生德育以就业为视角的必要性

社会主义现代化建设需要什么样的人才？该问题的答案决定了我们高等院校培养人才的目标。党和国家在总结历史和实践的基础上得出结论：社会主义现代化建设需要德智体美全面发展的合格建设者和接班人。

这决定了我们高等院校培养的大学生应当是德智体美全面发展的大学生。德才兼备，以德为先，德是人才素质的灵魂。大学生具备什么样的思想道德素质决定其能否顺利就业和多大程度地为国家和人民做出贡献。

(一) 贴近学生，符合人才成长规律

高校德育要关心人、帮助人，急学生所急，想学生所想，这是深入贯彻党的群众路线在高校思想政治教育工作中的集中体现。就业是每一位大学生关切并且不得不面对的大事，因此，从大学生关注的焦点——就业——切入德育将起到事半功倍的效果。高校德育要求"三进"①（进教材、进课堂、进头脑），实现让党放心、让学生满意的目标。因此我们必须清醒地看到：目前我们的德育工作还存在着教学针对性、实效性不强，教学方式方法单一，教育效果差强人意等问题。产生这些问题的一个重要原因就是我们的德育没有贴近学生，没有贴近他们的生活，不符合大学生的成长规律。这些年，高校德育在思想政治理论课中加强学生实践课教学，在专业课中融入职业理想、职业道德等内容就是加强和改进高校思想政治教育，让德育贴近学生、贴近生活的有益举措，也是实现大学生全面发展的内在要求。

(二) 贴近社会，符合社会发展需要

德育要教育人、引导人，传做人之道，解择业之惑。马克思主义认为：人的本质属性是人的社会性。所以，人一生的成长成才离不开社会。我们的大学生教育更不能因为来到了大学而远离社会。《高等教育法》明确规定高等学校应当以人才培养为中心，开展教学、科学研究和社会服务，保证教育教学质量达到国家规定的标准。社会服务是高校的重要职能之一，这涉及高等教育培育人才的方向。我们的社会需要什么样的人？当代社会普遍认同的人才标准：人才首先应当具备良好的人品；其次在博学广识的基础上，在某一个领域或某些领域有所专长；再次，效率高，讲方法，洞察力强，吃苦耐劳，有创造性思维。在此标准中，社会需要的人才首先

---

① 钟佩霖.就业视角下当代大学生德育内容新探[J].社会科学家，2015(02).

也是要求是有德的。对此，司马光说过："才者，德之资也；德者，才之帅也。"相反，在市场经济飞速发展的今天，我们心痛地看到一些有着高智商、高学历、高技术的大学生因道德修养、法律素养的缺失，与自己的光明前程失之交臂，道德的缺失还影响了他所就业的单位发展，阻碍了社会经济水平的提升。当代大学生德育以就业为视角，才能贴近社会，符合社会发展需要和市场经济规律。

对高校而言，大学专业设置要与社会需求接轨，避免和减少社会需要的大学生招不来，招来的大学生用不上的尴尬。教育要贴近生活、贴近社会，著名教育家陶行知对此提出了深刻的见解："生活教育是给生活以教育，用生活来教育，为生活向前向上的需要而教育。"从生活与教育的关系上说，是生活决定教育；从效力上说，教育要通过生活，才能发出力量而成为真正的教育。教、学、做合一，是生活法亦即教育法。社会即学校，这一原则要把教育从鸟笼中解放出来。简而言之，陶行知主张"生活即教育""社会即学校"及"教、学、做合一"。只有贴近生活、贴近社会的德育才是有生命力的德育，对大学生才有说服力和影响力。对于高校德育工作者来说，我们应当将生活教育理论运用到德育中。纸上得来终觉浅，绝知此事要躬行，对于大学生而言，在社会生活中践行德育知识，才能形成高尚的思想道德素质和品格。

二、就业视角下的信仰教育——确立马克思主义的科学信仰

大学生有信仰，国家才有力量。心理学研究已经证明：一个人有什么样的信仰决定一个人有什么样的理想，一个人有什么样的理想决定一个人有什么样的行动。大学生面临很多选择，但关键是要以正确的世界观、人生观、价值观来指导自己的选择。大学生的信仰对其职业理想的选择有着深远的影响。当前，就业视角下的信仰教育，确立马克思主义的科学信仰尤为重要。

1999年，由英国剑桥大学发起的"谁是人类纪元第二个千年第一思想家"征询投票活动中，马克思票数位居第一。马克思被评选为"千年第一思想家"的重要原因是马克思主义揭示了人类社会发展规律，维护和发展了最为广大的民众的根本利益，是指引民众推动社会进步、创造美好生活的科学理论。它以解放全人类为己任，为全人类的进步和解放指明了正确方向，并且为人民认识世界和改造世界提供了科学的立场观点和方法。马克思主义是科学的、崇高的，它为人类提供了用之不竭的精神财富。作为一个指导革命与建设的理论体系，马克思主义具有与时俱进的理论品质和长久的生命力，其最大限度地吸收、汲取人类创造的一切科学知识和文明成果，并不断地推动人类社会历史的进步。马克思主义发展史就是一部与人类生活相结合，不断发展、完善和创新的历史。列宁把马克思主义同俄国的实际相结合创立了列宁主义，并用之指导革命，取得了十月革命的伟大胜利。中国共产党人把

马克思列宁主义运用到中国革命和建设过程中，创立了毛泽东思想和中国特色社会主义理论体系，并用之指导革命和社会主义现代化建设，取得了举世瞩目的成就。恩格斯说："马克思的整个世界观不是教义而是方法。它提供的不是现成的教条，而是进一步研究的出发点和供这种研究使用的方法。"

正因为马克思主义是科学的、崇高的和与时俱进的，所以应当成为大学生毕生的信仰。用马克思主义的世界观、方法论指导大学生的就业、创业更具有现实意义。当代大学生唯有确立共产主义信仰，坚持用马克思主义的立场观点和方法指导自己的就业、创业，运用马克思主义中国化的最新成果（毛泽东思想和中国特色社会主义理论体系）武装头脑，才能认清人类社会的发展规律，认清中国走社会主义道路的必然性，才能在纷繁复杂的社会万象中看清本质，辨明方向，为国家和社会做出更大贡献。

三、就业视角下的理想教育——为中国梦的实现而奋斗

一个人的理想包括个人的社会政治理想、职业理想、道德理想和生活理想等，它们之间既相互联系、相互影响，又相互区别、相互制约。个人和社会的关系在理想层面上的反映就是个人理想与社会理想大学生将个人理想融入社会理想中，在为实现社会理想而奋斗的过程中实现自己的理想，是实现人生价值的根本途径。

（一）坚定实现中国梦的信心

实现中华民族伟大复兴是我们民族自近代以来最伟大的梦想。思想政治教育要坚定大学生对实现中国梦的信心。首先，加深对自己民族的认识。我们的民族有着悠久历史、辉煌文明和灿烂文化，为人类的发展和进步做出了举世瞩目的伟大贡献。其次，加深对近代史的认识。近现代以后，我们的民族饱经沧桑，历经磨难，中华民族到了亡国灭种的时候，许多仁人志士流血献身，却没能改变中国人民的悲惨命运。一直到中国共产党成立后，带领全国各族人民完成民族独立，走上了社会主义道路奠定民族复兴的基础。再次，当代中国人民在建设和发展中国特色社会主义的道路上，经过四十年的改革开放，我国的社会生产力、综合国力及人民生活水平迈上了一个新台阶，中华民族伟大复兴呈现出前所未有的光明前景，我们比历史上任何时候都接近中国梦这一宏伟目标，我们也比历史上任何时候都更加需要每一位中国人为中国梦的实现而奋斗。

（二）坚持个人理想与民族梦想的统一

不同时代的大学生面对不同的历史主题，承担着不同的历史使命。"为实现中华民族伟大复兴的中国梦而奋斗是中国青年运动的时代主题。""我们要实现的中国梦不仅造福中国人民，而且造福世界各国人民。"伟大而高尚的奋斗目标犹如指路明灯，指引着大学生前进的方向。古语有云：求上者得中，求中者得下，求下者无

所得。大学生是民族的希望，是祖国的未来，当志存高远。"中国梦是我们的，更是你们青年一代的。中华民族伟大复兴终将在广大青年的接力奋斗中变为现实。"因此，当代大学生在确立自己的理想时，应当坚持个人理想与民族梦想的统一。祖国的未来无限美好，青年的前途无限光明。只有全民族共同努力，特别是作为国家宝贵人才资源的大学生肩负起历史的使命，自觉融入社会主义现代化建设与文化强国的实践中，才能在实现自己个人理想的同时，推动民族梦想的实现。马克思在《青年在选择职业时的考虑》中指出："在选择职业时我们应该遵循的主要指针是人类的幸福和我们自身的完美。不应认为，这两种利益是敌对的、互相冲突的，一种利益必须消灭另一种的；人类的天性本来就是这样的：人们只有为同时代人的完美、为他们的幸福而工作，才能使自己也达到完美。"

四、就业视角下的行为教育——践行社会主义核心价值观

理想信念是一个思想认识问题，更是个社会实践问题。实践是通往理想的桥梁，大学生只有在实践中才能将理想变为现实。古人说："合抱之木，生于毫末；九层之台起于累土；千里之行，始于足下。"在实践中，大学生要把社会主义核心价值观作为自己的行为准则，在每一个平凡的岗位上，在踏踏实实的学习和工作中成为一个德才兼备的有用之才。

（一）践行社会主义核心价值观是当代大学生成才的基本途径

《礼记》中《大学》篇开篇言："大学之道在明明德，在亲民，在止于至善。""明德至善"是《大学》的思想核心与最高追求，凸显出古人对德的重视，这与我们现在提倡的"做事先做人"的教育精神一致。社会主义核心价值观体现的社会主义核心价值体系便是我们当代中国社会最为重要、最为完善的德育体系，是每一个人"明德"和通往"至善"的精神纲领。为深入贯彻落实关于培育和践行社会主义核心价值观的精神，2013年12月，中共中央办公厅印发《关于培育和践行社会主义核心价值观的意见》一文，文中明确指出了社会主义核心价值观对于我国教育事业特别是高等教育事业的重要意义。在全面深化改革的今天，践行社会主义核心价值观已成为大学生成长成才的基本途径。

（二）在生活、学习和工作中践行社会主义核心价值观

社会主义核心价值观有着凝聚共识、解释价值和规范行为三大功能。大学生是广大青少年中的佼佼者，肩负着更多时代责任和社会期望，在青少年中甚至整个社会都有着很强的带头示范作用。大学生应当成为践行社会主义核心价值观的先锋，以模范行动为社会做好表率，为实现民族梦想增添强大正能量。引领大学生在生活、学习和工作中自觉践行社会主义核心价值观，高校的德育工作要把握好几个重点。

高校要把社会主义核心价值体系融入《形势与政策》《思想道德修养与法律基础》等课堂教学中,深入开展社会主义核心价值观教育。比如,引导学生从国家社会、个人三个层面对社会主义核心价值观进行认识时,将追求远大理想和坚定崇高信念等融入其中,为每位大学生播种理想、点燃理想,为更多大学生有梦、追梦、圆梦创造各种有利条件。

在就业创业教育中,高校德育教师和就业创业指导教师要结合社会的需要,结合经济形势的发展因势利导,把就业形势的介绍与经济社会发展实际结合起来,把影响就业的制度性阻碍与国家社会、学校为促进就业出台的一系列政策措施结合起来。帮助大学生正确定位就业目标,调整就业预期,转变就业观念,引导他们把祖国和人民的需要作为自己的职业选择的方向,把目光更多地集中到需要人才的我国中西部地区、中小城市和农村基层。在讲述中国经济的转型升级时,让大学生认识到这对就业创业既是挑战,也是机遇。时代需要人才,时代也造就人才。比如近年来蓬勃发展的互联网经济成就了马化腾、马云、丁磊等时代风云人物。

高校德育中要注重大学生就业创业先进典型的宣传。比如,2012年2月,"感动中国·2011年度人物"谢晓君回到自己的大学母校(四川音乐学院)做《爱心是最美的艺术》事迹报告会。在谢晓君的事迹中,师生们看到她用爱心诠释了职业生命中最美的艺术,生动地践行了社会主义核心价值观,深受感动、广受教育。时代的发展,社会的变迁,各个领域已经并将源源不断涌现出优秀的青年典型。这些优秀典型的共同点是,无论在何时,无论在何地,他们都有着与时代同步伐、与祖国齐呼吸、与人民共命运的历史使命感和社会责任感。同时,还要坚持把社会主义核心价值观指导大学校园文化建设,使校园文化体现学校特色、时代特征和社会特性,形成优良的教风、学风、校风,开展积极健康的校园文化活动,让大学生受到先进文化的熏陶和文明风尚的感化,起到润物细无声之效果。校园文化建设要与发掘、传承和发扬中华民族优秀传统文化(包含道德)的当代价值结合起来,利用校园文化活动的平台普及传统文化知识,形成课堂教学、课外实践、校园活动多位一体的优秀传统文化培育体系。这既是当代中国践行社会主义核心价值观的内在要求,又是不可或缺的有效途径。坚持把社会主义核心价值观教育贯穿于大学生思想政治理论课的实践教学及专业课的社会实践活动中。引导大学生走入社会,积极参加专业实习、社会调查、大学生三下乡、志愿者服务、生产劳动等社会实践及公益活动,在这些实践活动中培养大学生的社会责任感,形成谦虚好学的作风和吃苦耐劳的品格。

第六节 德育在大学生就业指导中的作用

一、在德育教学中渗透就业指导

在德育课教学中进行就业指导可为德育课教学开辟新的领域，提高教学效果。其一，可以增强教学的针对性。可以改变德育课教学与现实脱节的矛盾，充实教学内容，贴近学生实际。其二，可以调动学生学习的积极性和主动性。由于就业指导这一内容的渗透，课堂内容变得生动，学生关注点提升，学习的积极性大大提高，教学效果随之提高。

首先，要注重在教学过程中培养学生正确的就业观。因为社会就业导向的影响，学生中存在着不正确的就业观。很多学生热衷走关系，不想离开大城市。在错误的就业观驱使下，学生的消极态度日益严重。德育教师应在向学生讲述树立正确的人生观、价值观的同时，引导学生树立正确的就业观。

其次，要注重在教学中提高学生的综合素质。现在就业中双向选择机制实质上就是学生综合素质的竞争。学生的综合素质要求学生具备相应的各种能力，这些能力的培养需要学生有意识地进行。而德育课正是对学生进行素质教育的重要渠道和阵地，教师通过实践、讲授、模拟等方式针对学生的实际，有意识地培养学生的各种能力。

再次，促使学生正确认识自己。不适当的自我评价对择业是有阻碍的。过高的自我评价容易盲目乐观、容易碰壁；过低的自我评价会产生自卑心理，错失良机。德育教师要教会学生用全面、客观、适度和发展的眼光评价自己，找出自身不足，提高综合竞争能力。

最后，要注重在教学中结合专业特点。要结合学生的专业特点，向学生讲授有关专业工作范围内的注意事项及专业素养。

二、德育对于就业指导的重要作用

学校教育的根本任务就是人才培养，在教育教学的过程中，要坚定不移地坚持德育为先。做好德育工作对加强就业指导有着重要意义。

（一）德育是高等教育的重要的组成

站在科学发展观的高度来看21世纪高等教育的人才培养，需要坚持以人为本，结合时代特点，选择教育的功能和价值教育的普遍功能是传授专业知识和传播技能，但最重要的功能是教会学生做人。国外针对优秀人才的评价——品行、动机、潜能、理解力、知识和经验中，品行是首要因素。可见，对学生的道德人格和思想品质的培育十分重要。

（二）德育对于就业指导工作具有重要促进作用

就业指导工作作为高等教育工作的重要组成部分，其核心同样是人才培养指导的主体是人。人的世界观、人生观和价值观，决定其实践行动，只有学生的思想认识到位，就业指导的开展才会更为有效。从这方面上讲，德育工作能够引导和帮助学生树立正确的世界观、人生观和价值观，建立正确的择业观，广泛地调动人的积极性，充分激发人的创造活力，积极完善自我。德育作为对科学发展观的具体贯彻，对就业指导工作的顺利完成具有重要的促进作用，同时就业指导工作作为人才培养的重要环节，也是做好德育工作的有效途径。

（三）德育是全程化就业指导的重要方面

在全程化就业指导中贯彻"德育为先"的大学生就业指导应该从新生入学那天开始，根据就业的具体内容对学生进行针对性指导，使就业指导贯穿大学的全过程，分阶段、分层次、多形式进行，即全程化就业指导。在全程化就业指导过程中，德育是重要方面，其主要内容是教育引导学生树立正确的人生观、世界观、价值观并践行。德育与就业指导紧密结合，使学生在正确择业指导下，找到自己人生的新坐标。德育贯穿就业指导全过程，是全程化就业指导的重要方面。

二、德育是学生进行职业选择和生涯规划的基础

职业生涯占据着人生的大部分时间，随着个人对自身发展的不断追求，就业双向选择过程会时常发生。个人只有具备过硬的思想素质、良好的专业素质和科学的职业生涯规划，才能抓住机遇、赢得主动。通过德育工作使学生具有正确的人生观、世界观、价值观和择业观，使他们能正确地进行职业选择，合理地实行生涯规划。通过坚定的思想政治教育，培养学生丰富的创造力、坚强的意志力、准确的判断力、良好的亲和力，使他们能够积极地投身国家建设。要在大学生就业指导工作中贯穿德育，德育对于大学生就业指导工作来说，有着重要的作用和意义，在大学生就业指导过程中贯穿德育教学，可以从以下几个方面来看：

（一）教师要采取恰当而合理的手段，加强学生对自我的正确认知

职业生涯规划中的德育教育肩负着引导学生养成正确职业观念的重任，这种德育教育的成果着重体现在职业生涯规划的前期准备上，尤其是大学生对自身的认知更为重要。在大学生就业指导过程中贯穿德育教学，教师首先要促使学生树立自信心，采取恰当而合理的方式帮助他们对自己产生系统而较为全面的认知，为将德育成果贯彻到职业生涯规划中，提升其水平提供一个良好前提。

（二）高校引导学生树立正确的就业价值观念，选择与自身相契合的职业

培养学生正确的就业观念，促使其对各科的学习形成正确的认知。大学生面临走进社会从事各项工作的现实情况，而在找寻工作和具体展开的过程中，正确的

就业观念和较为明确的认知不仅有利于其顺利实现就业，激起他们对所从事工作或者即将从事工作的热情，还有利于其实现自我价值，促进自身综合实力和素养的提升。

（三）高校教师采取多元方式激励学生，发挥目标的引领和推动作用

大学生职业生涯规划中的德育教育强调，教师要以各种方式激励学生，帮助他们形成积极的人生态度，树立自我的职业理想和职业目标，并努力发挥出其中的引领和推动作用。大学生只有拥有了正确的"航向"，并持之以恒地为之奋斗，才能在求学生涯中努力追求最大化的自我丰盈，在社会的大浪潮中不偏失方向，迈向成功的康庄大道。

（四）加强高校德育中的各种教育建设

这里所说的教育建设包括诚信教育建设、心理素质教育建设、法律教育建设等相关内容。诚信是做人的基本品质，德育通过课堂教学、学者讲座等形式进行诚信教育，让学生树立个人诚信意识，做到诚于心、信于人，以求减少求职过程中出现造假行为、违约行为等现象的出现。良好的心理素质是赢得成功的基本要素之一。在德育教学中聚焦对大学生的心理健康教育，教会大学生保持心理健康的方法与途径，正确认识自己，认清社会现实，帮助他们增强抗压、抗挫折的能力，积极主动地择业。法律稳定社会的强有力工具，高校一定要重视法律的教育，让学生知法、懂法、守法，同时进行劳动法、合同法等相关知识的传授，避免大学生毕业时在就业上出现失误，维护其个人正当权益，更好地促进学生全面就业。第七节　大学生就业能力培养的问题与德育路径

第七节　大学生就业能力培养的问题与德育路径

近年来，大学生就业难已成为一种独特的社会现象。大学生在就业过程中的一些道德问题日渐显现，表现出就业道德能力的缺乏。但目前高校对大学生就业能力的培养依然存在问题：一方面表现为对大学生就业能力内涵理解的浅表化，依然停留在人力资本的范畴，强调专业知识和技能，对于大学生是否具备成熟的职业理想以及人生观、价值观等缺乏深层的精神道德分析；另一方面，高校德育对大学生就业道德教育的观念、内容和方式等都相对滞后，存在明显问题。当前高校德育应当从大学生就业能力的内涵出发，针对大学生就业能力的道德缺点这一现状提高大学生就业能力。

一、大学生就业能力的道德缺场

(一) 道德认知不足

首先,大学生对就业的基本道德规范缺乏明确的认识。在对大学生就业道德的了解程度调查中,关于"你知道自己以后要从事的职业及职业道德"要求的调查中,调查100人,占总数的60%选择了"很模糊",31%的人选择了"明白",还有9%的人选择了"不知道"。其次,正确与错误的就业道德认知同时存在。虽然大部分大学生有明辨是非的能力,知道什么是对,什么是错,但也存在着一些不足。如大学生以自我为中心,追求物质利益,集体观念薄弱,缺乏奉献精神和合作意识,在外界诱惑的干扰下,容易放弃道德追求,不能坚守道德底线,对就业道德持有一种无所谓的态度。

(二) 道德情感冷漠

首先,大学生缺乏对自己职业的热情感、责任感、使命感。有的大学生从情感上缺乏对职业的喜好和满足,在自己的职业岗位中推卸责任,缺乏履行义务的积极性,忘记自己身上应有的职业道德责任。其次,大学生缺少对职业道德的崇敬。大学生无视就业道德的意义,对他人的反职业道德行为通常表现出事不关己的态度,对职业道德缺乏信任,这种普遍的不信任使大学生拒绝职业道德,情感上越来越远离道德,形成了职业道德冷漠的心理情结。

(三) 道德意志薄弱

首先,大学生在就业过程中缺少勇敢面对和战胜困难的信心。大学生在艰难求职和面对挫折时,心理比较脆弱,应变能力不强,求职失败后低迷消极,备受打击后自暴自弃,意志消退。其次,缺乏吃苦耐劳、实干敬业的优良品质。大学生害怕吃苦,贪于享乐,如果就业单位提供的条件不符合大学毕业生的心理标准,他们就会消极怠工,弃之而去。最后,缺乏遵守就业道德的坚定信念。大学生在就业过程中无法自觉地抵制各种低俗思想的入侵,用心履行职业道德义务,按照职业道德规范去严格要求自己。

二、高校德育观念滞后

高校德育观念滞后首先表现在高校注重大学生知识技能的培养,忽视专业德行的教化。高校的德育工作一直都存在着注重知识传授,而忽视道德教育的现状,只对学生的知识技能进行培养,使得大部分大学生有比较强的专业技能,却没有职业道德素养。其次,高校德育忽视了学生主体性。在高校的德育工作中,德育工作者不注重大学生的切身体会,不注重学生的积极主动参与道德情感的交流等。最后,高校德育形式化。高校的德育大都是照本宣科,仅仅是教师在课堂上一味地灌输,学生对于道德做不到内化于心，更不要说外化于行，使得德育流于形式，影响了德育效果。

（一）高校德育内容缺乏时代性

随着就业问题的突出，人才培养目标对德育提出了新要求，要求将就业道德教育纳入德育体系，但德育在大学生就业时并未提出明确的要求或制定相应的规范，就业道德教育缺乏针对性和实效性。高校德育内容过于陈旧和僵化，与时代脱节。我国高校德育内容体系是以马列主义、毛泽东思想为理论基础，以邓小平理论教育为核心，以爱国主义、集体主义、社会主义教育为主要内容的体系。从理论上来说，就是高校的马克思主义理论课和思想品德课，德育内容普遍偏向政治化，不注重培养学生养成良好的道德品质和行为习惯，自觉地遵照社会伦理规范，对就业所涉及的德育品质教育相对忽视。

（二）高校德育方式单一

高校进行大学生道德教育的主要形式仅是课堂教育。不管是思想道德的培养、大学生职业生涯规划，还是大学生就业指导，都采用传统的课堂讲解进行教育，形式单一，缺乏能够与大学生的日常生活连接起来的有效途径，因而不能深入人心，沦为大学生德行发展可有可无的装饰品，德育效果较差。即便如此，相较其他专业课程而言，专门的德育课程体系也并不完善，课程设置不多，课时也十分有限。而对大学生的就业德行教育更是微乎其微。这种单一的德育方式，特别是就业德行教育对大学生就业能力的培养和提升都难以发挥有效的作用。

三、大学生就业能力提升的德育路径

（一）更新德育理念

1. 要坚持德育为先的育人观

"育人为本，更新理念，改革完善培养体系。深入推进立德树人工作，是学校坚持社会主义办学方向，努力办好人民满意教育的根本要求。""坚持育人为本、德育为先、能力为重、全面发展的育人观，不断更新教育观念。高校的培养目标不仅仅是要使学生获得专业性知识与能力，而且还应该注重大学生的道德素质培养。""道德素质具有核心作用，它本身就是一种智慧，一种特殊的资本，对大学生的就业价值取向，就业目标和就业责任等方面起着重要作用。"

2. 要坚持主体性德育观

高校德育要以学生为主体，充分尊重大学生的主体性，使得对大学生道德教育的过程转变成自我教育的过程，道德从他律转化成自觉自律的境界。在坚持主体性德育观的德育过程中，注重学生知情意行的统一。黑格尔认为："道德之所以是道德，全在于其有知道自己履行了责任这样一种意识。"高校应重点培养大学生的就业责

任感和使命感，使其自觉自愿地提高自己的就业德行，从而提升就业能力。

3. 坚持实践的德育观

传统的德育观念局限于讲授道德知识，缺乏道德实践。重视实践的德育理念符合道德本质的必然要求，道德在本质上是实践的。高校在德育过程中，要注重培养大学生的道德实践能力，在实践中促进就业道德素质的提升。

（二）丰富德育内容

当今大学生就业道德缺场要求高校德育内容要把握时代脉搏，培养大学生的就业德行能力。

1. 进行就业观教育

引导大学生建立正确的就业观，培养大学生乐观面对严峻就业形势的能力，改变就业观念，使其自身的综合素质不断增强，能够正确协调国家集体与个人的关系，事业与利益、付出与回报的关系，对自己的能力有一个清晰的认识。除此之外，也要形成始终如一的职业信仰，养成积极向上的生活观、工作态度与不断进取的学习态度，锻炼自己坚强的意志，成为一个脚踏实地、不怕苦不怕累的有用之人，努力让自己具备较高的职业道德素质，在未来的职业生涯中，自觉地把自己的职业道德认知转化到自己的职业行为中。

2. 要进行诚信观教育

一定要提早培养大学生的诚信品质，诚信品质的培养要在教学、生活、管理等各个方面进行，贯穿大学教育的整个过程。广泛地开展主题教育与实践活动，加强大学生的诚信意识，使大学生明白诚实守信和成功就业的紧密关系。

3. 进行集体责任感教育

针对大学生自私自利的不良品格，高校要培养大学生的集体主义精神、团队合作意识，在日常教学中，积极组织进行团队活动和社会实践，使大学生养成为集体考虑、与集体共荣辱的思想意识。除此之外，大学生要不断提高自身的社会和集体责任感以及工作责任感，不惧艰难，勇往直前，有责任有担当，成为一个责任感强，值得信任的人。

（三）拓展德育方式

1. 要加强高校课堂的就业道德教育

一方面，高校要进行教材建设，编制专门的就业道德教育教材，增强就业道德教育的专业性，培养学生的乐观精神和坚定的工作理念，使学生热爱所学专业，甘于为工作奉献；另一方面，要改革课堂教学，杜绝满堂灌、注入式的教学方式，尽量采用启发式、讨论式、案例的方法。加深大学生对就业道德的理解和内化，自觉加强行业道德修养。此外，教师也要注重言传身教。教师自身的道德品质、言谈举止都会给大学生以潜移默化的职业道德感染。教师要发挥榜样的示范作用，使大学生心悦诚服地接受大学生就业道德教育。

2. 要重视课外实践的就业道德教育

学校提供适合大学生的岗位，让大学生在学校工作实际中体验责任的担当，增强就业认知，培养职业道德。进行社会实习也是课外实践的途径之一。高校与企业合作，为学生提供实习岗位，增强大学生就业道德教育的实践性，使大学生在实习中体验企业工作中的人际交往、工作态度和团队意识等，使大学生明白职业道德在工作中的重要性。

3. 优化校园环境，渗透就业道德教育

一方面，通过报刊、广播、网络等多种形式营造氛围，让大学生在日常的校园文化活动中，潜移默化地接受就业道德规范教育。另一方面，举行丰富多彩的活动：一是开展就业道德教育讲座，介绍企事业单位的人才需求标准，使大学生充分认知就业中德行能力的重要意义；二是组织学校社团，培养和锻炼大学生的责任意识、集体意识和团队精神。除此之外，强化大学生就业道德的自我教育也是提升大学生就业能力的重要途径。

第八节　高校德育视野下的大学生农村基层就业

面对日益严峻的就业形势以及国家推出的一系列鼓励政策，大学生农村基层就业积极性仍然不高。而面对社会主义新农村建设对人才的渴求，高校德育工作应该将培养大学生社会责任感和担当意识放在重要位置，深化改革，为大学生农村基层就业提供道德、知识、技能支持。

高校毕业生能否顺利就业不仅关乎经济发展，而且关乎社会和谐、政治稳定。在日益严峻的就业形势下，扎实推进大学生就业已成为各级政府部门工作的重中之重。2009年，面对日益严峻的高校毕业生就业形势，《国务院办公厅关于加强普通高等学校毕业生就业工作的通知》针对大学生就业提出的具体措施第一项就是"鼓励和引导高校毕业生到城乡基层就业，鼓励高校毕业生积极参加社会主义新农村建设"，并推出"大学生村官""三支一扶""西部志愿者""农村义务教育阶段学校教师特设岗位计划"等项目。就业教育是高校德育新的着力点和切入点，是高校德育的深化和拓展，是新形势下高校德育的重要内容。当前，高校德育工作中存在的缺点和不足已成为影响大学生农村基层就业的重要因素。

一、大学生农村就业意愿偏低

高校大学生农村基层就业是个一举多得的举措：一是可以缓解日益严峻的高校毕业生就业压力，实现毕业生顺利就业；二是解决新农村建设中农业现代化必须的人才缺口，为农村加速实现现代化提供思想指导和智力支持；三是实现工业化、信息化、城镇化与农业现代化同步发展，为党的十八大制定的农村发展目标的实现提供人才保障。但是，事实情况却是看似多赢的举措实施得并不顺利。其中，首要的问题就是大学生对国家推出的鼓励农村基层就业政策"并不买账"。

关于大学生不愿去农村基层就业的原因，多是"基层待遇差，不适应农村生活环境""社会保障不到位，二次就业难""专业不对口，无法实现自身价值""亲朋反对，自己没面子"等原因。

由此可见，当代大学生择业时，经济因素占据了首要位置，这也和马斯洛的需要层次理论相吻合。根据耶鲁大学教授克雷顿·奥尔德弗的"ERG"（Existence Relationship Growth）理论①，高校毕业生在寻求职业时，也要看到职业本身是否能够满足这三个需求（生存、关系、发展）。从以上结果可以看出，我国长期以来实行的城乡二元体制使农村的发展大大落后城市，城乡在经济收入、社会福利、受教育机会乃至政治权利方面存在的巨大差距，使当代大学生到农村基层就业的积极性难以得到提升，即使家在农村的大学生也不愿回到农村就业。2010年，河北大学青年发展研究中心以全国15所高校农村籍大学生为调查对象进行了"农村籍大学生就业意向"的调查，结果表明，农村发展急需人才支持，在经历过高等教育的农村籍毕业生中，有近94%的人把城镇作为工作的首选地点，不足7%的人首选愿意面向乡村工作。

二、高校德育中"三农"教育的缺失

推进大学生农村基层就业最根本的措施是加快推进城乡一体化进程，缩小城乡差距，实现公共服务均等化。但是，我们应该看到，在中国这样一个人口众多、地域发展不均衡的大国，缩小城乡差别绝非一朝一夕之事，需要几代人付出艰辛的努力。在我国工业化、城市化突飞猛进的今天，"三农"问题已经非常突出，"农村真穷，农民真苦，农业真危险"的局面解决不好，有可能导致国家的动荡不安。农业经济的发展、农民政治权利的保障和农村社会的和谐决定了整个国家政治经济的发展状况，没有农村的小康，中国的小康社会就很难实现。然而，"尽管农民在社会组织内部发挥的作用要比他们村子还是内向型时大得多，但是他们从事社会活动的能力比起其他社会群体要弱得多"。"尽管农民现在比以前更有能力通过社会组织进行持久的政治参与，但他们自己常常还是没有能力使这种联合制度化。其结果是农民持久参与政治的程度在很大程度上取决于非农民社会群体的行为。"也就是说，农村社会需要外界力量的支持和帮助以使他们能够尽快适应并融入现代化进程。时

---

① 美国耶鲁大学的克雷顿·奥尔德弗（Clayton Alderfer）在马斯洛提出的需要层次理论的基础上，进行了更接近实际经验的研究，提出了一种新的人本主义需要理论。

代呼唤如梁漱溟、晏阳初等那样一批具有强烈社会责任感的知识分子,在20世纪30年代内忧外患、动荡不安的局势下,他们毅然放弃城市优越的生活,筚路蓝缕,栉风沐雨,深入农村开展扎实有效的乡村建设工作。他们的精神在今天仍值得我们进一步学习与发扬,高校德育工作理应在这一方面有所作为。

高校德育在培育和引导大学生强烈的社会责任感、良好的人际关系、成熟的心理承受能力,完善大学生的综合素质,进而促进就业能力的提升方面发挥着重大作用。然而,纵观当今高校的德育工作,就业教育成了高校德育的"瓶颈",其中存在对"三农"问题的有意或者无意回避,这就导致在大学生心目中产生不好的影响,从而减弱了大学生农村基层就业的积极性。

(一) 课程设计中"三农"知识的缺失

课堂教育是高校德育工作的主阵地,而课程设置是实施课堂教育的基础。高校课程设置可分为必修课和选修课、公共课和专业课等几大类。其中,马克思主义理论课和思想政治教育课是现阶段我国普通高校开设的、全体学生的公共必修课,在各专业学科中,思想政治课的学时、学分占有较大比例。思想政治课重要的教学目标和教学内容就是使大学生充分认识到中国的国情,而中国的基本国情就是农村人口占多数,农业的现代化转型举步维艰。"两课"的教学内容多涉及宏大叙事,理想高于现实,脱离实际空谈较多,对现实存在的社会问题涉及内容并不太多,加上社会上流行的对"三农"系统的歧视,多数教师和学生都对"三农"问题不感兴趣或者有意忽视。

专业课程的设置上更是突出现代化的特征,现代教育过程就是城市性的再生产过程。现代教育的内容基本上或者完全是以城市的社会生活和生产背景为主要内容。教育实施的组织化本身就是城市性的,按照受教育者的年龄和社会生活、生产的需要设计课程、教学的组织化和学校的高度组织化等都是城市性的,而不是农村性。教育主要是以适应城市社会的各种复杂需要而进行专门的角色、专业的知识和技能、组织纪律和观念的培养和训练等,这些现代教育都是以城市社会的需要和要求为目标。现代教育暗含的一种理念就是传统和现代相比,传统都是保守的、落后的,而农村正是传统的渊源,改变农村的生活方式似乎是一个现代化国家发展教育所应追求的目标。

(二) 社会实践中农村经验的匮乏

大学生所处的年龄阶段使他们青春勃发,朝气蓬勃,具有极强的参与社会活动意愿。突出实践教学的重要地位,在"行"中求"知",在"知"的指导下去"行",方能改变坐而论道、夸夸其谈的空洞说教教学局面。因此,中共中央宣传部、教育部在《关于进一步加强和改进高等学校思想政治理论课的意见》文件中提出:"高等学校思想政治理论课所有课程都要加强实践环节。要建立和完善实践教学保障机

现代德育建设与就业规划

制，探索实践育人的长效机制。围绕教学目标，制定大纲，规定学时，提供必要经费。加强组织和管理，把实践教学与社会调查、志愿服务、公益活动、专业课实习等结合起来，引导大学生走出校门，到基层去，到工农群众中去。要通过形式多样的实践教学活动，提高学生思想政治素质和观察分析社会现象的能力，深化教育教学的效果。"纵观国内高校推出的思想政治课实践教学，普遍存在一个问题，那就是方法简单，内容重复，一般集中在读书、参观、访问等，没有深入发掘社会问题，走马观花，流于形式。而且，活动地点选择上多在工厂、学校、红色根据地等，对于广大农村、农民视而不见，严重脱离中国的国情。即使有暑期"三下乡"等活动，但是因为时间短、人数少、政治任务多、学术任务少等原因，难以使学生对农民的需求有更多的、深入的了解，结果导致相当一批大学生对农村缺乏应有的理性认识，眼高手低，过于理想，到农村基层工作后感到难以适应。

（三）就业指导中农村就业政策的忽视

就业为民生之本，德育工作不能脱离大学生的生活实际。对于国家制定的一系列推进大学生农村就业政策，各高校在指导大学生制订职业规划和求职择业过程中，对相关政策宣传程度不够。

三、推进大学生农村基层就业所需的德育工作

改革新时期，随着国家对"三农问题"的日益重视，以工哺农、以城带乡、城乡一体化政策的推出，农村的经济社会发展状况日益改善，农村为大学生提供了诸多创业和就业机遇。为此，高校德育工作应服务社会主义现代化建设大局，做好思想激励和智力支持，为培养合格的社会主义新农村建设人才服务。

（一）创新形式，加深大学生对"三农"知识的了解

高校德育工作应该贴近实际，面向未来。中央连续十余年推出的"一号文件"都是关于"三农"问题的，足以证明"三农"问题在中国经济社会发展中的重要性和紧迫性。高校应该根据中央部委要求，在有条件的大学设立农村研究院，同时利用教学、讲座、展览等形式，特别是将新农村建设方面的内容结合思想政治课教育、社团组织活动等，有意识将"三农"有关的知识灌输到广大青年学生的脑海中去，使学生对新农村建设产生兴趣、产生感情，进而自觉树立改变农村落后面貌的理想，多学习、多了解我国农村的发展历史和现实状况，为毕业后到农村基层就业做好思想、理论上的前期准备。与此同时，广大高校应该利用新校区一般设在郊区和周围农村地理位置临近的区位优势，和当地政府搞好沟通，将周边条件适合的农村建设为大学生德育实践基地，利用课余时间在农村通过社会调查、观摩选举、参与生产等多种方式了解农村，亲身感受农村，发现问题，发掘机遇，想好对策，为以后到农村就业、创业做好经验准备。另外，高校可以利用寒暑假优势布置一些农

村调查选题，采用集中和分散结合的方式，鼓励农村学生返回故乡后，通过社会调查发现问题，激发学生为故乡做贡献的欲望。另外，学校可以采用招标办法有偿支持鼓励一些农村调查团队。返校后，对优秀调查成果和个人进行奖励。

（二）改变观念，增加大学生农村成功典型示范比例

市场经济体制下，人们追求财富的欲望空前膨胀，而相应的约束净化机制建设却极为落后。大学生正处于学校教育走向社会的关键时期，人生观和价值观的可塑性较强，成功人物的典型示范和引导是指引大学生成才的重要途径。在这个问题上，高校德育的"说"和"做"严重分离，使大学生对德育工作的认同程度相对偏低。我们一方面经常教导大学生要具有无私奉献精神，要到最艰苦的地方去，要到祖国最需要的地方去；另一方面，当前高校在为大学生树立德育模范的时候，尤其是在校庆或者各类庆祝活动中介绍成功校友的时候，评价标准不是这些模范人物所取得的经济成就，就是政治上的地位，或者社会上的声望，无形之中为当代大学生追名逐利起到推波助澜的作用。这些优秀人物当然值得高校骄傲，但是那些长期在基层，尤其是在边远贫穷地区默默耕耘、无私奉献的校友更值得我们学习。正是这些在平凡岗位上做出不平凡成就的人，才构成了整个"中国梦"实现的基石。

国内有些高校已经认识到这一点，有意识地引进一些高校毕业不久、在农村就业或者创业小有成就的大学生来高校做讲座、搞宣传，介绍经验，解答问题，起到了很好的效果。因为这些毕业生和在校大学生年龄接近、经历相似，而且与高校德育工作者相比，这些毕业生具有比较丰富的农村工作经验，更能贴近生活实际，能起到课堂教学所意想不到的效果。

（三）形成合力，凝聚社会各界力量促进大学生农村就业

促使大学生农村就业并不是一个部门的事情，而是需要社会各界的共同努力。教育部、科技部在《关于开展高等学校新农村发展研究院建设工作的通知》中就提出服务社会主义新农村建设"需要高等学校从传统个体化、自发性为主的服务，向系统化、有组织的服务转变；迫切需要从间接式、短期性的服务，向与农村发展相结合、长期性服务转变；迫切需要从单纯依靠涉农高等学校，向多学科集成、多校联合、政产学研用融合的方向发展"。也就是说，服务新农村建设并不是单纯涉农高校的义务，而是全部高校的任务，而且这种服务是系统的、长期的、有组织的。

因此，高校的德育工作应该进一步整合，打破"条块"分割的格局，将宣传部、学生处、教务处、团委等部门在分工负责的基础上协调起来，建立联合的鼓励大学生农村就业机制，在国家政策的宣传、就业技能的指导、课程设置的改革、社团活动的组织等方面适度向农村倾斜，让那些有意愿到农村就业的大学生做到"知农、尊农、重农"，对国家相关鼓励政策做到熟悉、了解、运用。同时，高校德育工作应该在开放中加大改革力度，加强与政府部门、企业以及其他社会组织的团结合

作。政府提供政策，企业提供资金，高校提供知识，社会组织提供团队，建立大学生农村就业跟踪服务体制，切实解决他们在农村遇到的难题。

当前，政府各项政策正处在全面深化改革阶段，农村政策也在不断完善，总体"支农、惠农"总趋势不会改变。国内已有诸多大学生在农村就业创业成功的案例，这些都应成为大学德育工作活生生的案例，重要的是，高校各级领导者一定要对大学生农村基层就业问题重视起来，总结以往成功的经验，发现现实存在的问题，制订未来的长远规划，为大学生实现农村基层就业提供良好的教育环境。

第九节　高职院校大学生就业与德育工作的融合研究

一、现代职业教育对就业与德育工作的新要求

近年来，我国职业教育事业蓬勃发展，为促进就业、提高劳动者素质和推动社会经济发展做出了重大贡献，但从现实的发展情况来看，职业教育与社会需求之间仍存在一定的差距，比如人才结构不尽合理、人才培养机制不够完善、全面素质有待提高等，出现这种供需偏差的原因是多方面的，而消除或减小这种偏差也是需要采取多种途径的，提高学生的就业综合能力和品德素养是一条非常关键的途路径。在人的全面发展中，品德素养是根本和灵魂。在现代职业教育背景下，为促进职业院校学生的综合发展，非常有必要将就业指导与德育教育紧密结合，形成融合发展的新型模式。

二、就业与德育工作的辩证关系

（一）高职院校就业工作

1. 就业指导与教学工作相结合

学校在新生入学和大一期间就开设了"专业人才培养方案教育"和"职业生涯规划"等课程，帮助学生在职业与就业方面形成基本认识；在大学中间阶段，通过"职业沟通能力""团队合作能力"等课程，分层次、分结构、分模块地培养学生核心职业能力；进入高年级，尤其是毕业学年，学校在开设"就业指导"等课程的同时，为学生提供就业信息传递、就业技巧训练、就业心理咨询等服务，还通过专题讲座、报告、招聘会等形式搭建学生与企业之间沟通的桥梁。

2. 就业指导与行业需求紧密结合

高职院校表现最明显，又最具竞争力的特点就是与社会、与职业界的联系紧密，能最快、最直接、最全面地了解就业市场需求，在供需平衡中迅速地寻找人才培养的最佳途径或调整人才培养方案，最终目的是提高学生职业素养与就业竞争

力，尽快地全面地适应社会经济发展的需求

3.创新创业教育已逐渐融入人才培养体系中

根据国家教育部的要求，各地高校都要转变教育理念，探索创新创业人才培养新模式，旨在培养具有创新能力和实践能力的应用型人才，鼓励学生自主创业。这一要求不仅突破了高校就业指导工作范畴，更是贯穿高校人才培养全过程。然而，创新创业教育不仅要强调学生个人技能的培养，也需要注重对创业中所应具备的人文素质的培养。

(二)高职院校德育工作

1.在动态与变化中调整德育教育体系

高校的德育教育体系是一项复杂的系统工程，它随着施教者、受施教者、学校及外部环境的变化而变化，体现的是社会主义核心价值观的主流趋势、社会人才需求层次和结构转变、学校总体发展和人才培养战略目标升级等时代内涵，尤其是随着学生入学到毕业的各个阶段的思想、心理的动态变化，德育教育方式和侧重点都要随之改变。特别是毕业班，学生面临着身份从学生到社会人的转变，德育教育工作的重点应该是毕业前就业心理指导和职业道德教育。

2.高职学生的特殊性

高职院校的学生在综合素质，尤其是在理论学习方面与本科院校学生存在较大的差距，这类学生的学习习惯、学习主动性等方面还较薄弱。目前，高校德育工作最主要的渠道依然是"两课"教育：马列主义理论课和思想政治课。然而，高职学生往往将这种课堂教育看作是又一种完成式、学分式任务，在激发学生主动、积极、创新地培养职业综合素养方面显然还不够。

3.学生品行受社会多元化影响

学生的品德形成和发扬发展是在实践活动中能动地实现的。在来到高校之前，学生的品德修养主要来自父母和教师的言传身教，但是高职院校与本科院校最明显的区别在于实践教育在专业培养方案中占据了重要地位，因此学生正是在这个与外界社会接触和相互作用的过程中，接受来自家庭、学校和社会等多元化的影响，逐步发展自己的想和行为习惯。

(三)两者之间的联系

1.共同贯穿大学生涯的始终

就业指导与德育教育是学生工作的重中之重，两个部分的工作都贯穿了大学生涯的始终，并且对学生毕业以后的人生发展道路起着重要的奠基作用。学校教育遵循的基本原则是"先成人，再成才"，德育教育是帮助学生"先成人"，而就业指导是帮助学生"再成才"，就业指导则需要德育的"成人"教育来帮助学生更好地"成才"，因此两者的关系是相辅相成的。

2. 共同目标是促进学生的全面发展

立德树人是教育之本，就业创业是生命工程。就业指导是从职业素养上严格要求学生，使学生在掌握扎实的专业能力的同时，具备过硬的职业核心能力，因此高校就业工作在人才培养中起着关键性作用。德育教育是从个人思想品德上严格要求学生，使学生具有良好的思想道德水平和正确的政治倾向，因此高校德育教育在整体人才培养方案中起着主导的决定性作用。两者在人才培养体系中有着共同的目标，是缺一不可的关系。

三、就业与德育工作的多维教育元素

（一）家庭影响

家长是学生的第一个任教，家长所拥有丰富的社会工作经验和复杂的社会关系使他们对整个社会发展、就业市场需求产生一定的见解和预知，学生的品行修养受家庭影响尤其深刻，家长的一言一行使他们在潜移默化中树立社会公德意识，增强社会责任感。因此，家长在学生的德育教育和就业指导中应占据重要的地位，甚至有时会发挥主导作用。

（二）学校教育

在高校这样的特殊环境中，德育与就业工作的融合拥有了较大的平台和空间，包括课程体系设置、校园文化建设和专业实践训练等，每个部分、每个环节都可以将德育与就业紧密结合，最为关键的是为融合培养一批高素质、专业化、服务化的工作者，让融合模式制度化、标准化和系统化。

（三）社会实践

实践是检验真理的唯一标准。学生的品德素养和就业能力最终是要经过社会大炼炉的考验的，因此可以建立校企合作的职教德育和就业融合体系，将德育融于职业能力培养的全过程，从实习到工作，从学校到企业，以就业为契机实行全方位的德育追踪，利用反馈信息不断反省、检查、修改和完善学校的德育与就业工作体系。

四、就业与德育工作的融合策略

根据社会、行业对就业者品德素质的要求，在高等职业教育中应该将德育始终贯穿、融合学生就业能力和综合素养培育和提高的整个过程中，切实推进人才培养模式创新。

（一）以就业创业为导向的品德意识培育

在现今社会经济不断发展，而就业形势却不容乐观的情况下，更应该强调学生的就业道德和创业道德，包括了责任、诚信、风险、务实等多种个人品质和社会道德规范。为了推动学生个人全面发展和整个社会文明进步,在大学教育中除了传统的"两课"(马列主义理论课和思想政治课)教育模式,还应该将学生品德意识的培养、考核和衡量与就业能力综合素养挂钩,形成以就业创业为导向的德育文化体系,将就业创业品德意识充分融入到课程教学、课程考核、课外活动和专业教育中,促使学生形成这样的意识和行为习惯:在就业中提高品德,用品德为就业添加砝码,激发学生对自身职业发展和对社会发展的责任感。

(二)以职业指导为手段的德育文化建设

为了将就业与德育工作高度结合,以提高学生就业能力综合素养为整体目标和衡量标准,高校就业工作的重心要从就业指导转变为职业指导。一是构建就业综合能力训练平台,让学生从进校到毕业都受到持续、专业、个性的就业能力训练,使毕业生具有自我管理职业生涯、自我发展的能力;二是构建职业能力竞技平台,在学生展示和提高自我能力的同时,观察、探索和发现他们在职业素养方面普遍存在的弱点,针对优势与不足迅速调整职业指导方案;三是构建职业道德文化平台,与团学工作相结合,创建品牌论坛、品牌沙龙、品牌课堂,请企业人进校园,让学生进企业,使职业道德文化品牌深入学生内心,成为他们步入社会的一个文化标签。

(三)以家、校、企联合为链条的职业素养追踪

家庭、学校、社会是每一位大学生都不可或缺的多维教育元素,大学生职业素养的培养不仅仅是学校一方面的责任,而且是应该联合家庭、学校和企业形成职业素养追踪链;学校有效收集来自家庭、用人单位及行业人士对大学生素质培养、专业建设的意见、建议,及时反馈学校在人才培养过程中存在的问题和偏差;同时,家庭、学校和企业共同对毕业生展开就业心态调查,及时收集毕业生的意见和建议反馈,通过三方交流、沟通和分析,以终身学习理念为指导,探索大学生职业素养终身教育模式。

第二章 职业规划与德育

第一节 大学生择业观与大学德育的辩证关系

随着大学生数量越来越多,大学生就业难的问题也越来越突出。要解决这个问题,大学生首先要有正确的择业观,而正确择业观的形成又与大学德育息息相关。如何认识和理解大学生择业观与大学德育的辩证关系已成为一个重要问题。要把帮助大学生树立正确的、与时代发展相适应的择业观作为大学德育的重要内容。

一、大学德育在大学生择业观形成和发展过程中的重要作用

大学德育是指与大学智育、体育、美育、劳动教育等相适应的"德育",即广义的"德育",它包括了思想政治教育、道德教育、公民责任教育等方面的内容。这些教育不同于中小学的"德育",大学德育体现了"高标准严要求",因为大学培养的是高级专门人才,不但要求有很高的专门知识能力,而且也要求有很高的与之相适应的思想政治道德水平。择业观是指择业者对择业问题的看法、信念和态度以及处理这些问题的方法和指导思想,也就是择业者认识和处理择业问题的指导思想。大学德育在大学生择业观形成、发展过程中的重要作用主要体现在如下两个方面。

(一)体现在大学生择业观形成的过程中

大学生形成什么样的择业观其根源在于社会发展的政治、经济和文化等因素,但是择业观形成的快慢、正确与否起最直接、决定作用的则是大学生的世界观、人生观和价值观。当一个人的世界观、人生观和价值观还没有确立,他的择业观也就不可能形成。比如,当一个小学生或初中生还没有确立他的世界观、人生观和价值观时,他就不可能形成择业观。平时所说的"长大要当科学家、思想家或其他什么的",这只不过是一种理想而已,并不能说是一种择业观。一般说来,通过几年的大学生活,大学生已经有了基本的认知能力和生活经验,这时已逐步形成了自己的世界观、人生观和价值观(当然以后还要发生变化)。当他们大学毕业时,也就形成了自己的择业观。当然,由于情况不同,各人择业观的形成可能有快有慢:有些人可能在中学时或更早形成了自己的择业观,到了大学就矢志不移地朝着自己选择的职业目标而奋斗;有些人可能在大学毕业时还没有形成择业观。因为,他们还要为硕士、博士继续奋斗,暂时不考虑就业。对于大多数大学生来说,他们在大学毕

业时已形成择业观,因为只有这时他们才面临择业问题。不管如何,一个人的世界观、人生观和价值观决定了他的择业观的形成。

(二) 体现在大学生择业观的发展过程中

同任何事物一样,大学生择业观一旦形成以后,还会随着时代的发展而发展。在大学生择业观发展过程中,大学生的世界观、人生观和价值观具有导向作用。比起20世纪五六十年代或者80年代初大学生的择业观,现在大学生的择业观发生了重大的变化。以前大学生的择业口号是"听从党的召唤,到基层去,到边疆去,到祖国最需要的地方去",而现在大学生的口号是"到外企去,到大机关去,到大单位去,到挣钱多的地方去"。为什么会发生这种变化呢?其根源在于时代的深刻变化,但其直接原因则在于大学生的世界观、人生观和价值观发生了深刻的变化。由于改革开放以后,曾一度忽视了大学的德育工作,加上腐败现象和其他不正之风的影响,在大学生中曾一度盛行个人主义、享乐主义和拜金主义,导致大学生的世界观、人生观和价值观发生了变化,他们择业观的价值取向也由以"社会本位"为主向以"个人本位"为主转化,强调了以"个人利益"为本位。因此,现在很多大学生在择业时,首次考虑的不是祖国、人民和集体的利益,而是个人利益。这里不是指责大学生择业的不对,而是试图揭示大学生择业观的发展规律。那么,这个发展规律是什么呢?可以说,这个规律就是有什么样的世界观、人生观和价值观,就有什么的择业观,并且择业观随着世界观、人生观和价值观的发展变化而发生变化。从这一分析中我们也可以得出结论,要使大学生形成正确、科学的择业观,必须加强大学生的世界观、人生观和价值观的教育,即加强大学德育的工作。

二、大学生择业观是直接衡量大学德育成效的重要尺度

大学德育尽管是"高标准、严要求",但从培养目标来说,还是有层次之分的,概括为三个层次:第一个层次是培养大学生的爱国主义精神,第二个层次是培养大学生的集体主义和社会主义精神,第三个层次是培养大学生的共产主义精神。其中,第一层次为最低层次,不但每个大学生,而且每个公民都有应具有;第二层次为中间层次;第三层次为最高层次。第二、三层次不要求每个公民都应具有,但要求我们每个大学生都应具有①。

如何衡量大学德育上述三个层次培养目标呢?如果以大学生毕业时的成绩来衡量,那是很难的。因为,培养的成效不是从短期的成绩所能衡量的,而是要从长远来看。但是,有一点是肯定的,那就是大学生择业观是可以直接衡量大学德育成效的重要尺度。应该说,我国培养的大学生基本上符合上述三个层次的培养目标,但是,由于现在社会处于转型时期,加上其他原因,我们现在很多大学毕业生的择

---

① 胡长伟.价值澄清理论与大学生择业观养成 [J];中国大学生就业.2006(12).

业观，如果按上述层次的培养目标来衡量的话，那还是有很大差距的，或者说不太符合上述培养目标，其突出表现就是很多大学生择业时首先考虑的是那些经济发达、地理位置好、工作条件优越的地区，首先选择的是那些工资高、福利好又比较清闲的职业。

三、学生择业观是影响大学德育的重要因素

大学生择业观在其形成和发展过程中对大学德育的环境有重要影响。德育环境的好坏又是由很多因素造成的，比如社会的政治、经济和文化因素，大学生的就业状况以及择业观等因素。其中，大学生择业观应是影响大学德育的重要因素，这是因为，随着高等教育由"精英教育"向"大众化教育"转化，大学生的数量越来越多，当他们毕业时能否找到或找到什么样的工作，在很大程度上与他们的择业观有关。当他们的择业观与社会发展相符合时，他们就可能容易找到工作，这无疑有利于增强大学德育的说服力，更好地做好德育工作；相反，如果大学生的择业观与社会发展不符合，不能形成正确的择业观时，毕业时找不到工作，这肯定为德育工作增加了难度。如何在大学生就业越来越难的环境下做好大学生德育工作，这是每个大学德育工作者不得不思考的重大问题。

四、在对待大学生择业观与大学德育辩证关系问题上的错误认识

随着大学生就业问题越来越突出，很多有识之士已经认识到，解决大学生就业难问题，大学生的择业观非常重要。为此，这些有识之士呼吁，要想尽一切办法使我们的大学生树立正确的择业观，这些措施包括，继续上好《大学生就业指导》这门选修课；请那些择业成功而且做出业绩的校友回校作报告；请著名专家学者讲个人成功经历；提高政工队伍人员的素质，等等。

不可否认，这些措施对大学生的就业和择业观的形成非常重要。比如《大学生就业指导》课讲授的大学生就业政策，以及就业的技巧、方法和注意事项等内容，成功人士的榜样力量等对大学生正确择业观的形成是非常重要的。但问题是，有些人把大学生正确择业观的形成和发展，仅仅看成是就业教育的事，而与大学德育无关或关系不大，也就是把大学生就业教育与大学德育看成"二张皮"，互不相干。其实，大学德育是大学生就业教育的"灵魂"。大学德育和大学就业教育的关系应是"主心骨"和"皮肉"的关系。我们要帮助大学生树立正确的择业观，就必须认识到这种辩证关系，要看到大学德育对大学生择业观"主心骨"的作用，不能指望靠讲授一下就业技巧方法，作几场专题报告就能使大学生自然而然地形成正确的择业观，要把大学生择业观教育纳入大学德育的重要内容，进行经常性的教育。

五、把帮助大学生树立正确的择业观作为大学德育的重要内容

大学德育的内容既是抽象的，又是具体的。在整个社会主义现代化建设过程中，我们必须坚定不移地把培养大学生爱国主义、集体主义和共产主义精神作为大学德育的重要内容；同时这些抽象的内容又是具体的，只有同时代的实际相结合才有生命力，才能为人们所理解和接受。社会主义计划经济时代不同于社会主义市场经济时代，与之相适应的大学生择业观也发生了变化，具有不同的特征。以前大学生免费接受高等教育，毕业时又由国家统一分配，不愁就业问题，并且实行的是"精英教育"，大学生人数少，大学生毕业后当然应当到"祖国最需要的地方去"。但是，现在情况不同了，高等教育实行的是"大众化教育"，并且大学生上学是自己掏钱。这样就不能像过去那样要求大学生都"到基层去，到祖国最需要的地方去"，然而，我们的德育也不允许大学生只考虑个人利益，而忽视他人、集体甚至国家利益，要把这些利益有机地结合起来。大学生只有这样择业，才能既有利于国家、社会和他人，又有利于大学生自己的发展。

总之，时代变化了，大学生择业观也发生了变化，我们的德育也要随之变化。要树立新观念，正确认识大学生择业观与大学德育的辩证关系，帮助大学生树立正确的、与时代发展相符合的择业观，使大学生这一高智商的群体能人尽其才，才尽其用，真正成为社会发展的有用之才。

第二节　职业生涯设计与德育

一、职业生涯设计

职业教育是以就业为导向的教育，其德育除了具有和其他各类教育所共有的目标、内容、途径之外，其特色在于以就业为导向，注重职业意识、职业理想、职业道德以及就业观、创业观教育。职业生涯设计是根据经济社会发展需要和本人实际，制订未来职业生涯发展规划的过程，是对个人职业前途的瞻望。其产出是设计出既朝气蓬勃、有所追求、目标明确，又脚踏实地、实事求是、措施具体的职业生涯规划。其过程分四步：分析自身条件、确定职业目标、规划发展阶段、制定实现措施。以职业生涯设计为主线的丰富多彩的德育活动，是强化职教德育时代感，提高职教德育针对性和实效性的有效载体。

对于学生而言，参加职业生涯设计活动的过程，是学生在了解自己、了解职业、了解社会的基础上制订符合经济社会发展需求的个人发展规划的过程，是学生恢复自信、树立理想、形成动力的过程，是学生依据职业对从业者素质要求调整自

我、提高自我、适应职业岗位的过程，是学生为走向社会、为今后可持续发展做准备的过程。

对于学校而言，组织职业生涯设计活动的过程，是把职业意识、职业理想、职业道德以及就业观、创业观教育融为一体、分步推进的过程，是引导学生把个人职业生涯发展和全面建设小康社会紧密联系在一起的过程，是调动学生主体、进行成功教育的过程，是帮助学生融入社会、适应社会、报效社会的过程。

引导学生学会生存、学会发展，是现代教育的本质特征。以就业为导向的职业教育，一方面，可以通过职业生涯设计，引导学生在了解就业政策、就业机制、就业信息、就业渠道和用人单位需求的基础上，形成"先就业、后发展"的脚踏实地、实事求是的就业观；另一方面，可以通过职业生涯设计，引导学生对自己的职业生涯充满自信，既能坚定不移地为实现自己的职业生涯发展目标付出努力，又能善于根据经济社会发展需要和客观条件变化，及时调整自己的职业生涯发展目标，形成富有朝气、实事求是的发展观。职业生涯设计，为学生在积极主动地接受德育的同时，获得终身受益的能力，为学校全面推进富有职教特色的德育工作，大面积提高学生素质，提供了可操作性很强的平台。

二、职业生涯设计对德育的促进作用

职业生涯设计有利于强化德育的时代感。了解职业及其变化趋势，了解就业后晋升、发展的可能性，了解所学专业对应职业群的发展及其对从业者的素质要求的变化是进行设计的必要前提。这些内容必须鲜活、贴近社会、符合时代特征，为强化德育的时代感奠定了基础。

职业生涯设计有利于提高德育的针对性和实效性。规划是依据每个学生自己的个性特征、客观条件和发展意愿设计的，而且要进行职业岗位对从业者的素质要求与个人的现状的比较。确定职业目标、规划发展阶段就是引导学生从个人生存发展的需要和小康社会建设的需要去考虑未来的过程，制定实现措施就是自我约束和自觉性形成的过程。设计把德育过程与职业道德行为养成、综合职业能力训练结合在一起，为提高德育的针对性和实效性提供了保证。

职业生涯设计有利于确保学生在德育中的主体地位。设计尊重主体个性和发展需求，把个人对职业前途的追求与小康社会建设对劳动者素质的要求有机地融合为一体，使学生感到亲切、可信、有用，不但使德育产生"随风潜入夜，润物细无声"的效果，而且对学生有强大的吸引力。职业生涯设计有利于发挥全体教师在德育中的作用。学校干部、德育课教师、班主任、文化课和专业课教师，都能在学生职业生涯设计的过程中进行辅导和点评，找到发挥作用的切入点，使教师真正成为指点人生的导师。

职业生涯设计有利于组织多种生动活泼的实践活动。职业生涯设计能为多种活动搭建平台，使德育工作能通过生动活泼的形式推进。以就业为导向的职教德育，需要有职教特色的载体。职业生涯设计活动的开展，有利于职业学校德育工作和素质教育的全面推进。

第三节　职业生涯规划德育载体的构建途径与运用策略

职业生涯规划载体，即"以职业生涯规划为思想政治教育的载体"之意，也就是高校思想政治教育者有意识地运用职业生涯规划这一大学生成长、成才所不可或缺的重要途径，向大学生传播正确的职业意识、职业道德、就业观念等思想政治教育信息，使大学生在职业生涯规划过程中受到教育，提高思想道德素质的活动形式。充分发挥职业生涯规划载体在思想政治教育中的作用，必须有意识地对职业生涯规划载体进行合理构建。

一、构建职业生涯规划载体的基本途径

（一）建立有效的职业生涯规划工作机制

目前，很多高校职业生涯规划教育往往停留在组织几次活动，或片面地将职业生涯规划辅导视为毕业生就业指导工作，工作随意性较大，系统性不强，持续性和制度化缺乏。因此，要充分发挥职业生涯规划的载体作用，高校必须采取相应的措施，制定相应的制度为职业生涯规划工作提供资金投入、咨询机构设置、内容及课程安排等方面的保障。职业生涯规划在许多高校还未受到足够重视，虽然学生工作处、招生就业处、教务处、共青团组织、心理咨询机构等部门都有所介入，但彼此缺乏沟通，整体上不协调，工作水平难以提升，这些都制约着大学生职业生涯规划的有效开展，影响了职业生涯规划载体作用的发挥。所以急需设立全校性的职业生涯规划领导机构和指导机构，负责建立健全相关规章制度，整合校内校外资源，开发职业生涯课程，强化师资队伍建设，使职业生涯辅导和相应的德育工作能有序和富有成效地进行。

（二）加强职业生涯规划师资队伍建设

教育主体是思想政治教育载体的制约因素。教育主体的载体意识、知识结构等会影响思想政治教育载体功能的充分发挥。构建职业生涯规划载体，必须加强职业生涯规划师资队伍建设，建立一支思想政治素质过硬、业务精通的大学生职业生涯规划指导队伍。只有思想政治素质过硬，才能保证思想政治教育载体的可控性，保证职业生涯载体构建的政治性和主导性。职业生涯规划是一门专业性很强的学科，在职业生涯规划指导过程中，要求指导者能以心理测评为基础，应用各种心理测评

技术对大学生进行指导。这就不仅要求思想政治教育工作者要具备专业的职业生涯规划指导知识，还要具备教育学、心理学理论以及运用测评技术的技能，以便辅助学生正确客观地认识自我、开发自我。高校应有意识地对思想政治教育工作者进行职业生涯规划培训、人才测评技术培训和心理测评技术培训，让他们既掌握有足够的职业生涯规划知识，又对大学生能力倾向、性格特征及心理状况有全面的把握。总之，要建成一支专兼职统一协调的集思想政治素质、职业生涯规划、人才测评和心理测评素质于一体的高素质思想政治教育队伍。通过他们引导学生正确认识自我，充分了解个人性格、兴趣、能力对未来职业的影响，以便合理地确定生涯目标，逐步明确和适时调整生涯路线，增强自信，开发潜能，培养良好的心理素质，全面提高大学生的综合素质，更好地开展职业生涯规划。

（三）利用和开发职业生涯规划网络辅导平台

网络载体是职业生涯规划载体的具体形式。职业生涯规划载体的构建，必须发挥网络信息海涵性，传播方式的交互性和平等性，覆盖面广泛性等优点。各类成熟的网络职业测评软件可以为学生提供很好的帮助，学生可以利用各种职业测评软件，充分认识自我。在网络辅导平台建设方面，高校要重视开发网络辅导课程和网络自学软件，方便学生根据自己的需要开展自主学习。同时要引入人才测评和心理测评系统，用科学、人性的测评技术指导职业生涯规划，开发自身潜质，更好实现人生价值。高校要有意识地在职业生涯规划网站中融入思想政治教育的内容。在职业生涯规划网站首页上开设"时事政治""名人访谈录""就业法规"等栏目，弘扬社会主义核心价值体系，用健康向上的网络信息感染熏陶大学生；建立"大学生志愿服务西部计划""大学生村官网""我与祖国共奋进"等主题教育活动的网络链接，宣传国家创业就业政策，激励大学生到基层、到西部建功立业，帮助大学生树立高尚的职业理想和正确的成才观念[①]。

（四）建设高校职业生涯规划教育课程体系

职业生涯规划课程是大学生职业生涯规划的重要依托，树立生涯规划理念、普及知识理论、建立职业规划档案等都离不开课程建设。高校应根据职业生涯规划教育的目标，将职业规划基础课程列入必修教学计划，将素质拓展类课程列入选修课计划，改革教学内容，改进教学方法、教学手段，形成完整的职业生涯规划教育课程体系。在大学新生阶段，专业认知、自我认知、职业认知、职业测评、职业生涯理论等基本知识类课程可以设置为必修课。在大学二、三年级阶段，素质培训类实践性课程可设置为选修课。实践课程应包括基础职业发展素养，涉及职场认知、求职胜出、能力提升、自主创业、素养拓展、入职适应等六方面内容。大四阶段的课

---

① 杨东进．以职业生涯规划为载体的高校思想道德教育研究[J]．黑龙江教育学院学报，2009(05)．

程则应注重实训环节，特别需要注意的是学校应在相关行业建立实训基地，为不同职业性向的学生提供实践和实习机会，教师根据学生反馈开展生涯咨询，使学生完成职业定向，提前适应职场规则，培养职业意识。同时，要立足"两课"教学，针对性地增加职业理想、职业道德和职业素质等方面的教学内容，紧密联系当前热点和焦点问题准备教案，把职业生涯规划的理念渗透到"两课"教学当中，调动学生的积极性和主动性，使得大学生自觉地树立正确的职业理想、择业观念，为职业生涯规划打下一定基础。

(五) 以校园文化和社会实践活动搭建学生职业体验平台

高校要以职业生涯规划的理念来引导校园文化活动和社会实践活动开展，把职业意识、职业素质、职业理想和职业道德培养体现在校园文化活动和社会实践活动中，充实职业生涯活动的趣味性、娱乐性、科学性、思想性，增强大学生对职业生涯规划载体的信任和依赖程度，增强思想政治教育的渗透性、有效性、实效性。要打造诸如"生涯辅导节"的职业生涯规划主题活动平台。通过开展丰富多彩的生涯活动，能使学生快速地融入现实情景，以达到对生涯理论的认识，同时也让学生进一步加强与工作、社会环境实际情况的磨合，从而启发学生认识自我、解剖自我，进而做出合理、科学的规划，不断拓宽自身知识面，优化智能结构，提高自身潜能与综合素质。为此学校应每年定期举办生涯辅导节活动，并利用学校现有的资源如广播、宣传栏、校园网络等宣传生涯辅导方面的知识，定期推荐一本生涯辅导书籍，从而形成一种浓厚的氛围，以引起学生的关注并提高其对生涯辅导的认识。此外，还可以开展生涯心理咨询、生涯辅导讲座、生涯规划设计大赛、"职业生涯规划工作坊"、模拟招聘活动、生涯理想征文演讲比赛、行业调查与考察、职业分析与调查、知名校友访谈等丰富多彩的校园文化活动和社会实践活动，使全校师生重视与参与职业生涯活动，在活动中受教育，长才干，做贡献，最终达到生涯辅导和思想教育的目的。

二、职业生涯规划载体的运用策略

(一) 根据职业生涯阶段性任务，有效地运用职业生涯规划载体

在大一阶段，职业生涯规划的任务是学生适应大学生活，规划大学生涯，因此可以在职业生涯规划中激发学生成才愿望，树立正确的人生目标；大二阶段，职业生涯规划的任务是巩固学生成才意识，培养学生专业兴趣，因此可以在职业生涯规划中有意识地培养其职业精神和社会责任感；大三和大四阶段，职业生涯规划的任务是培养学生自觉成才的意识，锻炼学生各种职业能力，因此要帮助学生树立正确的择业理念，进一步提高其适应社会的能力；针对学生择业能力的提升，培养学生诚信意识，树立学生感恩母校和报效祖国的信念。这些都是大学生思想政治工作的

重要组成部分。职业生涯规划载体运用于解决大学生不同生涯阶段的问题和任务，使得思想政治教育逐步纵深化，使思想政治教育的内容具体化。

（二）根据教育客体特点，针对性运用职业生涯规划载体

运用职业生涯规划开展思想政治教育，必须关注大学生特殊群体。特殊群体学生由于自身特点导致他们可能会在将来的就业市场上处于相对的劣势，而他们在校期间也不会主动寻求职业生涯辅导帮助，高校的职业生涯辅导工作需要对学习困难学生、经济困难学生、心理障碍学生、少部分进入"学习误区"的成绩优秀学生"主动出击"。这些学生往往存在职业目标不清晰，心理自卑，缺乏职业规划勇气，就业信息获取困难，认知偏执等方面的问题，因此对职业生涯规划指导和职业生涯咨询的需求比较急迫。而相应地他们对职业生涯规划载体的依赖性和信任感会更强烈，因此思想政治教育者更应该将职业生涯规划与思想政治教育有机结合起来，从而提高职业生涯规划载体的教育效果。

（三）把握具体教育情景，灵活运用职业生涯规划载体

大学生在学业生涯过程中，总是伴随着"成长的烦恼"。古人讲"不愤不启，不悱不发"，这就要求教育者善于抓住特定的教育情景，提高教育的实效性。这也是思想政治教育者运用职业生涯规划载体开展思想政治教育的重要策略。学生职业生涯规划要将每名大学生职业生涯规划的最终目标与国家培养人才目标定位相统一。在帮助学生确立学业和职业目标时，要加强理想信念教育，使大学生正确认识社会发展规律，关注国家的前途命运，认识自己的社会责任，树立远大理想。在帮助学生选择职业种类时，要启发大学生根据社会经济发展的趋势，结合时事分析国内就业形势，树立正确的职业观。在帮助学生选择职业的工作地点时，可以进行爱国主义教育，增强民族自豪感，号召大学生去祖国需要的地区就业，努力使大学生职业生涯规划与思想政治教育工作无缝对接，充分实现职业生涯规划载体的教育功能。

第四节　德育在中职学生职业生涯规划中的作用

在中职学生职业生涯规划中德育工作有着非常重要的引导作用和地位，开展德育工作的重点和步骤首先是提高教师工作队伍的水平，其次是把工作重心扩展到学生的职业生涯规划教育中，以达到引导学生在未来职业规划中合理定位、树立科学的人生目标和工作态度的作用。

一、德育与职业生涯规划有机结合的现实意义

我国近年来的职业生涯规划理论发展迅速，各个中职教育院校也纷纷开展与此相关的教育课程，但是根据近几年中职学生的就业情况，这种关于职业生涯的课程

对他们的规划没什么用处，原因之一应该是各院校开设的相关职业教程并没有真正落实中心思想，导致学生无法正确认知这种规划的重要性和有效性，而这一核心思想就是德育。

我们提倡德育是因为这是教育中必不可少的要求，社会主义文化强国建设需要加强职业道德建设。作为在学生职业规划中扮演重要角色的中职院校，它的首要任务就是通过各种有趣的方式来开展德育工作，只有让学生接受这种潜移默化的文化教导，才会更加与他们的生活密不可分。德育内容极为丰富，从爱国主义理论、人生价值观到心理健康等包罗万象。对于中职学生来说，他们必须了解关于择业观、职业理想、职业道德、就业形势以及世界观等德育内容。

鉴于德育在中职学生教程中的落实有着重大的推动力，因此创办一个全面网格化的工作队伍成为教育的关键点，将职业生涯规划教育和构建德育的知识相结合，以便于形成一个更加可靠有效的中职学生职业生涯规划教育机制，寻求定性和定量统一而成的德育工作方法，更好地使其相互促进，共同发展，是提高德育质量的必然要求。

通过以上探究可以看出两点，第一，把德育建设与职业生涯规划有机结合起来能够满足当前形势下对学生职业生涯规划教育的期望。如今大多数中职院校学生总会陷入一个困境，那就是未来的就业或创业问题，以及如何在工作中取得进步。面对工作竞争激烈的当今社会，大部分学生无法把握就业以及未来发展的难点，学生乃至家长都对这种职业生涯规划教育抱有更多依赖。所以，这种教程应当让学生自主选择未来的就业方向，通过更好的实践来达到更大的发展潜力。职业教育不仅仅是一般的教育理念，可适当加入德育内容，这样也有利于被学生广泛接受。让学生更好地认识自己的能力，对未来的挑战充满信心和准备，从而完善德育工作。

第二，把德育建设与职业生涯规划有机结合起来有助于提升中职职业生涯规划教育的成效。中职院校须了解学生的特长，在实施中更多地发挥学生的自主性，提高他们的管理水平，增强学生的认知能力和选择能力，引导一个正确主流的积极价值观，从而培养学生的自身承受力和道德素质。而规划教育在一定程度上能够激发他们的主体意识和潜能，激励学生更好地认识自己，提高他们的选择和决策能力，以促进全面发展。另一方面也大大推动了他们树立一个正确的人生目标，在实现个人优秀发展的同时也可实现职业的最优化。因此只有通过更加全面的互相补充才能提升学生的发展前瞻性。

二、德育与职业生涯规划有机结合的基本实施思路

近年来，中职院校纷纷开展职业生涯教育课程，而且教学多样，按照学生的特定需求转变教育模式，不同阶段的学生有各自的不同，因此综合培养，学生在学校

每年都有属于自己的目标和学习内容，根据中职院校的特点而产生相应的教学，在其中加入德育知识，能更好地开展相关工作。

（一）建立全方位网格化的德育工作队伍

师者，带领者也。只有教师队伍的德育水平先抓起来，才能有效健全德育工作机构和工作制度，加强学生思想品德和日常行为规范的养成教育。未成年人的健康成长需要良好的学习氛围，而这需要形成学校、家庭、社会方面综合齐抓共管的新格局。

德育工作的开展需要教师，所以对待教师的职业能力时应该尤为慎重，其中"师德"是衡量教师等教育工作者道德规划和行为准则最为关键的方面。师德，是每个教师并不可少的特点，也是推动社会和谐发展，为学生树立正确楷模的重要方向。根据现实情况，那些知识水平高、性格好、有着优良品质的教师往往会促进学生的成长，健全他们的性格。因此，要想全面开放德育工作规模，首先应当进行长期有效的师德建设，加强教师的教学素质和为人态度等方面的成绩考核，将德育和职业生涯教育相结合以形成更加优秀的理论，这些将更好地推动德育工作以及职业生涯教育的最大优点，更好地推动学生自身的培养。

（二）从根本开始提升和渗透德育工作内容

德育工作的内容并不苛刻，重点在知识、品德和思想上，而事实上那些中职院校德育工作的稽核通常没有得到真正的解决。也许可以适当放宽标准或者大致略过，不过最重要的是从基础出发，先抓好师德建设工作，建立有力的德育教师队伍，再将德育工作延伸和渗透至学生的职业生涯规划教育中。

1. 强化诚信师德教育，提升教师自身素质

表彰奖励师德高尚、事迹突出的优秀教师，通过先进个人的模范事迹和师风建设，树立教师良好形象，以身作则、率先垂范。把文明礼仪、诚信教育贯穿于教育教学的全过程，时时处处为学生树立榜样，在学生做事之前，教师应当做到一切要求的事情；如果是不允许学生的事，教师也不该做，培养诚信立身、以德从教、以爱育人的教师队伍。

2. 在职业生涯教育中加入德育理念的问题

在教导学生关于职业的知识时适当加入重点培养自身道德的内容，让他们接受更多关于理念教育的观点，使学生不自觉地把职业理想目标和意识联系起来，在形成自身良好的职业行为时充分发挥理想信念教育、人生观世界观教育、爱国教育以及品德教育。学生真正成长，有利于帮助他们更好地了解自己的职业需求和社会责任意识，为他们树立正能量的价值观，提供真正的道德标准，在学生得到理论知识的同时也为他们今后的从业打下一个良好的基础。

3. 需要着重将工作内容和现实联系起来

在中职教育中实现教育实效最大化，就必须建立起一个全新的内容体系，同时放入西方的生涯理念加以完善。然后，再根据人本理念和现有的社会情况，比如我国固有的国情和传统文化以及我国的思想政治教育，确定好一个和社会发展相关的目标，在职业生涯规划中让学生们坚持主导积极方向，更好地完善其三观和品德，使他们更好地适应社会发展，在未来就业中发挥拥有的独特优势。

当今社会变革复杂，就业压力大。作为中职学生如何能够更好地适应社会发展，从而发挥自身长处，立足根本，职业生涯规划必不可少。但如果仅仅从就业行业、薪金等方向做规划，就好像对于航行只做了一艘船，却没有做好把握方向的舵，难免在远航过程中出现偏离。

我们需要让学生了解自己的兴趣和长处，改掉弱点，树立自信，克服自卑，保持平和。同时需要培养学生积极的世界观和职业道德，根据他们的真正需求采取更为有效全面的方式使他们在就业中表现优秀，同时不被经济负面所影响而变得世俗，培养其为社会发展而自我奋斗的优秀精神。

中职院校教育目前是我国职业教育的主体，目的是培养能够适应社会需要的技能型人才。因此，适应社会需要是中职职业学生生涯规划教育的一个重要导向。对于中职学生的德育引导方向需要将其人生观、价值观、择业观的正确树立作为最根本的出发点。引导中职学生在毕业时清晰择业方向，树立正确的价值观，能够让他们在工作后业有所成。由此可见，德育工作的成功也将会成为中职院校口碑树立的牢固基石。院校所培养的正是社会所需要的人才，是能够很好适应社会的人才，这正是职业教育树立口碑，有所成就，能够延续和发扬光大的核心之处。

总之，将德育内容和职业内容的优势结合在教育知识中，是为了帮助学生脱离职业生涯规划和现实社会不适应的困境。为了实现德育，需要发挥上述这种职业教育的优点。而发挥这种职业教育的优点的前提是建立两者相结合的模式，只有这样才能为中职学生指明一个正确的职业方向，不至于让他们在未来的择业中处于劣势。

第五节　高职院校德育与职业生涯规划教育的有机结合

高职院校德育与职业生涯规划教育有机结合，对实现德育工作的目标，提高职业生涯规划教育的成效，教学资源的整合与优化等方面具有现实意义。结合高职院校职业生涯教育不同阶段不同教学内容，有机地融入德育内容是实现两者结合的有效途径；建立全方位的工作队伍，建立实习基地，共建指导平台，整合构建德育与职业生涯规划指导相结合的课程体系的保障机制，是实现其有机融合的重要保障。

 现代德育建设与就业规划

近年来,随着我国高职教育的飞速发展,高职院校招生规模扩大,高职德育工作的难度也在变大。高职德育内容偏重理论,由于高职生学习素质低,价值观日益多元化,这些理论内容,很难渗透到学生的实际生活中,从而影响学生综合素质和职业能力,达不到职业教育以就业为目的的目标。

职业生涯规划是指在掌握主客观条件的基础上分析自身的个性特征,结合企业的用人特点,明确自己的职业目标,做出合理的职业规划。因此,高职类学生应在了解周围环境的基础上认清自己,并在指导老师的帮助下,结合自己的职业目标,提高就业能力和各方面素质,对高职生活学习做出合理规划和安排,为未来良好的职业发展奠定基础。通过走访一些企业发现,高职生由于自身特点,在工作中存在很多缺陷,比如职业道德缺乏、工作责任心不强、工作稳定性差等,而大部分高职院校就业指导内容只简单涉及了就业形势、制作简历、面试和应聘技巧等方面,许多学生没有自己的职业理想,有些学生有理想,但在选择职业时不结合自身性格特点和兴趣爱好选择适合自己的职业。这些思想和做法严重妨碍了学生今后的职业发展,将直接导致学生职业忠诚度低,离职率高等问题。

德育和职业生涯规划教育目标一致,内容相关,都是为了促进学生毕业后的个体发展,将德育与职业生涯规划教育有机结合,将德育理论知识运用到职业生涯规划指导的实践中去,不仅可以增强高职院校德育的实效性,也能提高职业生涯规划教育的成效,从而满足学生未来的职业发展需求。

一、高职院校德育与职业生涯规划教育有机结合的意义

(一)有助于实现德育工作的目标

高职院校德育工作总目标定位在经过五年的教育,拓展学生的素质、提高学生的技能、升华学生的思想并完善学生的人格。德育工作偏重理论教育,而职业生涯规划教育注重实践,形式灵活多样,内容上贴近学生实际,满足学生就业需求,当前高职院校学生最关注的问题是毕业后的就业去向及职业发展问题,因此高职院校德育工作要取得良好成效,必须将理论转化为实践,依据学生需求开展德育工作,引起学生共鸣,从而增进教学效果。

因此,德育与职业生涯规划教育结合可以改革传统的教育理念,提高德育的实效性,构建和谐平等的师生关系,确保学生在德育中的主体地位,使学生更容易接受思想品德教育,从而增强教育效果,实现个性化教育,培养适应社会发展的不同类型的专业人才。

(二)有助于提高职业生涯规划教育的成效

高职院校职业生涯规划教育注重学生的主观能动性,培养学生自我探究、自我规划、自主决策、自我完善等各方面的综合职业能力,对学生的职业价值观、职

业素养、职业道德、创业精神等各方面的潜性能力关注较少，而德育重视学生的素质教育、思想教育，关注学生的个性特点和差异性。因此，职业生涯规划教育与德育工作相结合可以在培养学生职业技能的同时，提高学生的职业素养、心理素质等隐性职业能力，同时根据不同学生的特点有针对性地教学，从而帮助学生实现成功就业。

（三）有利于教学资源的整合与优化

目前，高职校主要通过相关课程学习、企业交流讲座、校园文化活动、职业咨询与辅导、职业实训平台等途径开展职业生涯规划教育，同时融入思想品德教育的相关内容，如开展职业心理教育、职业道德教育、职业价值观教育等，使高职生掌握职业技能的同时，自然形成正向的职业价值观、正确的职业理想和道德等观念。德育课程与职业生涯规划教育课程有机结合，优势互补、双向贯通，将有利于各种教学资源最大限度地整合与优化。

二、高职院校德育与职业生涯规划教育有机结合的具体实施

高职阶段是职业生涯规划的起步阶段，十分重要。近年来，许多高职院校越来越重视职业生涯规划教育，将其设置为必修课，贯穿于在校学习的每一个阶段。例如，根据不同年级不同专业学生的特点和需求进行教育目标和教学内容的设置，构建全程指导的职业生涯教育体系，并在此过程中有机地融入德育内容，细致深入地开展德育工作，增强了二者的实效性。

在进行职业生涯规划的基本知识和理论的教育时，在引导学生进行自我认识阶段，让学生能够客观、全面认识自己，接受自己的优点与缺点，确定职业发展目标。在此过程中，会渗透进一些与人相处，建立和谐的人际关系和环境、平和自我身心环境的内容。例如，运用一些职业测评工具、性格分析工具，比如兴趣岛游戏、霍兰德人格测评，在帮助学生确立正向的职业价值观时，分析自身价值取向，学会判断不良价值取向，去除功利化价值取向，改变职业目标的盲目化和短视化，树立自我贡献的人生使命。同时邀请企业家、企业高管、青年创业者等成功人士来校与学生进行交流访谈，通过他们的职业生涯经历介绍，让学生感受他们的成功是付出了很多汗水的，所有的成功不是一蹴而就的，以此激发学生树立远大的职业目标。

在对职业生涯规划和环境因素的融合进行分析时，在评估各种环境因素对学生职业发展的影响中融入德育内容，教育学生将自己未来的发展与祖国的需要充分结合，纠正学生职业高低贵贱的等级思想，都往所谓"热门"职业中拥挤的狭隘就业观念，要根据自己的性格特点、兴趣爱好选择职业；同时以引入典型的职业案例的方式，介绍各个岗位的模范带头人物事迹，渗透道德教育的内容，引导学生形成积

极正向的职业道德观。

进行职业能力训练时融入职业素养教育，着重培养学生的责任意识、诚信意识、合作精神等。开展暑期社会实践和志愿者活动，以实习实践的方式提升学生职业能力，培养其乐于奉献、帮助他人、奉献社会的职业理念。在学生职场礼仪修炼环节，培养学生的文明礼仪常识，训练学生了解和遵守办公室礼仪、中西餐宴会礼仪、国际礼仪等，把遵守礼仪内化为学生的内在素养需求。

进行职业生涯教育中创业教育环节时，结合企业对学生职业能力的需求，依托校内创业中心，学生可以通过模拟或者实体的企业运行的形式了解具体岗位对于高职生能力的要求。另外，学校定期组织学生参加国内外的企业比赛，比如创业案例大赛、模拟企业大赛、沙盘模拟大赛等，通过这些比赛，将自身专业知识运用到实践中，拓宽了自身视野，增长了职业知识，更重要的是增强了团队合作精神、责任意识、抗挫折与压力的能力、艰苦奋斗的精神。

三、高职院校德育与职业生涯规划教育有机结合的保障机制

（一）建立全方位的工作队伍

高职院校应该建立三支专业队伍。基础型教师队伍：主要由学生职业指导委员会的领导、德育教师、班主任、专业课教师，以及与就业有关的学生社团等构成。专家型职业指导队伍：主要由教育学专家、心理学专家、就业指导专业人士、职业生涯规划等就业指导工作相关的人才构成。市场型职业指导队伍：主要由政府就业部门工作人员、成功企业家、优秀企业人力资源部总监、企业高管、优秀毕业生代表、优秀青年创业者等社会各个阶层力量构成。这三支队伍的建设保证了德育工作与职业生涯教育的有机结合。

（二）建立实习基地，共建指导平台

高职院校建立实习基地，输送企业文化进校园可通过以下途径来实现：在教学计划中增加有关职业素养教育的内容，并对其进行评估；开设相关课程和专题讲座，传播企业文化；通过组织学生进企业实习的方式，真实感受企业文化，增加有关企业文化和职业素养的教育；在学校制度中增加有关企业文化制度，以企业文化制度的标准严格要求学生，建立管理条例、奖惩准则。

（三）整合构建德育与职业生涯规划指导相结合的课程体系

根据不同年级不同学生的特点，构建纵向与横向的课程体系。在一年级阶段进行职业生涯规划的基本知识和理论的教育，引导学生进行自我分析，树立正确的职业目标和远大的职业理想。二年级阶段，学校不仅要培养学生的专业技能，更要加强学生职业素养和职业道德的培养。三年级阶段主要强调职业技能和职业素养的塑造，尤其是职业素养的培养。四年级至五年级上半年阶段，由于前三年为这一阶段

奠定了基础，因此四年级至五年级上半年阶段是职业指导成果的体现阶段。这一阶段是职业指导成果的体现阶段，也是学生开启职业生涯的起步阶段，因此，更要引导学生调适自己的心理，掌握更详细的求职技巧，进行职业礼仪的训练，同时开展创业教育，比如在企业顶岗实习，通过企业实践，有效提高学生实践能力。

同时，要在同一年级根据不同专业和类型的学生特点设置横向的有针对性的课程，帮助学生了解所学专业的行业现状、发展前景和企业人力资源需求的同时，引导学生根据自身特点进行职业生涯规划设计，从而提高自身竞争能力，在全国高职院校同类专业的毕业生中脱颖而出。

第六节　职业规划对高职院校德育建设的重要意义

改革开放以来，高职院校获得了突飞猛进的发展，职业规划对高职学生的人生发展越来越重要。职业规划所具有的个性化、实践性、开放性等特征有利于德育主体的自我觉醒，有利于德育目标的具体落实，有利于德育方法的与时俱进。因此，职业规划在高职院校德育建设中具有重要意义，把职业规划与学校德育建设整合起来，构建一套能与德育建设相结合的职业规划教育成为德育建设的有效载体和方法。

伴随着高职院校招生规模的逐步扩大，高职学生的思想道德素质成为全社会关注的焦点。中共中央国务院在《关于进一步加强和改进大学生思想政治教育的意见》中指出"坚持以人为本、贴近实际、贴近生活、贴近学生，努力提高思想政治教育的针对性、实效性和吸引力、感染力"。职业规划是指大学生在大学生活阶段通过对自身和外部环境的了解，为自己确立职业方向、职业目标，选择职业道路，确定教育计划（特别是大学阶段的学习计划）、发展计划，为实现职业生涯目标而确定行动时间和行动方案，具有个性化、实践性和开放性等特点。可见，职业规划既蕴含着对学生的世界观、人生观和价值观等方面的教育和引导，同时又从学生个体实际出发，考虑到每个学生的兴趣和爱好，因此我们应充分重视职业规划的特点，构建一套能与德育建设相结合的职业规划，使职业规划成为高职院校德育建设的有效载体。

一、职业规划的个性化特征有利于德育主体的自我觉醒

随着经济结构的不断调整，社会对高职学生综合素质的要求越来越高，而相当多的大学生受"学而优则仕"思想的影响，沉浸在象牙塔中，缺乏职业意识，认为是"皇帝的女儿不愁嫁"，同时也有一部分学生意识到职业规划的必要性，但往往脱离自身实际，没有制定科学清晰的职业目标和方向。这两种表现的实质就是大学

生没有做好职业规划，自我规划意识单薄，缺乏主体意识。这种主体意识的薄弱性必然导致大学生自我认识的狭隘性，不能从自身实际情况和社会需求来确定人生理想和职业发展的方向，影响到自身的长远发展，也不利于高职院校德育建设的顺利开展。

职业规划的最大特点是个性化。职业规划不是别人强加在个人身上的实施方案，而是个人在内心动力的驱使下，结合社会和企业的发展状况，依据现实条件和机会所制定的个性化的发展方案，是大学生个体通过自我意识来认识和调控自己的历程。职业规划的科学制定需要大学生准确分析自身的兴趣、性格与爱好，认识和估计自己的性格特点、知识素质和能力结构，评价和判断自己的智慧和情绪，找出优势和不足，正确地认识国家、社会的发展状况，认识到科学的世界观、人生观、价值观、职业道德是人生发展的宝贵财富。因此，通过制定科学的职业规划，可以克服懒散、焦虑、目标迷茫等现象，促使大学生把个人的成长需求转化为教育的内在动力，从而有利于发挥学生主体的自觉性和能动性，强化了大学生的主体意识。

实际上，大学生正处于职业发展过程中的探索准备阶段，他们最关心的问题就是如何获得一份适合自己的工作，实现自己的人生价值，因此在高职院校德育建设中开展职业规划，围绕着个人性格、价值观、思维方式、行为方式等因素设定人生理想和职业目标，既能够焕发大学生的自觉意识，增强其内驱力，又能体现出以人为本的教育理念，有利于增强德育教育的实效性。

二、职业规划的实践性特征有利于德育目标的层层落实

德育目标就是高职院校通过德育教育，使大学生在政治、思想、道德、心理等素质方面所要达到的水平及其标准，具体要求是指：培养高职学生的爱国主义，热爱中国特色的社会主义伟大事业；逐步树立科学的世界观、人生观和价值观；树立艰苦奋斗精神和强烈的使命感；树立社会主义法治理念，具有良好的社会公德、家庭美德和职业道德观念；培育健康的心理素质。

由于长期以来，高职院校中存在着"重能力培养，轻育人根本，重专业教学，轻职业道德教育"的现象，相当多学生缺乏持之以恒地勤奋学习的精神等品质，因此导致高职学生思想素质出现滑坡。可见，职业道德教育的薄弱不利于学生的健康成长，不利于学生思想道德素质的提升。高职学校必须从学生思想实际出发，按照行业、企业、社会对高素质劳动者的要求，充分认识职业道德教育对学生成才、成长的作用，构建以职业道德为核心的高职院校思想政治教育新模式。

职业规划的实践性特征是指职业生涯教育的内容、目标和过程等方面都体现出强烈的实践性特征，需要学生走出课堂、走出校门积极地开展社会调查和实践活动，在"行动""考察""调查""探究""设计""服务""劳动"过程中培养良好的心理素

质和个性特征，坚定有中国特色社会主义信念；强调学生的亲身经历，要求学生积极参与到各项活动中去，在活动中发现和解决问题，体验和感受生活，发展实践能力和创新精神。通过职业规划帮助学生更多地参与社会实践，以便在日常学习期间确立自己的奋斗目标，早日树立自己的职业理想，有针对性地开展学习，形成良好的学风；可以培养艰苦奋斗精神和脚踏实地精神，树立劳动光荣的道德风尚，加强职业道德建设；可以培养学生诚实守信的公民道德规范；可以增强学生的自控能力和纪律观念，改变行为自由散漫的不良习惯。

通过理论联系实际，学生可以在社会实践的基础上思考自己的未来，根据社会的发展提高自己的各方面素质，以便更好地适应未来的发展。所以，加强职业规划教育能够提高学生的职业道德素质，进而提高学生的思想道德素质，使德育目标层层落实在学生的实际活动中。

三、职业规划的开放性特征有利于德育方法的与时俱进

世界的发展日新月异，我国现代化建设更是进入新的发展阶段。社会经济成份和经济利益、社会生活方式、社会组织形式等方面都发生了深刻的变化，对人的道德素质提出了更高的要求，学校德育应积极适应新世纪的变化和要求，与时俱进，改革创新，探索具有时代特征的、适应高职学生成长规律的新的德育工作方法和途径。

职业规划的开放性特征是指职业规划教育活动面向每一个学生的个性发展，尊重每一个学生发展的特殊需要。职业规划教育活动必须立足时代和社会对高职学生素质发展的挑战和需要，以促进学生个性发展为总目的，结合不同的社区背景、自然资源和地区特色而开展多种多样的活动内容。

通过参加各种各样具有时代气息的职业规划教育活动，比如参加职业生涯规划设计大赛，到企业参加实习，参加模拟面试，可以更好地引导学生切身实地地感受社会和企业的要求，不断提升自身的综合素质，促进自我全面发展，满足未来社会对人才的基本需求。

总之，以职业规划为主线贯穿思想政治教育工作始终的活动组织形式是一种生动活泼、内容丰富的教育形式，既能引起学生的兴趣，同时又能使学生在职业规划中提高综合素质，相对于"满堂灌"的思想政治教育会更好地受到学生欢迎。因此，高职学生职业规划蕴含着丰富而生动的思想政治教育资源，为做好思想政治教育工作提供了一种有效的载体和方法，它能有效地将思想政治教育、道德教育、法制教育、心理健康教育和职业教育与社会实践更好融合起来，从而实现了思想政治教育向现实生活的回归，使教育的内容更加符合教育目标的要求。

第七节　从德育生活化模式看大学生德育内容的建构

德育生活化模式为探索大学生德育的内容提供了有益的启迪，学校应当根据大学生的心理、学习、生活、择业等实际需求来建构大学生德育的内容，使学生真切地感受到德育是自己健康成长、顺利成才及适应社会的需要。

当前，大学德育的内容无论是对于教师还是对于学生来说都有些空、虚、远和冷的感觉，教师觉得学生听的积极性不高，学生觉得老师讲的没用，所以德育课程的到课率只能靠记录考勤来维持，对德育的实效性，学校、社会和公众都不满意。本书认为，解决德育课程到课率低和增强德育实效性的关键在于根据学生生活的实际建构德育的内容，让学生感觉近了、亲了、实了。

一、德育生活化模式的内涵

德育生活化模式主要是指德育要以生活为载体，教育应该从受教育者的实际生活出发，关注人的现实需要，让大学生在生活体验中理解社会的道德要求。德育生活化模式强调，思想品德的形成只有道德主体在实际的政治生活、道德生活、学习生活与思想体验中完成才能收到好的效果，它通过道德生活思维的运动形式，将当代道德价值观念贯穿于生活运动中，通过发挥学生的主动性思考道德事件，提高德育效果。德育生活化模式在方法论上强调要以生活教育为主，充分发挥德育生活的渗透功能，就是说，德育生活化模式的要旨在于，在大学生活过程中引导学生自我感知、思考并进行价值选择，使他们在大学文化生活中潜移默化地受到启迪和教育，其立足点是教育与生活需要有机统一和互相促进。

德育生活化模式要求，生活过程、思想品德形成过程与德育过程是有机统一的过程。心理学、社会学和教育学的研究表明，人的心理结构可分为意识和无意识，人的言行是意识和无意识共同作用的结果，人的思想品德的形成是在生活中意识与无意识紧密联系的一个复杂过程，每个人思想品德的形成都源于对生活的感悟以及在生活中形成的对道德的认同，德育并不是离现实很远，它就是生活本身。德育生活化意味着每一个教师都应该学会从身边发生的事去寻找德育的内容，让学生在真实的社会生活中了解道德价值，学会判断与选择。从理论层面上看，德育生活化意味着德育生活的过程就是生活的过程，思想品德的形成是一个无际的过程而不是一个完成了的结果，一个人周围的刺激是影响思想品德形成的支配因素。从实践的层面看，由于人具有模仿、从众、感染、体验和服从的心理机制，德育必须在生活中进行，那种脱离生活高谈阔论式的德育不仅无效，而且令人反感。

德育生活化模式还强调，当前德育内容的重点应从传递特定的价值观念和道德标准转向发展个体的道德思考和探究能力以及引导大学生如何"做人""怎样生活"。

斯宾塞强调:"怎样生活? 这是我们的主要问题。

二、当前大学生德育的重点内容

(一)立足现实生活,培养大学生的学习道德

学习道德就是在学习活动中产生的,以是否遵守学习纪律和达到学习标准为评价标准,并依靠人们的内心信念和社会舆论维系的调整学习行为的各种心理意识和行为规范的汇总。大学生作为社会中一个特殊群体,知识学习是他们成长和发展中的一个十分重要、相对独立而又特别的社会任务,培养良好的学习道德是完成这一社会任务的重要保障,学校的德育工作要引导大学生培养良好的学习道德。斯宾塞认为,"怎样生活? 这是我们的主要问题。不只是单纯从物质意义上,而是从最广泛的意义上来看待怎样生活。怎样对待身体,怎样培养心智,怎样做一个公民,怎样利用自然界所供给的资源增进人类的幸福,总之,怎样运用我们的一切能力使对自己、对他人最为有益,这既是我们需要学的大事,当然也是教育的大事。"德育生活化正是大学德育内容的源泉之所在。

学习目的受制于学习的价值观念,而学习的价值观念又受制于学习道德观,因此,正确的学习目的对于良好的学习道德的形成至关重要。

良好的学习习惯、严明的学习纪律是在长期的学习活动中形成的,是一个人学习道德的外在表现。良好的学习习惯对于学习效果有重要作用,它一旦形成,其学习行为就能按照自主化的程序进行。德育应当引导学生在学习中养成良好的学习习惯。在现代群体学习的形式下,学习纪律的约束是维系人们高效学习和保证学习计划完成的重要手段之一,学习主体只有在具备良好的学习纪律的意识下,才会避免违规学习行为的发生,杜绝如考试作弊和学术道德失范等不道德现象。

(二)培养大学生高尚的恋爱道德

恋爱是大学生活的醉人部分,大学德育不是抵制和排斥这种现象,而是要认同它、容纳它,培养广大学生高尚的恋爱道德,尊重对方人格,培养以爱情为目的的恋爱道德。以寻找爱情、培养爱情为目的,是恋爱道德的显著特征。恋爱中起主导作用的是人的精神世界和道德面貌,这种道德面貌也包括男女双方应当彼此尊重对方的情感和人格,尊重恋爱自由、平等的道德准则。

"真正的爱情表现在恋人对他的偶像采取含蓄、谦恭甚至羞涩的态度,而不是表现在随意流露热情和过早的亲昵。"有着高尚情趣和道德品质的大学生,在恋爱的过程中应懂得追求志趣和理想的一致与和谐,注重交往方式的文明。恋爱者要懂得自尊与尊人,保证自己在生理心理等方面都能健康发展。

(三)培养大学生良好的网络道德

当代大学生生活在网络时代,互联网是他们生活中必不可少的内容,是学习和

创新的重要手段。大学生应当学会利用网络这一平台获取知识和信息，使之成为提高自己学习能力的重要工具。但是，大学生网上活动也衍生出许多问题，学校德育工作应当直面这些问题，把网络道德的培养作为德育的重要内容，引导大学生健康文明上网，做文明网民。

1. 维护网络安全，保障网络秩序

网络道德首先要求遵守网络的法律法规，自觉维护网络安全，保障网络秩序。《中国公用计算机互联网国际联网管理办法》明确规定：任何个人、法人和其他组织都不得利用国际互联网从事危害国家安全、泄露国家秘密等犯罪活动，不得利用计算机互联网查阅、复制、制造和传播危害国家安全与妨碍社会治安及淫秽的信息，不得利用计算机国际互联网从事危害他人信息系统，侵犯他人合法利益的活动。这些条款也是网络道德的要求。

2. 养成网络自律精神，不沉溺虚拟时空

网络的虚拟性以及行为主体的匿名隐蔽特点，不利于发挥社会舆论的监督作用，使得道德规范所具有的外在约束的效用明显降低。在这种情况下，个体的道德自律成了维护网络道德规范的基本保障。学校德育要通过具体案例和身边的事例引导广大学生认识到应当在网络生活中培养自律精神，在缺少外在监督的网络空间里，自觉做到自律而"不逾矩"；认识到长时间沉迷于网络对人的身心健康有极大损害，从而增强广大学生网络自律的自觉性和主动性。

（四）培养大学生积极健康的择业道德

随着我国劳动就业体制改革的深化和高校的扩招，大学生就业已成为国人关心的重大问题之一，择业牵动着千万大学生的心。新的形势下，大学生的择业方式趋于社会化、多样化，其择业道德也体现出多样化的趋势。大学德育应当从大学生十分关心的就业问题为切入点，积极主动地引导广大学生树立正确的择业观，培养他们积极健康的择业道德。

1. 事业第一，义利并重

大学生择业过程中，自身利益与社会的要求往往存在一定的差距，这时德育工作要引导和鼓励广大学生自觉以事业为重，从社会和国家的实际需要出发，秉承义利并重的道德原则，正确对待择业过程中义与利的取舍，选择既能施展自己才华又可为社会服务的岗位，实现人生的自我表现价值和社会价值，自觉把自己的前途同国家的发展结合起来，在奋斗中实现自己的人生价值。

2. 挑战自我，自主创业

大学生要勇于挑战自我，主动参与各种劳动岗位的竞争，树立公平竞争的道德观念，树立自强、自立意识。挑战自我包括大胆自主创业，不是在就业挫折中磨蚀自信和自尊，不是抱怨社会，更不是回去做"啃老族"。学校德育应在引导和鼓励广大学生在挑战自我、自主创业方面发挥独特作用。

3. 立足基层，艰苦奋斗

从基层做起，艰苦奋斗，一步一个脚印地实现自己的人生理想，是许多成功人士的共同经验，学校德育要引导广大学生认识到：到基层、到中小企业、到农村去，是今后大学生就业的主要途径，也是磨砺人生、成就大业的需要。学校德育特别要引导和鼓励来自贫困地区的大学生，树立为家乡经济发展和社会进步服务的责任感，用自己的实际行动感染他人，投身于艰苦创业的大潮中，担负起家乡发展的重任。

三、适应大学生活实际，变革德育手段

德育生活化是以大学生生活实际为切入点，让学生通过生活体验来理解、认同和践行社会的道德规范。大学德育手段要适应时代特征，既要继承一切优良的传统方法，也要适应我国大学德育实践的需要，借鉴现代教育理论的优秀成果，形成具有时代特征和中国风格的新方法，主动变革德育手段，增强德育的针对性和实效性。

一是立足本校实际，优化德育环境，根据核心价值营造共同的态度、意识和理想追求，核心价值必须符合大学特征与学校定位，与学校个性发展有共鸣，形成自己的特色，坚持环境育人。学校德育要主动变室内德育为室外德育，变封闭德育为开放德育，变被动德育为主动德育，变灌输德育为体验德育。

二是充分利用现代传媒资源和手段对大学生社会化过程进行正确引导。现代大学生的生活是同影视、书刊、电子游戏、电子软件和网络等紧密联系在一起的。与这些相一致的是，大学生的交往也日趋多样化。因此，可以依据现代传媒和网络，以此为阵地对大学生进行渗透性德育教育，化有形德育为无形德育，剔除显形德育的心理障碍和面子障碍，寓世界观、人生观、价值观和道德观的引导于轻松活泼的网络交往，促进大学生社会化的进程，使他们更好地适应社会的需要。

三是将大学生的道德修养与日常生活结合起来，使理想信念教育、集体主义教育、爱国主义教育生活化。充分发挥教师和优秀学生以身作则、身正为范的作用，使上述"三个教育"与大学生的所感所见与行为方式统一，落到实处。要在生活中倡导使命感责任感，将大学生的主体意识引导到民族责任心和社会责任感上。学校德育要引导大学生从个体的我向社会的我转化，即以主体为中心的创业意识，形成为事业奋斗的价值观念，以民族国家利益为核心的忧患意识和爱国主义精神，让个人体会到国家利益的重要性，感受到国家兴亡的责任，以一种理性的眼光面对这些问题。

第三章 德育建设环境下的当代大学生

第一节 大学生德育实效性探索

在小康社会建设的今天,如何使高校德育工作更切合当代大学生的思想实际,更富有实效性是高校教育工作者必须面对和思考的课题。要实现高校德育目标必须做到:贯彻以人为本的原则,加强大学文化建设,创造良好的育人环境;以学生为主体,以教师为主导,培育良好的现代德育主体;重视德育对象需求的层次性;加强师德建设,造就合格的教师队伍。

对大学生进行思想政治教育是发展我国教育事业,提高国民素质,实现小康社会奋斗目标的一项基础工程。在经济体制转轨、政治改革推进和文化多样化交融的新形势下,要把大学生培养成为中国特色社会主义事业的合格建设者和可靠接班人,高校德育工作无疑面临着极大的挑战。面对若干高校德育实效弱化的现状,增强高校德育的吸引力、感染力和实效性不仅是广大德育工作者深入思考的问题,也关系到全面建设小康社会的全局。如何提高大学生德育实效性略述于后。

一、贯彻以人为本的原则,加强文化建设,创造良好的育人环境

面对高校德育的新形式、新任务和新要求,高校要完成为全面建设小康社会培养合格的建设者和可靠的接班人的历史重任,就必须积极贯彻以人为本的德育原则,贴近实际、贴近生活、贴近学生,不断增强德育的时代感、针对性、吸引力和实效性。

首先,要按照先进文化前进方向的要求,加强文化建设,建设"人本化"的育人软环境。大学文化建设是先进文化建设的重要组成部分,处在社会文化发展的前沿。大学文化的力量,深深地熔铸在高校的生命力、创造力和感召力之中,是一种不可或缺的软实力。大学文化建设必须坚持以人为本,以育人为宗旨,以校风、教风、学风建设为核心,立足学校实际,发掘学校历史文化资源,体现个性化特征,建设富有学校特色的大学文化。建设大学文化,要求大力加强大学生素质教育,开展丰富多彩、积极向上的学术、科技、体育、艺术和娱乐活动,把德育、智育、体育、美育有机结合起来,寓教育于文化活动之中。建设大学文化,还应全面加强校园网络建设与管理,使网络成为弘扬主旋律、开展德育工作的平台,坚决抵制各种

有害文化和腐朽生活方式对大学生的侵蚀和影响，引导广大学生树立正确的世界观、人生观和价值观。通过大学生文化建设，使学校形态、文化神态、师生心态内外和谐，以软环境育人，为大学生综合能力与素质的提高和德智体美的全面健康发展提供强大的思想保证、精神动力，满足大学生日益增长的精神文化需要。

其次，要不断加大校园建设经费投入，创造有利于教书育人的"人本化"硬环境。为此，高校应树立和落实可持续发展观，立足学校的长远发展，多方筹资、融资、克服办学资源短缺的限制，有计划地增加经费投入，改善办学条件。要从广大师生对现代化硬件设施的实际需要出发，对学校进行数字化、信息化的建设和改造，创造有利于广大师生学习、工作和生活的良好环境。还要求高校在建设事业发展的总体格局中，在教育资源配置上，以教师为本，真正把教师作为教育事业的第一资源，增强服务意识，培养人才、引进人才、留住人才、用好人才、发展人才，不断增强高校的核心竞争力。

二、以学生为主体，以教师为主导，培育良好的现代德育主体

加强德育实效性，关键在于充分发挥德育过程中学生的主体作用，实现主体的自由全面发展，唤起并提高大学生的主体意识。主体意识是指作为认识和实践主体的人对于本身的主体地位、主体能力和主体价值的一种自觉意识，是主体的自主性、能动性和创造性的观念表现。加强大学生德育主体教育就是要通过各种形式的教育唤起和提高大学生的主体意识，发挥大学生的主观能动性，促进大学生自觉进行自我教育。

（1）尊重大学生的主体地位。现代德育必须改变传统德育"唯师是从"的观念，建立起相互尊重、信任、理解、平等、民主、和谐、合作的新型师生关系。因此，教师要在具体的德育过程中切实尊重大学生的主体地位。只有尊重大学生的主体地位，才能使大学生获得自尊自信的情感体验，大学生才会更加自觉学会对自我负责、对他人负责、对社会负责，实现自我教育、自我发展和自我完善。

（2）培养并发展学生的主体能力。大学德育教育要重视人的自我发展和自我完善的需要，把人的发展作为目的核心。大学阶段的青年学生已有较强的自主和自觉意识，高校和教师不能单纯地把大学生视为"教育对象"或"塑造材料"，而应把大学生当作发展的主体来考虑整个教育过程，坚持教育与服务相结合，坚持内外激励相结合，发挥好学生的主观能动性，使大学生在受教育的过程中自觉发展其主体能力。

（3）大学生主体人格塑造重在实践。通过教育，使大学生成为具备完善主体人格的主体，是德育的目标，而实践无疑是塑造学生的主体人格的必由之路。高校要积极探索和建立社会实践与专业学习相结合、与服务社会相结合、与勤工俭学相结

合、与择业就业相结合、与创新创业相结合的管理体制，认真组织大学生参加社会调查、生产劳动、志愿服务、公益活动、科技发明等实践活动，给大学生创造各种施展才能、发掘潜质的机会，使其在社会实践活动中自觉塑造自身的主体人格。

三、重视德育对象需求的层次性

学生思想道德的发展、完善人格的形成是一个从他律到自律的潜移默化的渐进过程。因此，德育工作必须十分重视其层次性问题，从而提高德育的针对性、有效性。

(1) 重视德育对象需求的层次性。德育的效果取决于受教育者的接受度，接受度又取决于受教育者的需求度，受教育者内在需求越强烈，则对德育的接受度越高。各层次学生需求的目标和内容是不同的，德育工作必须从不同层次学生的需求出发，有针对性地开展教育活动。如果德育工作与受教育者需求相一致，接受度就高，效果就好；反之，接受度就低，效果就差。

(2) 德育自身要求的层次性。根据我国人才培养的总目标，学校德育可分三个层次。一是道德教育，培养合格人才。大学教育不仅教育学生学会学习、学会做事、学会生存，更重要的是教育学生学会做人。二是爱国主义、民族精神教育，培养具有建设中国特色社会主义共同理想的社会主义现代化事业建设者。三是理想信念教育，培养具有共产主义远大理想的共产主义事业接班人。

(3) 德育内容层次递进性。德育内容既要以大学生身心发展的阶段特点为依据，又要考虑社会主义、共产主义道德体系的特点提出的新要求。主要内容应涵盖思想政治教育、道德教育、纪律教育、法制教育、心理健康教育等五个方面。在实施过程中要有重点、有步骤、分阶段进行，每一个学年有不同层次的内容要求，并且做到有序衔接，循序渐进，形成良性循环。如低年级德育要侧重理论知识，辅之以一定的实践教育活动，增强感性认识和道德情感。高年级教育就要侧重于理性思考，形成意志和信念并付诸实践。

四、加强师德建设，造就合格的教师队伍

加强大学生德育实效性要充分发挥教师在德育过程中的主导作用。教育者以什么形象出现在受教育者面前，对受教育者是非常重要的。教育者本身就是道德行为的示范者，这种身份因素会直接影响到受教育者对教育者的信任度。教育者对自己讲的德育内容是否有坚定的信念，是否充满热情，会直接影响受教育者的接受程度。为此，高校教师需要率先垂范，积极发挥主导作用。具体来说，教师要树立良好的师德。

(1) 培育有德之人，需要有行之师。教育事业是一个民族最根本的事业，师德

建设是教师队伍建设事业最根本的建设,教育队伍师德的状况如何,将影响到亿万青少年的素质乃至整个民族的素质。师德兴则教育兴,教育兴则民族兴,良好的师德是教师在育人过程中发挥主导作用的关键。高校教师必须以高度负责的态度,率先垂范、为人师表、言传身教,以良好的思想品格给大学生以感召和影响,使其潜移默化。

(2)教师必须有过硬的业务素质。高校教师要联系我国改革开放和社会主义现代化建设的实际,联系大学生的思想实际,把传授知识与思想品德教育结合起来,把系统教学与专题教育结合起来,把理论武装与实践育人结合起来,潜心钻研和改革教学内容,深入发掘各类课程的德育资源,改进教学方法,改善教学手段,在传授专业知识过程中加强德育工作,使学生在学习科学文化知识的过程中,自觉加强思想道德修养,养成良好的道德习惯,主动促进自身的全面、健康、和谐发展。

(3)教师要善于对学生进行正面教育。教师要善于将德育融入大学生专业学习的各个环节,渗透到教学、科研和社会服务的各个方面,教书的同时不忘育人。既要善于借助规章制度规范人、借助良好风气塑造人、借助模范人物感化人、借助各种载体净化人,更要善于借助能够增强人的心理体验和丰富多彩的活动感化人。

(4)要将师德建设纳入制度建设的轨道。当前,一个严峻的问题是要防止社会腐败对教育系统的腐蚀和蔓延。权与学、钱与学越来越紧密地结合与交换,正在造成日渐猖獗的弄虚作假、学术腐败等现象。高考舞弊、假文凭泛滥、大学教授剽窃事件等,暴露了教师管理制度上的薄弱和漏洞。因此,仅仅重视教师个人修养,仅仅要求教师自律是不够的,师德建设必须加强制度建设,形成一种良好的制度。

第二节 大学生道德教育的挑战与对策

一、大学生道德教育面临的挑战

(一)经济全球化对大学生德育工作的挑战

当今世界经济格局最显著的特点就是经济全球化。经济全球化可优化资源配置,促进发展中国家经济的发展,但同时也会使发展中国家面临着严峻的挑战。对我国而言,一方面,随着对外开放的深入,大量政治、文化观念以不同方式越来越普遍地影响着人们的道德生活,加速道德上的斗争与融合;另一方面,两种社会制度和思想文化的相互激荡、相互影响在一定意义上进一步加剧。经济全球化使得意识形态领域的斗争日益加剧和空前复杂,主流意识存在着被削弱的威胁。因为随着经济、文化、商贸等各种交流活动的频繁出现,原先敏锐而前卫的意识形态的交锋和斗争,往往被各种经济和文化的交流所掩盖,从而不知不觉地使主流意识受到冲击，最后甚至可能被同化。大学生作为思想最活跃、最敏感的一个社会群体，其思维方式、道德观念、价值取向会不可避免地受到更为强烈的冲击。西方文化产品诸如麦当劳文化、可口可乐文化、好莱坞文化的大量涌入，无不影响着大学生。这些世俗文化所体现的重视商业价值、追求感观音乐、个人主义等价值观将可能淡化大学生的理想信念，弱化他们的国家意识和爱国情感。这一切无疑对大学生道德教育工作提出了严峻的挑战。

(二) 市场经济对大学生德育工作的挑战

市场经济体制在我国的建立和发展，不仅影响和改变着社会的经济生活，也引发了人们价值取向的深刻变化。对于当今大学生而言，市场经济的冲击既有其积极作用，但也给他们带来了消极影响。具体而言，表现在以下几个方面。

市场经济的自主性强化了大学生的自主意识，但同时可能淡化大学生的集体主义观念。市场经济的自主性的特性要求各实体自主经营、自负盈亏。因此，无论是企事业主体还是个人主体，要在激烈的竞争中维持生存和发展，就必须充分发挥主动性和创造性。市场经济的自主性、独立性极大地促进了大学生自我的觉醒，大学生的自我意识、自主意识日益强化。但另一方面，现代市场经济所包含的个体本位、优胜劣汰等原则，往往会使一些学生对个人利益的要求更加强烈，奋斗欲、成就欲也更加迫切，而当这些欲望膨胀到一定程度时，便会诱发极端个人主义，从而可能淡化大学生的集体意识和群体意识。

市场经济的竞争性增强了大学生的主动性，但同时可能淡化大学生的协作意识。竞争是市场经济的生机和活力所在，市场经济的竞争机制必然带来人们的竞争观念和效益观念。现在，优胜劣汰已成为大学生对人生成才与成功的普遍看法。市场经济所引入的竞争机制，还使人们看到了时间的价值，"时间就是金钱，效率就是生命"的时效观念在大学生中广为流传，慢节奏、低效率的思想遭到普遍的否定。这一切使得大学生的自我主动意识不断增强，但同时，市场经济带来的负效应也是明显的，最突出的是协作意识在竞争中被钝化。事实上，确有那么一部分大学生因此而淡化了合作和协同意识，服务、奉献精神不足，把竞争和创造变成了实现自我利益的手段。

市场经济的平等性加强了大学生的公平意识，但同时可能淡化大学生的服务意识。市场中等价交换的原则使人们冲破了原先旧体制中狭隘的人身依附乃至人格从属的等级关系的羁绊，将人置于平等地位，促进了独立人格的形成。这对于官本位思想、等级观念、特权思想是一个很大的冲击，也使得大学生的平等、公正意识进一步得到强化。但等价交换原则有时被错误地引申到党内、国家政治生活、人际关系和社会生活等领域。如在分配领域，有人把按劳分配原则颠倒为"按酬付劳"，给多少钱干多少活，主人翁精神逐渐淡化；人际交往也被抹上了浓厚的商品色彩，讲究有偿服务、等价交换，这在一定程度上导致了金钱升值和道德贬值，造成社会风气的庸俗化。这些都对大学生产生了消极的影响。

市场经济的逐利性提高了大学生的效益观念，但同时可能弱化大学生的精神价值。市场经济追求最大经济效益和价值，使大学生在学习和就业取向上逐渐表现出重视管理和经济学科、关注市场经济理论和市场活动经历的倾向，效益观念明显增强。但市场经济的逐利性特点，也容易诱导大学生急功近利，重利轻义，产生拜金主义、享乐主义和利己主义。对物欲的追求很容易使大学生陷入物质主义的泥潭，感官的享受取代深层次的思考，对功利的追求又会压制对精神世界的探寻，导致精神价值弱化。

（三）信息网络化对大学生道德教育的挑战

1. 网络文化的多样性易导致大学生思想混乱

网络信息是一种开放的超越民族和国家的公用信息，由于各种社会政治力量都力图在网络上占据一席之地，不同文化的传播和碰撞在网上更加激烈。同时，网络信息又是一种多元快变的信息，每一个问题都是多维的、变化的，试图直接给出一个问题的具体答案或者仅用一种价值观念去评判是非几乎变得不可能。由于了解信息的渠道更宽、接触面更广、接触的观点更多，当代大学生很难再简单按照教育者事先设计的思想和目标去理解和领会信息。同时，在理解信息方面他们也更加主动，不会像以往那样被动地接受教育者的灌输和安排。这样一来，教育者在学生传播、接受信息中的权威地位被打破了，学生自我判断是非标准的自主性、独立性更强，世界各国，特别是东西方价值观念在学生头脑中的碰撞和冲突更加直接、更加激烈，因此当代大学生的价值取向更加多元，价值选择更加困难，树立正确的世界观、人生观和价值观更不容易。

2. 网络的虚拟化易导致大学生人际交往的障碍

因特网技术将地球浓缩在一张无形的网络之中，"一网打天下"的网络弥补了其他联络方式的不足。在网络中，行为主体的人际交往大都是在"虚拟实在"的情形下进行的，人人都可以在网络中成为"隐形人"（不知道对方性别、年龄、职业等）。这种交往方式的形成，消解了现实世界人际交往的一些缺陷，人们很容易获得为人处世的成就感和满足感，甚至感受到自身价值的极大化和他人对自己的热情关怀。但是，这种情况长期下去，必然会影响和改变人们的生活方式，产生新的人际障碍，使行为主体冷漠，人际关系淡漠，人际距离疏远，使人产生孤独、苦闷、焦虑、压抑，甚至情绪低落、消沉、精神不振等。此外，由于经常可在网上碰到诸如发布虚假信息、网上恶作剧、网上欺骗、网上偷窃、传播病毒、侵犯知识产权等网络犯罪和不道德行为，也会使人觉得交往安全感下降，真实可信的人际关系难以存在。

二、大学生道德教育的对策

(一) 改革德育内容

1. 加强对大学生的思想政治教育

一是加强对党的基本路线、基本理论的教育学习，加强社会主义理想信念教育，认识社会主义制度的优越性等。二是利用社会发展的规律和历史事实来不断加强对大学生的爱国主义、集体主义和社会主义的教育，引导广大学生正确认识社会发展规律，正确认识国家的前途和命运，澄清在社会主义问题上的错误观点和模糊认识，形成深厚的爱国情感，坚定建设有中国特色社会主义道路的信念。

2. 加强对大学生的理想信念教育

理想信念教育是大学生道德教育的重要组成部分，关系青年人能否健康成长，能否保持社会主义接班人的培养方向。要教育大学生树立远大理想，确立为人民服务、为中华民族的伟大复兴努力奋斗的目标。21世纪实现中华民族的伟大复兴是历史和时代赋予的神圣使命，要教育大学生一定要胸怀祖国，心系人民，始终以国家富强和人民幸福为己任，牢固树立为祖国和人民而奋斗的理想和抱负。

3. 加强对大学生的优秀品德教育

我国几千年悠久的历史文化积淀出丰厚的传统美德，《公民道德建设实施纲要》[①]中将公民基本道德规范概括为"爱国守法、明礼诚信、团结友善、勤俭自强、敬业奉献"这20个字。应该说既有传统的东西，也有现代的东西，是在继承基础上的创新。高校要加强对大学生的社会公德、职业道德和家庭美德教育，在社会主义市场经济条件下，尤其要加强诚信教育，这是做人、做事成功的基础。同时，还要开展社会主义荣辱观的实践活动，使大学生从自我做起，从身边做起，在日常道德实践中弘扬中华民族的优良道德传统。

4. 加强对大学生的健全人格教育

在社会主义市场经济体制下，大学生需要不断增强自立意识、竞争意识、效率意识、民主法制意识和开拓创新精神。高校要重视并积极开展大学生心理健康教育，教育大学生形成自身独立健全的人格，自信自强、团结协作、乐观豁达、积极进取、勇于挑战、敢于创新。要加强大学生的艺术教育，提高青年学生审美情趣和艺术素养，学会保持健康的情绪，学会关爱、理解他人。对他人要有一种宽容的态度，不要苛求他人，学会在轻松愉快的环境中建立和谐的人际关系。

(二) 优化德育过程

面对现今大学生道德教育存在的挑战，我们必须优化德育过程，围绕德育的针对性和有效性，抓好德育的层次性、互动性和主体性。

---

① 由中共中央2001年9月20日印发实施。

1. 层次性

学生思想品德的发展、完善人格的形成是一个从他律到自律的潜移默化的渐进过程。因此，德育工作必须重视其层次性问题，提高德育的针对性，把握好德育的阶段性、渐进性和对象的自主性等特点，切忌急于求成或千篇一律，统一要求。

2. 互动性

所谓互动性，是指从德育系统的整体效果出发，着力形成德育系统的各要素内部之间、各要素相互之间及德育系统与社会环境之间的互动关系，并在互动中调整各种因素及相互关系，以期达到德育过程整体功能的优化。注重德育的互动性，尤其要把握住教育者和学生之间的互动合作、德育内容与方式的互动结合以及德育系统的学校、家庭、社会"三位一体"互动配合等互动关系。

3. 主体性

在优化德育过程中，教育者和学生都应该是主体，通过师生人格的平等交往、品德上的相互影响，建立起主体与主体间民主、认同、合作的活动关系，形成有效的教学效果，从而促进学生思想品德的发展。传统道德教育普遍把教育者视为主体、把学生作为客体，形成了教师对学生的"灌输式"教育，收效不大。因此，在德育过程中需要德育工作者更多地重视发挥学生的主体作用，充分调动德育过程中"学"的作用。通过学生积极的思想内心活动，去主动接受、内化为教育者的德育要求，达到提高道德认知、形成道德行为的目的。

（三）建设德育队伍

没有一支素质高、乐奉献、勤钻研的专业德育队伍，就难以应对新形势的挑战，难以有效地对大学生开展道德教育。专职思想教育人员，长期工作在高校思想工作的第一线，和学生接触最广泛密切，随时可以和学生交流思想。他们在指导和教育学生的过程中，一言一行对学生有着巨大的感召力，发挥着不可忽视的作用，直接影响着学校所培养的人才质量。因此，建立一支强有力的德育工作队伍刻不容缓，势在必行。

1. 提高理论水平

实践表明，教育者首先要具有较高的理论水平，并且只有掌握了学生在不同年级呈现出的不同特点及个性差异，才能因势利导，把思想工作做到学生的心坎上。否则，即使有了善良的愿望也不一定能达到好的效果。因此，高校要大力提高德育工作者的理论水平，澄清模糊认识、端正思想，并以此为指导，尽快使他们由"经验型"上升为"理论型"，使思想道德教育趋向科学化、规范化。

2. 提高职业道德

德育工作者一要热爱和尊重教育对象，与学生打成一片；二要具有良好的思想和工作作风，善于倾听各种意见，集思广益，率先垂范，以自身的人格魅力为大生修身铸魂提供最丰富的育人资源。

3. 提高工作能力

德育工作者应有较高的组织能力、语言表达能力，还需掌握必要的教育方式与技巧。具体而言，要设法提高以下几方面的工作能力：①晓之以理，教书育人。德育工作者要善于在自己的业务教学中渗透德育，发挥人格魅力优势，给学生传授为学之道、做人之道。②导之以行，管理育人。德育工作者除要善于给学生以情感教育、认知教育之外，还应该善于引导好学生参与学校民主管理的有关环节，提高其自我管理、自我教育的能力。③动之以情，服务育人。德育工作者要始终对学生爱之以真心，动之以真情，牢固树立为学生服务的意识，在关心、理解和真挚情感中感化学生的心灵。

第三节 新媒体环境下大学生德育建设

以科学技术为支撑的新媒体影响着人们的道德认知、道德心理、道德行为和道德生活方式，也改变着大学生德育教育的途径和方式。应在对新媒体特点分析的基础上，准确把握新媒体给德育建设带来的挑战和机遇，加强正面宣传，加强媒体监管，开发媒体资源，为大学生德育建设提供良好的环境，提高新形势下德育的实效。

新媒体是建立在数字技术、网络技术和移动通信技术基础之上，向受众提供各种信息技术服务的媒体。新媒体既具有开放性、即时性、互动性等特点，又集文化、娱乐、视听于一体，已经日益影响到人们的生活，成为改变人们道德认知、道德心理、道德行为和道德生活方式的神奇力量。随着新媒体技术的飞速发展，大学德育的环境、任务、内容和渠道也发生了很大的变化。如何与时俱进，充分利用和整合新媒体资源，探寻新媒体环境下德育的新思路、新办法，优化德育环境，丰富德育内容，创新德育载体，提高德育工作的效能，成为德育建设的新课题。

一、新媒体对大学德育的冲击

(一) 新媒体挑战传统德育模式

新媒体由于其普及性、即时性、互动性及个性化的特质，使知识、技能、修养互动融为一体，以其独特的传播方式、丰富的传播内容和对等的交流时空，对当代大学生的德育模式产生了重要影响。新媒体多元化信息环境挑战教师传统单一的知识传授，新媒体文字、图片、音频、视频、电子邮件、实时语音、实时影像等功能和快捷的信息传播扩散方式挑战传统的德育程式化教学，新媒体双向互动的信息交流方式挑战简单的课堂灌输，新媒体传播的多元化意识形态以及不良信息挑战大学生对异质文化的批判能力。

(二)新媒体影响学生的道德认知

新媒体时效性强、信息量大、传播速度快、覆盖范围广,这为大学生了解世界、增长知识、开阔视野提供了有利条件,满足了大学生了解社会、接触社会的心理,满足了他们的智力和兴趣要求。但新媒体管理不规范,信息传播混乱,在这些信息中既有大量健康和有益的信息,也有不少宣传腐朽文化和错误思潮的内容。这些不良的信息往往误导思想不成熟、探知欲强、识别和抵抗能力弱的学生,导致很多学生产生道德认知偏差和道德观念改变。

(三)新媒体影响学生的道德心理

新媒体具有很明显的虚拟性和互动性,使用者往往通过匿名或者化名方式进行交流沟通,一些学生在虚拟世界里不受约束,缺乏真诚,缺乏信任。同时,由于长期沉浸于虚拟世界中,缺少与现实社会的沟通,学生容易出现心理"闭锁"现象,出现人际交往障碍和人格心理障碍,忽视他人的存在,养成消极冷漠、偏激自傲等不良心理。

(四)新媒体影响学生的道德行为

互联网、手机短信、数字视频等新媒体的开放性、随意性和匿名性,导致诸如暴力、诈骗等不良信息泛滥,大学生在这些不良信息影响下,很容易失去是非判断和行为选择能力,严重的还带着尝试的心理从中模仿、学习、实践,从而造成行为失范,有的甚至走上违法犯罪的歧途。近年来,由手机、网络导致的违法犯罪案件逐年增多,就说明了这一点。

二、新媒体给德育工作带来的机遇

(一)满足学生接受新事物的心理

新媒体融思想性、知识性、趣味性、服务性于一体,它可以真正做到学生与教育者双向互动,且无数的交流者相互间可以同时进行个性化交流,这对于思想活跃、思维敏捷、易于接受新生事物的大学生来说,充满了时尚气息,满足了学生的心理需求,学生乐于接受并成为接触和使用新媒体最早最直接的群体。同时,新媒体私人化、个性化、匿名性的特点可以使学生减轻心理压力,化解心理矛盾,宣泄压抑的情绪。学生在一定程度上还可以扮演传播者的角色,把传统的单向道德灌输转变为灌输、引导、互动相结合,在平等、和谐的氛围中激发学生的主体意识,接受德育教育。

(二)创新德育工作载体

传统的德育大多靠一块黑板、一支粉笔、一张嘴来完成,方式单一且内容枯燥。面对日益现代化的传播手段和环境,这样的教育很难有感染力和影响力,有时甚至容易使受教育者产生厌烦心理而达不到预期教育效果。而在新技术支撑下出现

现代德育建设与就业规划

的媒体形态，包括网络、手机、移动电视、数字电影、触摸媒体等，这些媒体形式不仅仅传播文字，还传播声音、图片、三维动画甚至是影视画面，这些图文和音像并茂的画面，具有信息与技术整合的优势，使学生多种感觉器官协同活动，如身临其境，此时，晓之以理，导之以行，可以大大提高德育教育的效果。同时，教师还可以利用微信、QQ等方式与学生沟通，指导学生获取有益信息。这些丰富的德育载体，贴近学生现实生活，增强了德育工作的生动性与感染力。

（三）拓宽了德育渠道

新媒体不受空间、区域和时间的限制，营造了一个超越时空的信息传播渠道，不同的群体和个人都可以通过媒介实现资源共享。特别是网络媒体极大地缩短了教育者与被教育者之间的距离，学生通过网络可以了解最新的时事动态，可以对国内外的重大道德热点问题进行讨论，可以学习新时期道德标兵的鲜活事例，感受他们的道德品质和高尚精神，从而极大地提高德育教育的效果。同时，网络的平等性和开放性使高校德育工作者与大学生在网上处于一种完全平等的交互状态。"网上聊天""网上咨询"，使教育者直接与每个受教对象进行随时交流，传道解惑，大学生也乐于在平等民主的环境里吐露自己的思想困惑，从而增强了德育的针对性，这种让受教育者变被动为主动的教育形式，更有利于达到育人效果。

三、充分运用新媒体加强大学生德育建设

（一）加强正面宣传，注重科学引导

1.占领舆论阵地，加强正面宣传

随着新媒体的普及推广，如今影响学生思想、情感、价值取向的主要力量已经不仅仅是书籍、家长、亲朋好友和老师，而且还有大家几乎每时每刻都在深受其影响的现代媒体。现代媒体成了改变人们思维方式和生活方式的神奇力量，活的力量。因此，要加强新媒体环境下大学生德育建设，就必须占领影响大学生思想和生活的主流舆论阵地。要在新媒体信息传播中高举建设有中国特色社会主义事业的伟大旗帜，充分展示马克思主义的科学理论体系，旗帜鲜明地宣传社会主义核心价值体系，树立先进典型，营造良好的舆论氛围，形成正确的舆论导向；要把党的宗旨、性质，道德建设工作中研究的新成果，社会主义建设新成就，博大精深的民族文化融入新媒体，以足够的主流信息占领媒体空间，并且以主流信息的强大攻势对学生进行生动活泼的思想道德教育，反击腐朽思想文化的侵蚀。

2.科学引导学生了解和使用新媒体

要让学生了解媒体基础知识以及如何使用媒体，学会判断媒体信息的意义和价值，了解如何建设性地利用媒体发展自我。特别要看到，媒体是把双刃剑，学会批判性、创造性地运用媒体信息对学生适应新形势、新要求、新生活是十分有益的。

(二) 加强媒体监管，优化育人环境

1. 完善新媒体运行和监管机制

要建立对网络信息进行监督管理的常设机构，制定网络行为准则，实行上网实名制，制定网络公约，文明上网，并通过相应的审查、监控来规范大学生网络行为。同时，加强法制教育，依法规范信息内容的传播和交流，教会学生在虚拟环境里有效地进行自律，提高自我免疫能力。

2. 通过技术手段占领网络制高点

要通过技术手段控制信息通道，确保我国主导价值观念在信息传播中的优势地位；要设立道德教育信息传播专门通道，保护合法媒体传播的权威性和完整性，不允许网络爱好者对其进行随意的删改或添加；要控制或拦截不良信息，抵制不健康信息的传播；开展清除网上垃圾、保护绿色网络等活动，大张旗鼓地宣传科学理论、传播先进文化、塑造美好心灵、弘扬新风正气、倡导科学精神，增强学生网上自我约束能力，自觉抵御不良信息侵袭，从而形成新媒体时代健全完善的道德建设环境。

(三) 开发利用媒体资源，全面推进德育建设

1. 提高德育工作者的科技素质

新媒体时代的德育教育工作者，应当培养自己过硬的科技和信息素质。一要认真研究新时期出现的新情况、新问题，转变教育观念，正确理解媒体信息的特点并合理加以使用，引导学生增强辨别是非的能力和抵御诱惑的能力，将新媒体特别是网络教育与道德教育实践结合起来，并通过制定调控政策，鼓励德育工作者"触网"，培养一支高素质的网络德育工作者队伍。二要学习网络技术基础知识和网络教育传播理论，包括多媒体技术、数据库技术和基本的网络技术等，能够在网络环境下独立开展德育教学工作。三要具备较高的社会责任意识，有较强的信息免疫力，帮助学生抵制有害信息的侵蚀，履行网络环境下的伦理道德行为规范。

2. 丰富新媒体德育工作平台的内容

要积极开发以新媒体为渠道的德育教育形式和内容。一是建立更多的德育网站，如中华道德网、中华人才思想道德网、青少年思想道德网等，网站要大力弘扬主旋律，广泛开展中国特色社会主义道德理论宣传活动，并结合国家思想道德建设的实际和现状，将社会道德大众化，将党和政府的声音传到网上，为大学生释疑解惑，与各种错误思潮做斗争。二是结合时代主题和主旋律，丰富道德教育专题和专栏的内容。如开设相关专题，丰富道德先锋榜、礼仪规范、行为习惯、文体道德风尚、法治与德治、思想道德走进上海世博会、道德广场等内容，这些专题专栏与道德政策相结合，与道德典范相结合，与道德传统相结合，与道德生活相结合，既能够树立鲜活的道德人物和榜样，弘扬中华文化的新风正气，传播优秀的传统道德文

化观念，引导大学生积极思考人生，明辨是非，又能够将道德教育内容在"进教材进课堂"的基础上"进网络"，从而使德育教育取得更好的实效。三是开发学生直接参与道德实践的媒体板块，如缅怀先烈、道德直通车、共话校园道德、迷信揭秘、精英对话等，让学生充分利用媒体进行道德对话，探索道德热点，同时还可以进行网上评比和推荐道德人物、道德事件等，使学生在道德参与过程中，精神得到升华，思想得到净化，正确的道德观得以树立。四是开展网上道德服务。要把道德教育内容与学校历史文化底蕴结合起来，与校风、学风建设有机结合起来，建立并开通"学生生活服务网""学生工作信息网""勤工助学商务网"等，建立大学生网上精神家园，让网站成为展示大学生时代风尚和道德风貌的窗口，成为服务大学生成才成长的平台，提升大学生综合素质的园区，引领大学生舆论的方向标。

3. 开发教育软件，提高德育建设的实效

一是开发适用性、开放性、智能性和实效性强的网络多媒体课件。这些课件集课程讲义、阅读文献、问题解答、思考练习、作业展示和公德评价为一体，教师可以在自己的课件上发布教学内容和教学信息，逐步形成一个与课堂教学内容相呼应、与实际教学进度相一致的网上教学资料库，以达到对学生进行教育、感知、激励、调控的目的。二是开发优秀的德育课程电子教材。要充分利用现代电子技术，使文字、声音、图像融为一体，打造德育虚拟课堂，即运用微信、QQ 等方式进行高校德育信息网络交互式教学。学生可以通过用户注册进行即时查询，及时与教师、同学交流。三是建立德育专题互动区。针对一些事关道德建设大局、事关道德方向、事关道德生活的敏感性问题设立专门互动区，如道德标兵评选、爱心捐款等，为学生提供全面、完整、健康的信息资源，引导学生在分析和评判中选择并吸收正确信息，引导学生吸取社会主义精神文明的优秀营养，提高道德素养，规范道德言行，使之能自觉地弘扬社会公德、职业道德、家庭美德。

第四节　德育视域下的大学生创业教育创新

高校德育与创业教育两者在目标指向、实施理路以及手段方法上具有高度的耦合性。深挖创业教育的德育意蕴，实现德育与创业教育的深度融合成为了大学生创业教育的创新发展的向度。当前创业教育过程中，针对大学生创业教育中存在的忽视创业伦理教育、忽略德育价值以及过分关注创业教育的经济和就业效应等问题，可以在优化大学生创业教育的课程设置、融入专业教育全过程以及调整目标体系等方面着手，实现大学生创业教育德育功能的回归。

大学生创业缓解了当前日益紧张的就业形势。创业教育逐渐成为高校帮助大学生顺利走上工作岗位，实现知识与技能向劳动力转化的重要手段。但事实上，大学生创业教育的意义不止于此。

创业教育在培育大学生诚实守信观念，增强大学生责任担当意识以及养成大学生敬业奉献精神等方面有着同样重要的意义。在这样一个百舸争流的时代，创业将成为大学生成才的重要途径之一，在高校开展创业教育，创业理念融入素质教育，对大学生生存能力将有很大的提升作用。创业教育蕴含着丰富的德育资源，如何挖掘其德育优势，服务高校立德树人根本任务与中心环节，值得每一位教育管理者深思。

一、德育与大学生创业教育具有天然的耦合性

（一）教育目标具有高度契合性

大学生创业教育旨在鼓励大学生培养自觉的创新意识、健康的职业精神以及高效的实践能力，能够敏锐地洞察市场商机和迅捷地整合社会资源，实现自主创业。其中，大学生创新教育所涵盖的创新意识、职业精神、实践能力等方面本身就是高校德育的题中应有之义。高校德育以培育大学生社会主义核心价值观、塑造高尚的精神追求和养成科学的生活方式为己任，以最终实现大学生的自由全面发展作为不懈的追求。

（二）教育效果具有高度互促性

随着经济全球化的深入发展，高校德育的实效性受到严重冲击。客观地说，当前高校德育工作对大学生的内在需求和主动自觉性关注不够，忽视了大学生创新精神的培养，难以深化和扩大其教育力和影响力。高校德育遭遇的窘境从根本上来说，主要归咎于德育过程脱离大学生的个性特点，没有关注新形势下的时代特点，未能有效地根据大学生的思想实际展开德育活动。大学生创业教育与德育的"联姻"能够有效破解当前德育的尴尬。大学生创业教育要求密切联系时代需求，重视大学生创新意识的激发与培养，关注大学生社会资源、能力素质等方面的实际，与高校德育时代性、个性化、主体性的要求相吻合。高校德育工作吸纳、借力大学生创业教育的特点与优势，成为了其创新发展的内在诉求。另一方面，高校德育着力培养大学生遵纪守法的法制观念、诚实守信的职业观念以及敢为人先的责任观念，对于大学生创业教育同样具有重要的促进作用。"创业教育要培养学生在特定的社会经济条件下严守法规、诚实守信，自觉按照社会公德和职业道德的原则与规范，不断提升创业所需要的道德品质。"高校德育卓有成效地开展是促使大学生进入市场以后自觉遵守社会主义市场经济的法律制度和秉承诚实守信的市场原则的巨大推动力。

（三）教育手段具有高度重叠性

大学生创业教育的有序推进主要依靠日常课堂教学、创业模拟实践、企业一线

实习、校园文化活动等手段得以实现。其中，日常性的课堂教学活动是大学生创业教育的最主要手段。高校或者以选修课程的形式专门开设创业教育课程，或者将创业教育的理念、知识、要求渗透专业课程的学习过程之中。课程教学的手段具有系统性、持续性的特点，对于激发大学生创业的意识与热情具有长效作用。创业模拟实践、企业一线实习、校园文化活动是大学生创业教育的重要辅助手段。通过这些辅助手段，大学生有更多的机会近距离观察和了解企业的管理经营过程，为将来的创业实践活动提供借鉴经验。高校德育主要也是依靠课堂教学、实践锻炼、校园活动等手段来进行，大学生创业教育与德育的手段具有重叠性。这决定了教育过程中不能生硬地将大学生创业教育与德育拆分剥离，而应该积极探索大学生创业教育与德育良性互动的有效路径。

二、德育视域下大学生创业教育存在的问题考察

（一）课程设置重视知识与技能教育，忽视创业伦理教育

大学生创业教育归根结底是面向实践的教育。大学生创业教育课程设置重点关注创业实践中可能需要的专业知识与技能，诸如财务会计学、服务营销管理、企业人力资源管理等，打牢大学生创业的知识与能力基础，这是无可质疑的。与此同时，如何引导大学生在创业实践中自觉遵守市场规则，在商业行为中做到公平交易、诚实不欺、信守诺言、不浪费资源等也应该是大学生创业教育的重要内容。但现实中，部分高校关于大学生创业伦理教育的课程却很少开设或者不开设。大学生创业伦理教育课程成为了可有可无的"点缀"，其重要性得不到确认和凸显，严重制约了大学生关于公平交易、诚实守信等市场伦理重要性的认知。大学生没有接受过系统的创业伦理教育，就很难树立起科学正确的创业精神，不能准确认识到企业所应承担的社会责任，对社会主义市场经济的道德要求就很难形成深入细致的了解。大学生创业不能自觉主动承担社会责任，甚至在具体商事行为中违背市场经济的基本伦理要求，这与大学生创业教育的初衷是背道而驰的。

（二）教育对象面向部分骨干大学生，抑制了创业的德育视野

大学生创业教育是培养大学生的事业心，塑造大学生创新型人格，鼓励大学生确立敢为人先的首创精神的一种重要手段。大学生创业教育的德育价值在实践中已经得到了充分的确认和论证。为更大限度发挥大学生创业教育的功能，2010年5月4日，教育部颁发了高校落实创新创业教育的指导性文件，即《关于大力推进高等学校创新创业教育和大学生自主创业工作的意见》（下称《意见》）。《意见》明确指出："创新创业教育要面向全体学生，融入人才培养全过程"但从现实来看，许多大学生创业教育所面向的大学生群体与《意见》的方向性指引之间存在偏离。大学生创业教育所面向的对象或是具有良好创业项目的大学生，或是社会资源丰富、能力

素质较强的大学生，或是商学专业的大学生，而不针对全体的大学生。如果大学生创业教育只是重点关注少数可能真正走上自主创业道路的学生，那么大学生创业教育的德育功能就难以得到全面的彰显。

（三）教育目标重视经济与就业效应，忽视创业德育价值

大学生创业教育兴起的最直接背景就是大学生就业市场形势的日益严峻。大学生创业教育在拉动国家经济发展，增加大学生就业岗位，缓解大学生紧张的就业场景具有倍增的效应。但如前所述，大学生创业教育的价值不止于此。大学生创业教育同样具有丰富的德育意蕴。大学生创业教育的目标是多维度的。"大学生创业教育目标从低到高分别为培养具有良好创业素质的社会公民、自我工作岗位的创造者以及新型企业的创办者。"不过当前大学生创业教育功利性的倾向比较明显，完全聚焦于大学生创业教育的经济与就业效应。高校没有意识到大学生创业教育在培养具有创新素养公民以及敢于在岗位上创造的工作者的价值，只是聚焦于培养企业的创办者，致使大学生创业教育误入歧途。如果大学生创业教育所确立的教育目标脱离实际，不仅会导致大学生创业教育表面上"红红火火"，实际上停滞不前的现象，而且还大大弱化了大学生创业教育的德育价值。

三、德育视域下大学生创业教育的创新路径寻找

（一）融入专业教育的全过程，深化创业教育德育价值

大学生创业教育是新形势下高校德育工作的重要创新手段。如何有效地发挥大学生创业教育的德育功能，促进大学生的自由全面发展成为了高校人才培养的一项新任务。也是基于此，将大学生创业教育与专业教育结合起来，融入大学生人才培养的全过程的命题被适时提出。大学生创业教育与专业教育实现融合不是简单地在专业课程建设中增补几门大学生创业教育课程，而是"以专业教育为基础，将创业教育融入人才培养理念"，将创业的知识、理念、技能等融汇到专业教育之中，实现两者的互促互进。

首先，渗透创业教育内容，依托专业课程学习完善创业专业知识结构。教师在开展专业教育时，应当转变只是关注专业知识灌输的做法，将创业的理念融入其中。不同专业依托专业课程学习来完善大学生创业专业知识结构的思路应当有所区分。经济学、管理学等专业可以重点完善大学生创业所需要的营销、财务、管理等方面的知识结构；法学等专业可以引导大学生更加全面地了解创业方面的法律法规，熟悉大学生创业的政策优惠；政治学等专业可以引导大学生讨论国家政策与创业之间的关系。"在保持已有专业课程体系的前提下，通过适当地在专业课程教学内容中增加创业元素，能够起到整体优化专业培养方案和课程体系结构的作用。"

其次，贯穿创业伦理观念教育，完善大学生的创业伦理素质结构。教师不仅可

以在专业课程教学中培养大学生的创业意识与创业技能，而且还应该在专业课程学习中建构起大学生科学正确的创业伦理观念。时代需要学生把个人的理想与追求与国家、民族的发展同频共振，激励学生做伟大时代的奋斗者、开拓者，创业伦理观念教育正是这样一种实现方式。无论是什么课程的学习，教师都应该将创新意识、社会责任感、诚实守信观念等渗透其中，实现专业教育、大学生创业教育、高校德育工作"多赢"的局面。

（二）完善创业教育目标体系，回归人才培养的本质目标

在教育过程中，高校或者政府往往以大学生是否创办企业实体作为创业教育实效单一的评判标准。大学生创业教育功利性倾向过分明显，只是关注经济效益与就业效益，挤压了大学生创业教育的德育价值。大学生创业教育归根结底是服务大学生综合素质的全面发展，成功创办企业只是大学生创业教育的目标之一。要促使大学生创业教育回归其育人的本质，就要重新审视其目标定位，剔除其中过分功利性的做法，为大学生创业教育德育功能的实现搭建平台与机制。

一方面，将大学生创业教育目标由低到高进行层次区分，清晰突显其德育价值。大学生创业教育的目标从低到高可以设置为培养诚实守信的现代公民、创新意识强烈的工作者以及善于捕捉商机的企业创造者。从大学生创业教育的目标体系中可以得知，大学生创业教育不仅在于培养企业创办者，也在于培养诚实守信、创新意识强烈的社会公民。目标的细化明确有助于各界转变大学生创业教育的思想认识，更加清楚地认知大学生创业教育的德育价值，而不是盲目地将大学生创业教育与创办企业划上等号。

另一方面，针对大学生不同的教育目标，因材施教地展开教育过程。既然大学生创业教育的目标层次有高低之分，那么个性特点不同、实际需要不同的大学生所接受的创业教育就应该不同。教师在开设创业教育课程时候，就可以开设教学目标有所区别的课程供不同需求的大学生选择，形成整体服务高校育人大局，但具体目标又有所区分的课程群。另外，大学生创业教育的实践活动设计、校园文化活动组织等都应该密切联系不同专业、不同个性、不同需求的实际情况，使得大学生创业教育更具针对性与实效性。

大学生创业教育蕴含着丰富的德育资源，但是如何有序地建立长效机制，有力地推进大学生创业教育与高校德育工作的融合，有效彰显大学生创业教育的德育功能却是一项系统长期的工程。高校在推进大学生创业教育时，纠偏错误的思想认识，自觉地用德育的视角关照大学生创业教育的创新发展已日益成为大学生人才培养中非常关键的一个环节。

第五节 大学生德育建设的反思与推进

道德是维系社会存在和发展的基础,学校德育是实施素质教育的灵魂。随着我国社会转型和经济飞速发展,社会的经济成分、价值观念、文化思潮、组织形式、就业方式、利益关系和分配方式变得更加复杂和多样化,亲人之间、朋友之间、同事之间的诚信度正在缺失,有时候人与人之间是用金钱和利益来衡量对方的心理沟通程度,诚信、道德、良知成了中国最稀缺的社会资源。受此影响,大学生的道德观念、价值观念和行为范式也呈现出多元同存同构现象,高校德育教育被贴上了"刻板、不受学生欢迎"的标签,如何进一步加强和改进大学生思想政治工作,加强德育建设,需要广大教育工作者对现有道德教育中存在的问题进行深入思考和调研,找准在高校办学体系中大学生道德教育的准确定位,提出相应的对策,积极推进德育建设取得新的成效。

一、我国德育建设现状

(一)指导思想明确

当前,高校德育建设明确指出:要用中国化的马克思主义来教育武装青年学生,坚持不懈地进行以"马克思主义指导思想、中国特色社会主义共同理想、爱国主义为核心的民族精神和改革创新为核心的时代精神"为主要内容的社会主义核心价值体系教育。

(二)形成了齐抓共管的良好局面

我国道德教育形成了家庭、学校、社会齐抓共管的良好局面和体系。家庭教育以"仁、义、礼、智、信"基础教育为主,仁者:仁爱,仁慈,仁义之师之仁。义者:义务,大义,义举之义。礼者:礼貌,礼让,礼义之邦之礼。智者:智慧,智力,睿智之智。信者:诚信,信誉,公信之信也。学校教育以马列主义理论教育、形势与政策教育、英雄模范人物教育、社会实践教育、劳动教育、党团组织教育等为主,注重提高学生的思想觉悟、理论水平和道德品质,对增强学生社会责任感、事业心、激励学生刻苦学习、发扬艰苦奋斗精神等起了积极作用,促进了学生德智体全面发展;社会教育以媒体宣传、人物评选、典型引路等为主,注重广泛参与,大力营造和谐、友善、创新、团结、拼搏的浓厚氛围,学生身在其中,深受感染。

(三)德育建设成效显著

从每年教育部的思想状况调查来看,当代青年学生的主流是好的,是积极向上的,他们对祖国非常热爱,对党和政府正确的方针政策高度认同,对社会有着强烈的责任感。大学生无论是眼界、理念,还是思想,都比过去时代的青年更加成熟、更加理性。这些年,一大批优秀的青年群体和先进个人不断地涌现出来,大学生英雄群体层出不穷，无论是抗洪抢险，还是汶川地震、南方雪灾，都让中华民族同舟共济的民族凝聚力瞬间迸发，这在一定程度上说明，改革开放以来虽然青少年思想道德教育存在着不少误区和问题，但总体上依然是成效显著。当代大学生是全面建设小康社会、实现中华民族伟大复兴的希望所在，这也是道德教育结果的集中反映。

二、当前高校德育教育低效原因分析

（一）主体认识相对完善，道德说教功能弱化

一方面，经过多年家庭、学校和社会教育，大学生对传统道德的核心体系已有较多理解，对爱国情感、奉献精神、责任追求、价值目标、理想信念已经有较多判断和定位，如果大学德育还停留在"高、空、同"层面，德育目标过于一般化，缺乏明确要求和具体指标；德育内容、方法、评价过于主观和随意，继续重复、僵化、理论化、空洞、强加，把塑造学生的标准过于理想化，超越现实，十全十美，那么学生对德育教育必然会产生不理解、不配合，甚至会出现逆反心理和抵触情绪，从而导致教育效果弱化。另一方面，人的思想是以社会存在为基础的，德育工作必须以现实的经济基础和社会环境为存在依据。当市场经济被选择并带来更多的利润、财富或者说是金钱时，也就等于在规则的设计上将金钱提升为社会价值尺度，这就使人们认为人的各种需求和欲望都可以凭借金钱而获得满足和实现。受此因素影响，学生不再信任道德"应该怎么办"，更在于自己"究竟怎么办"，从而使社会道德说教失灵。

（二）学生各种压力沉重，道德选择模糊

懂得生活，善待生活，和谐幸福当然重要，但目前大学生背负沉重的学习压力、生活压力、就业和生存压力，理想信念和价值观念已经被抽象化、功利化、世俗化，这在处理个人与集体、个人与社会、个人与个人关系的关键时刻体现得非常强烈。譬如学生在填报高考志愿和求学动机时，从原来的崇尚名到现今的崇尚实；在毕业和择业的意识上，从原来的服从国家需要到现在追求自我价值的实现；在处理师生之间、同学之间和朋友之间等人际关系时，从原来的以人情友谊关系为重到现在的以经济利益关系为重等，出现了道德选择标准的模糊与混乱。

三、新形势下德育建设的举措

（一）确立德育的指导地位

德育为先，古今中外早就有之。《大学》里第一句话："大学之道，在明明德，在亲民，在止于至善。"国外也是如此，如17世纪捷克教育家夸美纽斯[①]提出："德

[①] 扬·阿姆斯·夸美纽斯，捷克伟大的民主主义教育家，西方近代教育理论的奠基者。

育先于智育";19世纪德国教育家赫尔巴特[①]说:"教育的唯一工作与全部工作,可以总结在这概念之中——道德";20世纪80年代以后,人们认识到科学技术既可以推动社会经济发展,也可以给人类带来灾难。因此必须大力发展人文科学教育,特别要加强德育,全面提高人的素质。如美国提出,培养出来的学生要"热爱工作,有敬业精神,自重,有自信心,有社会责任感、集体责任感,自律,能正确评价自己,有自制力,正直,诚实,遵守社会道德行为准则"。日本对学生的要求是:"有高度教养和出色人品,能对社会发展和增进福利做出贡献,具有解决人类面临的环境遭到破坏,人口爆炸,贫困和饥饿等复杂问题的能力。"邓小平早在20世纪80年代就提出:"我们在建设物质文明的同时,还要建设社会主义的精神文明,最根本的是要使广大人民有共产主义的理想,有道德、有文化、守纪律。"高校作为培养高级专门人才的学府,在德育建设方面有明确的、不可替代的功能和作用。因此,要采取更有力的举措,坚持和巩固马克思主义在意识形态领域的指导地位,用科学理论武装大学生,用优秀文化培育大学生,把"培养什么人""如何培养人"作为学校建设的首要问题。

(二)引导德育向现实生活回归

人的生活涵括了人的一切,离开人的生活去谈人的德育,等于把人抽象化、简单化。德育关注人,就必须关注人的生活。中国现代杰出的人民教育家陶行知先生提出了"生活教育"的核心教育思想,其内涵为:"从定义上说,生活教育是给生活以教育,用生活来教育,为生活向前向上的需要而教育。教育要通过生活才能发生力量而成为真正的教育。"它包括三方面主张:"生活即教育""社会即学校"和"教学做合一"。2008年8月,我国云南省也实施了以生命教育、生存教育和生活教育为主要内容的"三生教育"试点工作,旨在帮助学生学习生存知识,掌握生存技能,保护生存环境,强化生存意志,提高生存的适应能力、发展能力和创造能力,实现生命的意义和价值,把握自己的命运于全部的生活实践之中,"三生教育"取得了显著效果。事实证明,让德育贴近学生的生活世界是高等教育大众化阶段德育改革的基本走向,高校德育应反思与重构人的生命主体意识,将学生作为生命主体,引导大学生去感受生活,更多地是启发学生以积极生活的热情,引导自己去调节、规范自己的生活,获得对生活意义、生活价值的认识,并引导自己去践行生活的意义,实现生命的价值。

(三)开展形式多样的道德实践教育

道德实践是道德教育的最高境界,它能够深化道德认知,同时也是走出重道德教育、轻道德意志行为培养的误区的有力措施。道德实践教育要多维度多形式推进。

---

① 约翰·弗里德里希·赫尔巴特,19世纪德国哲学家、心理学家,科学教育学的奠基人。

第一是道德实践要诉诸理性认知。应尽一切可能，利用一切条件，挖掘人文社会科学中的德育资源，把道德教育内容渗透到专业课教学、渗透到优秀文化传统之中，利用专业课教师的权威，以潜移默化、"旁敲侧击"的方式进行"渗透式"的教育，使受教育者在理性中去领悟道德真谛，激发和调动学生对道德理念的内在需求，形成"我需要"的态势。

第二是道德实践要诉诸情感体验。通过焦裕禄、孔繁森等先进人物的事迹，通过感动中国道德模范人物评选、中国十大杰出青年的评选；通过抗洪抢险、抗震救灾等鲜活的事例去打动人、感染人、教育人。这种形式，能使学生在耳濡目染中有身临其境、感同身受的情感体验，这种体验有可能使一个人的道德意识顿然升华。

第三是道德实践要诉诸环境熏染。高校校园环境，无论作为基础设施的"硬环境"，还是作为教职员工的工作态度、精神风貌等"软环境"，都必须体现一定的文化品位，营造浓厚的学术氛围。

第四是道德实践要诉诸师德师风。师者，范者，于学识，于修养，无不如是。在高校，德行高尚学识渊博者受到普遍尊重，举止粗俗、言谈失雅、不学无术、沽名钓誉者自惭形秽，毫无立足之地。因此，必须提高教职员工的素质和能力，用教师的言行帮助学生树立正确的人生观、价值观、世界观，帮助学生感悟真、善、美。

第五是道德实践要诉诸校园文化活动。要以大学生素质拓展工作为平台，按照"多种模式、多重覆盖"的基本思路，积极构建"管理规范、体系开放、功能多样、影响扩大"的学生德育工作格局，通过实施"思想凝聚工程"，用先进的理论武装青年；"实践锻炼工程"，促进学生综合素质的有效提升；"成才服务工程"，竭诚服务青年学生成长发展；"文化育人工程"，营造和谐向上的校园氛围；"红网覆盖"工程，充分运用现代网络通信技术，主动以红色网站占领舆论阵地。同时，要增强德育理论研究的深度和广度，针对时局形成一批有实例、有分析、有对策的优秀调研成果。

第六是道德实践要诉诸保障机制。德育工作要建立专门的领导体制和机构，有专人分管，有健全的德育教师队伍，详细的德育计划，确保"观念、体制、人、财、物"的到位和落实，确实形成合力，抓出实效。

（四）建立完善道德约束机制

一是完善学校德育教育管理。要进一步加强和改进高校德育工作的体制、组织结构及运行方式；要强化目标意识，量化管理指标，建立适应素质教育的评估监控体系；要利用现代信息化的管理手段，促进高校德育在工作方式、方法上实现科学化。

二是建立完善社会道德约束系统。要建立和完善社会信用管理体系、榜样激励机制、道德奖惩机制等。

三是完善法制。把道德建设与法制建设结合起来，借助法制理念促进道德建设，当道德与文明远远不能成为人们的自觉行为时，只有法制才能发挥出教育所不能达到的训导与惩戒作用。

第四章 现代德育和时代关系研究

第一节 现代德育与现代德育理论

现代市场经济发展要求具有现代市场经济文化精神的主体，培育现代市场经济文化精神是现代德育的主要任务。社会现代化不但要求德育现代化，也为德育现代化提供了可能，同时也向德育提出了新的挑战。

一、德育与现代德育的含义

德育即育德，也就是有意识地实现社会思想道德的个体内化，或者说有目的地促进个体思想品德社会化。

本书所说的"德"即个体"品德"，指人的个性品质中的德行，狭义指个体的道德品质，广义指"思想品德"，包括思想品质、政治品质、道德品质。

狭义的德育与道德教育同义，是道德教育的简称。广义的德育，内容范围包括思想教育、政治教育、道德教育。当前我们所说的德育，大多指广义德育。从性质说，现代德育与社会现代化、人的现代化是紧密联系的。现代德育是德育现代化的结果，现代德育和德育现代化是对社会现代化、人的现代化的积极回应。

现代德育是以现时代的社会发展、人的发展为基础，以促使受教育者思想道德现代化为中心，促进社会现代化的德育。德育是有目的地通过传递社会思想、道德文化，促进受教育者个体德行社会化，在现时代也就是促进个体德行现代化。

现代德育突出了人，突出了主体性、发展性，要促进人的精神解放、个性解放。现代德育是现代教育的组成部分，现代德育具有现代教育的各种特点，如全民性、发展性、科学性、民主性、终身性、世界性等。

现代德育是教育者与受教育者共同参与的过程，是在教育者的组织下，教育者的启发、引导、指导与受教育者认识、体验、践行的结合，是教育者与受教育者相互教育与自我教育活动。

二、现代德育是主体－发展性德育

现代德育以促进人的德行现代化为中心，或者说是以促进主体现代德行发展为根本。主体性、发展性是现代德育的本质规定，主体性表征德行发展的主体，发展性表征主体德行的发展。

"主体－发展性"明确表述了现代德育的主体性，表述了主体德行发展的内容包括了道德认知、道德情感、道德行为的发展。

三、"主体－发展性"的内涵

"主体－发展性"是现代德育的本质属性，其内涵至少有以下几方面："主体－发展性"体现了现代德育以人为本的精神，突出了主体，突出了主体德行的发展；以培养具有现代思想道德素质的主体人格为根本。它直接着眼于人，着眼于人的德行发展。

"主体－发展性"的德育活动是教育者、受教育者能动地自主建构思想道德的对象活动；是在教育者的组织领导下，教育者、受教育者共同参与的活动；是教育者的启发、引导、指导与受教育者的认知、体验、践行的互动；是教育者的价值导向与受教育者自主建构相统一的活动；是教育者与受教育者的相互教育与自我教育、教学相长、品德共进的活动。

"主体－发展性"是现代德育的整体特征，主体－发展性不是德育活动的某个阶段或某个部分、某个方面的特征。作为现代德育的根本指导思想，它们贯穿在德育活动的始终，贯穿在德育活动的各个方面的。

"主体－发展性"是现代德育的精髓。现代德育是以人为本的德育，就是要突出人，突出主体，突出主体的发展，促进人的革命。这是现代德育的精髓。

人是现代化的主体，主体－发展性德育以促进主体德行现代化为根本，就把握了现代化的关键因素。现代德育要突出人的现代化，促进人的革命，也就是促进人的生活方式、人的价值观的变革，促进人的思维方式、情感方式、行为方式的现代化。

人是社会发展的手段，更是社会发展的目的。人与社会互为手段和目的。德育促进社会的现代化，是以人为中介的。德育是通过人的现代化而促进社会现代化的。而社会发展的最终的目的是为了人，为了人的发展，为了人的幸福。人是目的，德育直接为人的发展服务，为创造人的幸福服务。

"主体－发展性"是现代德育区别于传统德育的分水岭；"主体－发展性"体现了现代德育的目标要求；"主体－发展性"体现了现代德育的本体功能；"主体－发展性"凸现了现代德育的内在价值；"主体－发展性"集中地表现了德育形式转换的内涵；现代德育是从历史上的德育发展而来的，"主体－发展性"集中涵盖了德育转型的丰富内容。

四、现代德育为社会现代化服务

德育适应一定社会要求,为一定社会制度的巩固和发展服务,这是历史上各个社会德育所共同具有的社会功能。

德育社会功能的现代性,首先在于是为实现社会现代化服务。现代德育面向现代化,在社会现代化过程中,根据自身特点,发挥其积极推动作用和导向作用。所谓推动作用,即通过人的发展推动社会发展,其中也包括对社会经济的积极作用;所谓导向作用,是指现代化有资本主义现代化、社会主义现代化之别,德育在社会现代化发展方向上具有导向作用,这也是现代德育仍然具有阶级性、民族性的发展。

现代德育的政治功能表现为,推动社会主义现代化,推进民主政治建设;为全球、全人类共同的长远利益,也为本国、本民族自身的利益与各国人民同舟共济,维护国际和平和社会发展。

德育社会功能的现代性,也表现在为社会现代化服务具有先行性、超前性。现代教育应当领先于变革,而不是对变革做出反应。由于现代社会是变革的社会,不断变革即革命性已成为现代德育的一个特性。德育对社会发展的作用已不是消极的适应而是积极的适应,不仅适应当前,而且适应未来,为未来培养人,从而表现了德育的先行性、超前性。现代社会发展迅速,德育主动积极传播现代思想观念和价值观。德育一方面反映当前的现实要求,一方面又有相对独立性,因而具有一定的超前性。

五、现代德育是民族性与世界性的统一

德育是一定民族文化的产物,是因民族文化发展的需要而存在、发展,也在参与民族文化实践中实现,因而具有浓烈的民族性。世界上只要存在民族差异,德育就具有民族性;德育的个性在于弘扬各自的民族精神。

现代德育是既往民族德育传统的发展与创新。所谓民族德育传统,是过去发生和创造的,是在现实德育实践中发挥作用并一以贯之的。现代德育的民族性与德育的世界性是统一的。开放性是现代德育特性之一,面向世界是德育发展大趋势。

德育的世界性是德育现代化的体现,面向世界是当前德育发展的趋势,也是未来德育具有的特征。而且随着时间的推移,这种特征日益显著。现在的德育又是面向未来的,为未来德育创造条件。现在德育中具有未来德育的因素。德育现代化,在某种意义上说,也就是这些未来因素不断成长、扩大的过程。德育面向世界、面向未来体现了历史进步的时代精神。

现代德育民族性和世界性的统一,也就是民族精神和时代精神的统一。我们

所说的民族精神是一定时代的民族精神,是符合时代潮流的民族精神,时代精神是民族精神发展到一定时代的综合表现。中国德育现代化,同样要使民族性与世界性结合。

第二节 现代德育的特点与任务

一、树立现代德育核心理念

现代德育要树立以人为本的核心理念,从过去管理人、束缚人、约束人转向为了人、尊重人、解放人。以人为本是现代德育的价值理想和思维源点。现代德育逻辑支点的核心是不断提升人自身建设水准,人的发展是最根本的。人是教育的中心,也是教育的目的;人是教育的出发点,也是教育的归宿;人是教育的基础,也是教育根本。一切教育必须以人为本,这是现代教育的基本价值。现代人的自我尊严、自我价值不再需要外来肯定,也没有统一价值尺度,更不是由金钱标准来衡量,而是人的自我认同,自我体验、自我实践。

以人为本的德育理念的真谛是,尊重青年主体,尊重青年人格,尊重青年个性,尊重青年基本权利和责任。德育是引导,不是去左右;德育是影响,不是去支配;德育是感染,不是去教训;德育是解放,不是去控制。以人为本是对人性的唤醒和尊重,真正的德育是以人为本的德育,让人体验美好,体验成功,体验快乐,体验崇高,培养积极的人生态度、鲜明的价值判断、丰富的思想体系。

现代德育要高度关注人的自由、幸福、尊严、终极价值,用现代人的精神培养现代人,用全面发展的视野培养全面发展的人。现代德育要体现人文关怀和道德情感。人文关怀和道德情感是一种巨大的感召力量和博大的精神力量,主要目的是让人体验生命过程,感悟生命价值。德育是做人的工作的,人是有理性的,也是有感情的,感情支配思考方向,理性决定思考结果,只有以情感人,才能以理服人。无论现代教育手段多么先进,都不能否定面对面的教育工作;无论现代传媒多么发达,都不能代替人与人之间的感情交流融合;无论各项制度多么完善,都不能忽视人文关怀和道德情感。现代德育要用真理的力量、人格的力量、道德的力量、情感的力量,将外在规范要求内化为思想品格。

现代德育要认同人的主体地位,了解人、尊重人、服务人。准确把握青年思想脉搏,不仅要掌握群体特点,还要关注个性特征。不仅要把他们看作教育法律关系中的权利主体,还要把他们看作能动的、有创造力的行为主体,真诚关爱青年健康成长,坚持解决思想问题和解决实际问题相结合,从青年发展需求出发,把职业发展、心理健康、帮困育人作为人生指导重要内容,把教育着力点从消极防范和控制转向积极引导和真诚服务上来。现代德育要把教育引导与关心服务结合起来，把社会需求与尊重个性结合起来，把精神传承与环境营造结合起来，把人格成长与心理解困结合起来。用和谐理念指引人生，用和谐思维认识世界，用和谐方式处理问题，培养乐观、豁达、宽容的精神，培育自尊自信、理性平和、健康向上的心态。

二、明确现代德育的根本任务

现代德育的根本任务是人的自我完善和人的自我实现。从过去为社会培养合格人才转向促进人的全面发展，由社会本位转向青年个体本位。现代德育要充分尊重和肯定人的价值。人的价值分为社会价值和自我价值。社会价值一定包括自我价值，但绝对不能代替自我价值。人的社会价值在于个人对社会的贡献，人的自我价值在于人的自我发展。它表现为个人的自我选择、自我超越、自我完善、自我实现。马克思讲，"共产主义者既不拿利己主义反对自我牺牲，也不拿自我牺牲等反对利己主义。无论是利己主义还是自我牺牲，都是一定条件下个人自我实现的一种必要形式。"马克思这段论述颇具现代眼光。现代德育的实质是造就德育的主体，造就具有自主道德意识、道德行为的社会成员。这需要人的自觉参与，主动学习、实践、感悟、体验、反思、修炼。青年是德育主体，不是灌输客体。德育是社会要求，也是青年自我发展、自我生存的要求。我们要善于将社会要求转化为自我要求，因为任何教育只有转化为自我教育，才能真正达到教育的效果。现代德育同样可以培养青年的创造力、竞争力、判断力、亲和力以及独立人格。

近年来，我国出现了多种德育理念，比如主体德育论、体验德育论、生命德育论、生活德育论等，也出现了多种德育模式，比如自主建构型德育模式、欣赏型德育模式、对话型德育模式、活动型德育模式等。这种种德育理念和德育模式，表明"人是主体"的现代德育思想正在逐步确立。

依据现代德育的根本任务，德育必须关注人的个性发展。德育的终极目标是促进人的全面发展，而人的全面发展归根结底只能落脚在人的个体发展上。抽象的人是根本不存在的，只有具体的现实的人存在。人的个体发展没有统一模式，没有千篇一律，没有千人一面，没有万人一格，而是充分展现了人的自由个性。现代德育的深刻性，不在于抽象的主体性，而是体现在具体的、历史的、有个性的个人身上的主体性，变抽象为形象，变概念为具体。因此，现代德育必须直面社会开放和价值多元的现实，正视道德冲突，解决道德困惑，让青年自己掌握批判的武器，提高青年的道德辨别力、判断力、选择力、创造力，学会判断选择，学会自己面对人生，创造生活。

三、培养高素质现代公民

教育的首要任务不是培养科学家、学者,而是培养公民。教育的目的不是在简单地传授知识,而是建立一种新的文化,包括我们对世界的生活态度、思维方式、价值取向。教育所要聚焦的目标,就是为青年立德、立业。立德,就是教育青年形成诚实、守信、热爱生活、崇尚自然、善于接纳他人及与他人合作等基本的道德素养;立业,就是培养青年形成善于学习、善于发现、善于创新的能力和勤奋学习的品质。现代公民在性格、气质、意志、心理、欲望上和谐统一。现代公民素质包括,对社会具有正确的价值取向,对国家具有责任感,对他人富有爱心,善于处理人际关系,遵守社会公共准则。我们要根据现代公民的基本要求,推进教育思想转变:不仅要重视学什么,更要重视怎么学;不仅要重视思考什么,更要重视怎么思考;不仅要重视做什么人,更要重视怎样做人。把专业教育提升为通识教育,把通识教育提升为能力教育,把能力教育提升为品格教育,引导青年崇尚真理、追求卓越、刻苦勤奋、远离浮躁。

第三节 新形势下现代德育观的确立

德育教育作为国家教育的重要内容,历来都是重点甚至核心。然而进入21世纪知识经济飞跃的今天,新形势下,知识"爆炸",科技和经济发展日新月异,突飞猛进,人才竞争和经济竞争十分激烈,人们对智育发展极度重视,而对德育教育则流于形式,甚至绝大部分学校出现了德育教育的缺失。长此以往,必将造成整个社会道德滑坡,危及中华民族的兴旺发达。

一、德育教育的缺失及原因分析

现在很多人对当前的社会道德状况不满意,尤其是学校的道德问题越来越令人忧虑,长期以来,人们并没有把德育放到应有的地位来重视,致使学校的素质教育始终摆脱不掉应试教育的影子,德育与智育在教育工作中主次颠倒、错误排序。

究其原因,第一,经济发展的需求,科学技术的普及,使国家应对现代社会的发展需要尽快提高民族文化知识素质而使人忽略了德育教育;第二,市场经济下,知识、科技就是生产力,就使高收入的价值观念深入人心;第三,受"应试教育"片面追求升学率的影响,在教育教学"诸育"中,智育的地位超然上升,读好书考高分上好大学,找好工作成为家长们教育子女的唯一目的;第四,对学校教育以"教学为中心"的含义没有正确把握,错误地把"以教学为中心"等同于"以智育为中心",并以智育"中心"代替了德育"核心";第五,德育教育不被重视的重要一点是传统的教育观已经不适应现代社会人们的观念需求。

二、新形势下急需确立现代德育观

道德观作为人们对某种社会行为有无价值和价值大小的一种认识与判断，决定着人们对价值目标的追求，引导着人们的行为取向，有什么样的道德观就有什么样的社会行为。新的时代要求新的观念、新的素质。与传统的德育观相比，现代德育观提倡的是范围更广阔，内容更多样，思想更文明进步的教育活动。

（一）现代社会发展的需求

按照历史唯物主义的观点，社会存在决定社会意识。马克思、恩格斯指出"一切以往的道德论归根到底都是当时的社会经济状况的产物"，总是"从他们进行生产和交换的经济关系中，获得自己的伦理观念"。我国传统伦理道德产生和发展的经济基础是封建生产关系，在对小农经济与封建政治关系的思考中，儒家探索出与封建经济基础相适应的纲常伦理，并使之渗透到政治、经济、文化的各个方面。但随着社会主义经济基础的形成以及市场经济体制的建立，人们的民主观念、法制意识不断增强，在价值判断和经济判断之间也不断发生着无法回避的矛盾甚至冲突。作为有悠久历史的传统伦理道德，受到了现代社会强有力的冲击，产生了很多负面影响。

例如，在处理个人与社会关系时，传统伦理道德更多地是强调树立群体意识、整体意识。在计划经济体制下，国有是公有，公有是共有，没有公私之分，没有个人产权边界的概念，提倡这种观念能够为人接受。而市场经济的基本价值取向是求利，利润追求的最大化和利益占有的利己性是市场经济行为的根本特性，离开这一点就不会有市场经济行为，也不存在市场经济。在市场经济中商品生产者的行为目的，都是为了赚取最大利润，实现价值的最大化。这就要求充分尊重人的个性、能力、自我选择和自我实现的权利，克服传统的"义务型"伦理的强权倾向和片面性。而我国无论是古代以至近代以来都强调集体本位原则，甚至忽视了个人的应得利益，抹杀了人的个性需求，所以越来越不为现代人认可与接受，"高而大"的英雄形象与学生、百姓的生活实际严重脱节，游离于生活实际之外的道德理念教育空洞而乏力。

只有尽快确立对中国传统道德的扬弃和在全球文化多元化的大背景下，吸收西方精华的现代道德观，才能适应现代社会发展的需求。我们的社会要和谐、稳定、健康地发展，就必须设定一个为多数人认同的利益平衡点，就是现代德育观。形成对新形势下道德建设规律的新认识，把树立科学的社会主义思想道德观念同广泛开展道德教育和道德实践活动结合起来。要深入地进行党的基本理论、基本路线、基本纲领、基本经验、"三个代表"重要思想和科学发展观的宣传教育，引导人们树立建设中国特色社会主义的共同理想，树立正确的世界观、人生观和价值观。

（二）现代思维更新的需求

现代思维是相对于传统思维而言的。在思维活动中，思维方法具有十分重要的作用。它构成了思维主体和思维对象发生联系的中介和桥梁。没有科学的思维方法，人们的思维活动就不能顺利进行并取得成效。

纵观人类思维的发展过程，不同历史时代的思维方式都有不同的特点。现代思维方式则是以综合性、动态性、创造性等特点见长。创造性是现代思维方式最显著的特点之一，也是现代道德观念最显著的特征。创新精神是时代的呼唤与渴求。重义轻利、守旧、中庸、循规蹈矩等用来统治和束缚人们思想的传统道德理念已经不适合现代社会对人道德评价的标准与尺度。道德标准是随时间不断变化的。现代德育观认为道德的本质就是最大限度地满足人们生活的需要，不是为了限制人们，而是为了让人们精神上生活更好。

在知识经济背景下建设创新型社会的今天，知识的发展，知识的增加，是人类进步的表现，也是人性发展的标志。知识可以创造物质财富，更应该创造与物质财富相适应的精神财富。重视树立现代德育观，节制人们对利欲的追求，健全良好的诚信体系，规范人的主体行为，依据道德义务来确立自身追求的价值目标，才能对社会承担责任。责任伦理的道德选择越发显示出其重要性和迫切性。当人们惊叹道德危机而呼吁道德重建时，我们应当意识到，与那些宏大的价值主张相比，同每个人生活最为密切，在每个人生活中最为基本的责任伦理，家庭、学校、社会在任何环境中都需要人们切实地履行和承担起应尽的责任。

三、现代德育观确立的路径

用现代理念重新构建我国传统道德理念，是现代德育观确立的路径。现代社会是改革开放的社会，要求德育内容也要符合改革开放的时代特点。在继承传统伦理道德精华的基础上，也需要对西方伦理的合理部分选择性地加以吸收。

（一）西方发达国家的警示与探索

中国的雷锋精神能够在美国的西点军校发扬光大，说明西方发达国家已抢先一步顺应现代社会发展的需求，重视现代德育观念的树立。西方伦理道德曾经一向以尊重个人利益为本位，可以说属于"只扫自家门前雪，不管他人瓦上霜"。2008年金融危机的爆发不仅仅是经济问题，其中也暗含着道德问题，资本商们长期的利己经营运作方式，导致个人利益极度膨胀，最后积聚凸现爆发成为一个社会矛盾问题。这种极度重视个体本位的片面取向逐渐导致产生极端利己主义等各种病态社会现象，不利于社会的进步发展，因此，西方国家在顺势进行调整，特别是低碳经济概念的提出是逐渐树立全球本位、社会本位的更高德育观念。

（二）强调社会价值与个人利益的统一

在现代化的进程中，特别是随着我国市场经济的发展，人与人之间、个人与集体之间、个人与社会、国家之间的利益关系在进行着不断的调整。市场经济是一种开放、竞争、民主、法治的经济，能够激发人们的竞争意识、开拓精神、创新思想和效率意识，这就意味着市场经济条件下不能仅强调集体利益，还要更多地强调个人利益与集体利益的统一，将尊重和保护个人的正当利益与国家经济政策有机地协调起来。一方面集体作为个人利益的代表应以个人为目的，在物质上根据社会公正原则尽力满足个人的正当利益，不断提高个人的经济收入和生活水平，在精神上尊重个人的人格尊严和个性发展，促进个人利益的实现。另一方面个人在一定程度上也应以集体为目的，为维护和增进集体利益而努力工作。只有集体利益得到了满足，集体壮大和发展了，个人的利益才能更容易得到体现和实现。通过两方面的共同努力、相互促进，使个人和集体都达到共赢，从而促进市场经济的健康发展。

改革本身是对原来基本秩序的重塑，新形势下社会转型时期迫切要求建立与社会主义市场经济相适应的道德规范体系，树立现代德育观是当代我国道德发展的需要。

第四节 道德教育的时代课题

探究性道德学习作为道德教育的时代课题，具有自主性、开放性、选择性、生成性等本质特征。哲学、个体道德发生学和建构主义心理学为探究性道德学习提供了理论基础，时代发展的强烈呼唤、人的主体意识的不断觉醒和道德教育发展的必然要求则为探究性道德学习奠定了现实基础[①]。

近几年，重"教"还是重"学"的问题，一直是道德教育领域探讨的一个热门话题。道德教育正经历着从道德"培养论"转向道德"学习论"的过程。探究性道德学习正是缘此而提出的一种道德教育的新思维、新视角和新出路，是学校道德教育的时代课题。

一、探究性道德学习的本质特征

探究性道德学习是指学生在教师指导下，以事例研究、问题讨论、社会调查等方式，对道德知识或道德问题进行自主探究，从而积极主动地获得道德发展的创造性学习活动。它力图使道德学习不再是在事不关己的符号学习中进行，而是让学生在活动中探究，在探究中发现问题和解决问题，使道德学习成为一种真实具体、可触可感、可理解可实践的积极主动的活动，真正起到引导学生道德生活和德行成长

---

① 张典兵，贺民. 道德教育的时代课题：探究性道德学习 [J]. 现代教育科学．2006(03)．

的作用。探究性道德学习具有以下几个基本特征。

(一) 生成性

探究性道德学习是有目的、有计划的活动，但因其进行过程的复杂性和动态的相互作用性，使其具有生成新的、超出原先目的和计划的可能，这正表明探究性道德学习具有生成性。探究性道德学习需要学生发挥自己的主观能动性，需要学生积极主动地思考和探索。在这个思考和探索过程中，学生的生命活力与教师的生命活力实现了"对接"，教师将激活的道德"种子"在一种最适宜的条件下，"播种"在学生大脑中的"沃土"之中；学生则要积极主动地运用自身的智慧才能，调动自己的经验、意向和创造力，通过探究发现、自主选择、整合重组等多种综合活动，最后在头脑中生成具有自身个性品质特征的道德知识和道德能力。"对智慧没有挑战性的教学是不具有生成性的；没有生命气息的教学也是不具有生成性的。从生命的高度来看，教学的每一个环节都是不可重复的激情与智慧综合生成的过程。"可以说，道德知识和道德能力的生成性，正是探究性道德学习的最本质特征。

(二) 选择性

生活中道德与价值的多样性、复杂性和竞争性催生了选择。面对复杂的生活以及相互竞争的道德价值观，每个人都必须做出自己的判断和选择。人的道德品质从来就不是在俯首帖耳、一味顺从的前提下产生的，而是在自主选择的基础上逐渐形成的。"教育工作者要善于使学生在多样性教育中学会选择，学生自主选择的愿望是强烈的，学生主动发展的潜能是巨大的。主动选择带来主动的学习，提供学生选择的教育，才能是有效和成功的教育。教育应当为学生创造选择的机会，扩大选择的范围，发展选择的能力。"可见，在适应中自主选择是道德教育发展的必然趋势，而探究性道德学习正适应了道德教育的这一发展趋势，具有鲜明的选择性特征。

(三) 开放性

探究性道德学习在其目标、内容、方法、结论和评价等方面都具有开放性。探究性道德学习提倡面向每一个学生的道德发展，尊重每一个学生道德发展的特殊需要，旨在促进每一个学生自我德行的提高，其目标具有开放性。探究性道德学习的内容并不是特定的道德知识体系，而是源于学生的整个生活世界，立足于探究和解决学生所关注的现实问题，涉及的范围极为广泛，其内容具有开放性。探究性道德学习不拘泥于某种固定的方法，而是善于从众多方法中选取一种最恰当的方法，有时还必须注意两种或多种方法的优化组合，其方法具有开放性。探究性道德学习建立在个体理解和体验基础上，它在相当大的范围内允许学生按自己的理解和体验以及自己熟悉的方式去解决问题，允许学生按自己的思维方式和自己掌握的材料自主形成结论，而不追求唯一性和标准化，在结论的形成上具有开放性。探究性道德学习关注学生在道德学习活动中所产生的丰富多彩的学习体验和个性化的创造表现，不仅重视学习结果，更重视学习过程，其评价标准也具有开放性。

（四）自主性

把学生真正置于主体地位，是探究性道德学习最为显著的特征。探究性道德学习的自主性，首先表现在它是实现探究性道德学习的目标所必需的。不论是道德知识的传授，还是人生观、价值观和世界观的培养，乃至道德能力和创造性人格的形成，都必须通过学生积极主动的探究才能逐步实现。其次，也表现在学生的道德学习是一个自主建构的过程，是一个与学生的主体活动息息相关的过程。道德学习的自主建构表明学生的精神世界是自主地、能动地生成的，而不是借助外部力量强制形成的。正如班华教授所说："在思想道德上不断地提高自我修养是学习者的精神需要，是学习者精神生活的一个方面。这是一个主动的、自觉的能动过程，表现为自己认知、自己体验、自己思考、自己领悟、自己践行、自己创造。"最后，还表现在学生道德学习的个体化方面。学生在整个探究性道德学习活动中，从学习内容的选择到学习方式的确立，从学习计划的制订到学习过程的实施，从学习结果的呈现到学习效果的评价，都由学生自主决定、自主安排，教师只对其进行必要的帮助和引导，不代替或包办学生的学习活动。

二、探究性道德学习的理论基础和现实基础

（一）理论基础

1. 人性论基础

一切关于人的理论和实践都应建立在马克思主义关于人性的科学假说上。人性是什么？这是一个十分古老的话题。历史上，中外哲学家习惯于从性善、性恶等方面来界定人性。如以孟子、卢梭等为代表的性善论，以荀子、奥古斯丁等为代表的性恶论，还有以孔子、康德等为代表的性无善无恶论或性有善有恶论等。而马克思在人性的认识上，则以"人的生命"为切入点，从根本上转变了传统的观点。马克思认为，动物和它的生命活动是直接统一的人则使自己的生命活动本身变成自己的意志和意识的对象。他的生命活动是有意识的，有意识的生命活动把人同动物的生命活动直接区别开来。正是人把自己的生命活动作为意识的对象，才使人具有了超越自然生命活动的价值生命，即精神活动，人也因之在具备生物自然性的同时，而具备精神性。

这种精神性表明，人是一个精神实体，具有自我意识、价值追求和不断超越的精神特性。人能认识自我、体验自我、调控自我，人能改变现实、超越极限、创造奇迹。"超越就意味着应然不断地代替实然，可能不断代替现实，在这个否定过程中，意味着人的生命的自我生成和自我实现，意味着人的价值生命的不断跃进和提升。"

从马克思主义关于人性的哲学视角来看，建立在人性基础上的道德教育，应当是关注个体生命、以个体生命为基点的道德教育。道德教育必须走出无人之域，向"以人为本""以学生为本"，关注学生个体的生命世界，促进学生个性完满发展的方向转型。而探究性活动正是人的本性的内在需求，是人的本质的彰显，是人存在、发展和追求生命意义的根本方式。探究性活动使人成其为人，并使人在与社会和自然的斗争中获得更多的自由，从而创造了人类的悠久历史、光辉传统和灿烂文化。探究性活动对于人的生命之升华、对于人的精神之解放具有十分重要的意义。因为，教育的终极目标就在于追求人的全面和谐发展，而人的全面和谐发展首先应当是探究性活动的丰富与发展。没有探究性活动就没有人类社会的进步，也就没有人的发展。相反，随着人类探究性活动方式的增多、探究性活动内容的丰富以及探究性活动水平的提高，人的发展才会越来越充分和全面。因此，学校道德教育应大力提倡探究性道德学习，给予青少年学生更多地参与现实社会探究活动的机会，唯其如此，才能使学校道德教育紧跟时代的步伐，才能真正实现学生德行的健康发展，身心的全面发展。

2. 个体道德发生学基础

从道德的产生和起源上看，道德是人为的，它是人们在社会生活和实践活动中主动选择和创生的。人在社会中活动和交往，就必须经常面对并妥善处理人与人之间、人与社会之间的关系。由于人与人、人与社会之间并不总是一致的，而是存在着各种各样的矛盾与冲突，为了解决这些冲突和矛盾，就必然产生了相应的准则和规范，道德正是这样种由人创生和使用的准则和规范。而从个体道德发生学的角度来说，这些道德准则和规范形成以后，又需要在社会生活和社会实践中，通过个体的不断感受和思索、理解和交流，自主选择、自主建构才能逐渐生成为个体的道德品质。"无论是把道德视为种社会现象还是个体的生理心理机制，它都是从无到有、不断发生发展的。在此过程中，人是道德的建构者、设计者，道德是人的活动的成果，而不是相反。"

道德产生于人的特殊需要，它是人为了满足自身需要而创造出来的用以探索、认识、肯定、发展和完善自我的一种积极手段，是人类在进入自觉的理性价值生活王国时人性高度进步的标志。道德因人而存在，但人并不只是既定道德的被动接受者和服从者，而更多地表现为道德的主动参与者和制定者，人在道德生活中表现出极为强烈的主体性，即积极性、主动性和创造性。只有人才能真正利用自己的主体意识和自主能力，自觉地认识、体悟、理解和探究社会道德所体现出来的人与人、人与社会的关系以及人在社会中地位的高低，从而积极主动地进行道德判断，并做出道德选择。同时，也只有人才是道德行为的最终执行者，并在执行和接受道德规范的同时能动地改造和完善道德规范，创造出更加符合社会发展需要、更加符合人性需要的道德体系。并且，也只有人在进行道德实践和道德行为时，才能自我约束、自我监督、自我评价、自我改造，表现出道德建构的高度的自主性。建构主义心理学基础建构主义心理学明确提出，学习活动不是由教师向学生传递知识，而是一个由学生根据外在信息，通过自己的背景知识建构自己知识的过程。在这个过程中，学生不是被动的信息吸收者和刺激接受者，他要对外部的信息进行选择和加工。每个学习者都以自己原有的经验系统为基础对新的信息进行编码，建构自己的理解，而原有知识又因为新经验的进入而发生调整和改变，所以学习并不简单是信息的量的积累，它同时包含由于新旧经验的冲突而引发的观念改变和结构重组。在建构道德知识和规范意义的过程中，学生要主动地搜索并分析有关信息和资料，对所学习的道德问题进行思考和体验；对当前道德学习内容所要反映的事物，要尽量联系自己熟知的生活世界，并切入已有的经验系统之中去；教师在探究性道德学习中的角色只是学生建构道德知识和规范意义的帮助者，要注意唤起学生道德成长的内在动机，要善于把学生带入精神充实、富于理智挑战、自觉自愿的境界。

（二）现实基础

1. 人的主体意识的不断觉醒

人类从古代社会、近代社会、现代社会到未来社会的发展过程，从根本上讲就是人类自身的发展过程，是人类在与自然、与其他社会成员互动的过程中摆脱各种枷锁和桎梏而获得自由、和谐和自我价值的过程，是人的主体意识不断彰显和实现的过程，因为人自身的和谐发展是人类追求的最终目的在现代社会生活中，学生所面对的已不再是一种绝对的价值观，而是多种价值观的冲突和选择，这种价值取向的多元化背景为学生主体意识的觉醒与彰显提供了前提和可能。同时，从学生的年龄特点上来说，青少年学生正处于生理、心理迅速发展的时期，他们的成人感、独立意识、自主意识和自主行为正在日益增强，有摆脱成人约束的强烈愿望。他们要求在学习、生活和社会活动中能作为一个独立的、能动的个体，以自己的意愿、态度和方式去认识、参与各种活动，力求表现出自我形象和独特价值。现代学生越来越喜欢自主性的活动，渴望独立自主地去学习和生活，渴望与同龄人乃至成人的交往与沟通，渴望独立自主地探寻自己未知的领域。

主体意识的不断觉醒是当代青少年学生自身发展的一个重要特点，这无疑为学校开展探究性道德学习提供了巨大支持，并带来了无限生机。学校道德教育应珍视学生的主体意识，重视学生的探究性道德学习活动，视探究性道德学习活动为学生主体自身道德发展的动力源泉，使探究性道德学习活动既成为学生道德发展的手段，又成为学校道德教育的目的。把探究性道德学习活动作为道德教育之目的，正是对青少年学生"生长过程"的重视。这正如教育家杜威所说："生活的目的，不在于作为终极目标的尽善尽美，而在于永远持续地不断改善、不断成长、不断精练的过程。"

2. 时代发展的强烈呼唤

现代社会是一个崭新的知识经济时代,知识经济对人类社会的各个领域都产生了广泛而深远的影响,尤其对学校道德教育也产生了全方位的影响。一方面,教师和学生的角色正在悄然发生变化,教师由道德知识的传递者正逐渐变为学生道德学习的引导者,学生由道德学习的被动接受者正逐渐转化为积极主动的道德学习者、选择者和探究者。另一方面,要求学校道德教育在思想、观念、内容、方法等方面全面创新,使学生具有知识经济社会所需要的价值观念、伦理道德规范和道德能力,以更好地适应知识经济时代的要求。

现代社会也是一个开放的、价值多元化的社会,多元文化的融汇与交流,多元价值观念的并存、碰撞与冲突,使每个社会成员不再是封建道德律令的奴隶,不再只是道德律令的继承者和遵守者,而可能真正成为道德的主人。在不断地遭遇冲突、经过判断、进而抉择的过程中,人们自觉不自觉地重构新时代的伦理道德价值观念体系。与此同时,个个具有自主性、选择性、创造性的道德个体也应运而生。这一变化表明一个新的道德教育时代的到来,即以探究性道德学习为核心的道德教育新时代已经到来。

3. 道德教育发展的必然抉择

道德教育作为一种培养人的活动,有其自身发展的客观规律性。探究性道德学习的提出正是道德教育发展规律性的必然要求。

首先,探究性道德学习是人们在认识和批判传统道德教育弊端的基础上的必然选择。传统道德教育强调从上面和外面对学生进行灌输,把成人的标准、内容和方法强加给学生,导致道德教育效果低劣。19世纪末20世纪初,实用主义教育理论家杜威明确指出,这种道德教育是把现成的道德习惯和道德准则"灌进等待装载的心理和道德洞穴中去的一种方法","不仅不能促进,反而限制了儿童的智慧和道德的发展"。合理的道德教育必须以"表现个性、培养个性,反对从上面的灌输,以自由活动反对外部纪律"为基本原则,以"批评性探究"作为基本的教育方式。自杜威提出"反对灌输"以后,此理念一直得到教育哲学家和道德教育理论家的支持与拥护,成为当代西方道德教育理论的一种共同倾向。特别是近年来,人们一直把避免灌输作为道德教育的核心问题,把建立一种"无灌输的道德教育"作为首要任务。而"无灌输的道德教育"的实质就在于强调学生的主体性、主动性、选择性和实践性,亦即重视学生的探究性道德学习活动。

其次,探究性道德学习也是人们长期以来在对道德的本质和道德教育功能的深入探讨基础上的必然抉择。在道德本质的认识上,传统道德观认为道德实质上是一种外部力量,是一种对人进行约束的工具,是一种"无人"的道德。随着对道德本质的进一步探究，现在则认为"道德的本质在于它是人探索、认识、肯定和发展自己的一种重要方式、是人的需要和生命活动的一种特殊表现形式，而不是社会对付个人、反对个人的工具"。"从道德上讲，任何道德原则都要求社会本身尊重个人的自律和自由。……道德是为了人而产生，但不能说人为了体现道德而生存。"在当代，道德教育的发展性功能和个体享用功能较之其约束性功能和社会功能来讲，更应是道德教育比较看重的高级功能。个体的发展在道德上是应该得到肯定的，是道德教育应该实现的目标。对道德的本质和道德教育功能的深入探讨和科学认识为探究性道德学习的开展和实施提供了极大的帮助。

第五节　利用文学手段提高德育实效性的实践和思考

利用文学手段提高德育实效性是一条行之有效的方法和途径，取得实效的重点：一是要加强文学教师的自身建设；二要加强文学类课程教学思路和教学方法建设；三要加强开展德育教育的各项文学活动载体建设。但实效性不足一直是高校德育工作面临的主要问题。文学具有德育教育功能，利用文学手段可以有效提高德育教育的实效性，这一命题已经得到学界的普遍认同。

一、利用文学手段提高德育实效性的现实背景与依据

提高实效性是高校德育面临的主要问题。德育是相对智育而言的，智育重在培养学生的知识和技能，德育则重在提高学生的道德修养。当前高校德育教育的主要模式是教学计划内安排的思想政治理论课程教育。这些课程都具有明确的教学目标和要求，对学生而言，是具有普遍强制性的学习科目。文学是提高德育实效性的一条新途径。道德教育活动的起点具有多端性，既有的研究成果表明，知、情、意、行任一方面都是德育教育的有力切入点，其最终要实现的是使受教育者达到知德行善、知行统一。利用文学手段实施德育，既顺应了大学生心理接受特点，也顺应了知、情、意、行协调统一的德育教育特点，是一条行之有效的德育教育途径。提高德育实效性必须立足以人为本，研究大学生心理特点，注重强化大学生主体意识。教育的本质是培养人，高校的根本任务是培养德智体美全面发展的社会主义建设者和接班人，这也是高校德育的根本目标。大学生德育教育要体现以人为本，就是要充分考虑学生的心理特点、心灵需求和学习规律等。文学最根本的属性就是人学特性，借助文学，大学生可以在文学创作和欣赏中对人生有一种"仿真"的体验，从而产生共鸣，陶冶情操，提升修养，内化为自身良好的思想政治素质，进而指导道德行为。我们在坚持以人为本的德育教育观时，可以充分关注文学的作用，文学可以成为使德育教育走入大学生心灵的又一条途径。

二、利用文学手段提高德育实效性的实践探索

利用文学手段提高德育实效性应与高校人才培养的整体规划相适应,要注重课堂教学与课外活动互动,注重显性教育与隐性教育熏陶相结合。文学知识教育和实践是学生急需并深受喜爱的一种教育手段,是实施德育教育的有效载体。我们的具体做法是:

(一)重视发挥课堂的主渠道作用,开设出高水平、高质量的系列文学类选修课和讲座

在过去的教学过程中,教师侧重的是对文学本身的阐述,很少与现实生活、与学生的思想状况联系起来。新的教学改革赋予了课程开展德育教育的内涵。授课的重点不仅是文学欣赏,更重在对学生进行思想启迪、道德熏陶、文学修养、审美陶冶、写作借鉴等多方面的培养,更重在引导学生在文学欣赏的过程中,体验人生,感悟人生,健全人格,从而肩负起民族振兴、发展的大任。

(二)活跃第二课堂,有计划、有目的地指导学生的文学社团活动和校园文化活动

指导好文学社团向着健康、有序、高效的方向发展,设计好校园文化活动,可以将文学素质教育与学生的人格教育、成才教育等有机地结合起来,从而达到以文学陶冶情操、以文学启迪人生的境界,发挥其在营造和繁荣校园学术文化氛围,拓展学生综合素质,培养创新精神与实践能力以及人文精神等方面的重要作用。

(三)抓住校报文学副刊这个阵地,引导学生在文学创作实践中获得提升

高校校报作为校园内占主导地位的媒体,在具有新闻媒体共性的同时,最重要、最基本的功能还是教育功能,尤其是教育学生。校报副刊在保证思想性的基础上,在艺术性、趣味性、独创性、互动性上下大功夫,开设丰富多彩的文化栏目,吸引读者积极参与阅读与创作。紧紧抓住学生记者团和文学社团这一创作主体,把活动、创作与副刊的建设联动,使德育教育的任务在学生参与创作的写作实践中潜移默化地完成。

三、利用文学手段提高德育实效性的实现途径的思考

文学本身就是一种隐性的德育教育,我们借助文学这种隐蔽而持久有效的隐性德育模式来帮助实现有意识的德育所达不到的教育效果,这对德育实效性的提高具有十分重要的意义。为此,应在以下方面做出改变和尝试:

(一)要加强文学教师的自身建设

教师只有首先致力对自己的教育和教养提升时,才能实实在在地培养和教育他人,教师的学识水平直接影响其教学质量,教师所展现出来的人格魅力会对学生的

人格养成产生直接的影响，也能对引发学生上课兴趣，产生很重要的影响。因此，教师，尤其是文学类课程教师应该首先有广博扎实的人文知识，同时应该加强自身思想道德修养，要有对民族、对祖国、对人民、对传统文化、对先贤强烈的爱，带着感情讲课，把自己的情感融入教学活动中，避免枯燥乏味的知识性介绍，要把教学过程中被文学作品激发出来的各种有益情绪传达出来，以此带动学生，感染学生。此外，指导学生社团活动、校园文化活动都是无偿的，都要花费大量的业余时间去做，这也要求教师有只为育人的使命感，要有不计得失的责任感。

（二）要加强文学类课程教学思路和教学方法建设

传统的文学类课程往往只注重文学知识的传授，忽略了文学作品中对学生思想品德、情感人格的影响，在教学方法上往往都是灌输式的教学。我们应该改变这种情况，建立文学类课程教学的新思路，在教学过程中有意识地渗透传统文化内容，拓展学生视野，挖掘文学作品中美的事物，增强课堂情感氛围和美感氛围。还可以利用多媒体，将视听手段引入到文学课程中来，播放相关音频、视频资料，让学生感到文学类课程的学习并不是乏味的强记，而是愉悦的享受，在这种享受中得到提升。

（三）要加强开展德育教育的各项文学活动载体建设

第一，开设文学类选修课，挖掘作品中蕴含的优良道德教育因素。文学类课程属大学生人文素质教育课程，主要以中外优秀文学代表作的欣赏为主要内容。通过对文学作品所塑造的文学形象的赏析，可以使学生在受教育过程中始终伴随着生动感人的形象，文学生动性的特质会使大学生受教育的过程变得更加生动、具体、可信，可以有效地补充德育工作中道德说教的抽象和枯燥。在我们的实践中，我们更多地注重以中国古代文学优秀作品为授课的重点内容，在古代文学作品的赏析中渗透德育内容，特别是注重选择那些抒发热爱祖国、热爱人民、歌颂友谊和爱情以及传达坚强、勇敢、乐观、向上的人生追求等的作品，这些作品特别能打动学生，引发他们情感上的共鸣。文学作品是在特定的时代背景下产生的，正所谓"一代有一代之文学"。

因此在引导学生对文学作品进行欣赏时，总是要引导学生了解和理解作家所处的特定时代背景和生平。比如，学习苏轼的诗和词，就要首先通过苏轼生平的介绍进行热爱生命、执着追求的教育。苏轼的一生是几番沉浮动荡变化，但是他始终能够做到以苦为乐，在逆境中坚守。我们学习苏轼的作品，更重要的是通过学习他的诗、词去感受他旷达乐观的人生态度，使学生在潜移默化中受到感染和教育，要于无声处发挥作用。

第二，加强校内文学社团的建设，使学生在参与文学创作的实践中提高自我。高校学生社团是学生自我意识发挥的舞台，是推进学生自我管理、自我教育、自主提高、自我发展的阵地。工科院校文学社团的发展受到整个学校氛围和学生文化差异的影响。在这种情况下，学校在政策和经费的支持，指导教师的有力指导和参与就显得尤为重要。同时，从学生需要出发，倡导学生文学社团组织和开展丰富多样的课外文学活动，把对文学的兴趣转化为创作和提高动力，提高学生文学素养，培养学生理想情操，从文学与社会活动的层面来加强学生的思想道德建设，充分发挥文学社团的德育功效，引导青年学生在文学实践中树立正确的价值取向和发展目标。

第三，邀请校内外知名人士走进校园，开展全校范围的文学讲座。除了利用学校现有的文科教师在全校范围内定期举办文学讲座外，还可以邀请一些知名作家、学者到校为学生做高水平、高质量的文学类讲座，发挥名人效应，使学生能够近距离聆听、欣赏大师的风采，领略文学作品散发出的人格魅力，走进文学人物的精神世界。讲座后，还可以通过文学社团组织学生用文字去传达内心的感受，实现思想道德的内心体验，这种强烈的思想共振会让学生的人格得到提升。

最后，发挥校报文学副刊作用，举行多数学生参与的文学活动。校报文学副刊是一个重要阵地。要注重利用国内外重大事件、各个重大纪念日等契机，在全校范围内举行形式多样的文学活动，如，剧本创作、征文比赛、辩论赛、演讲比赛、话剧节活动、诗歌诵读等活动，并对其中产生的优秀作品进行评奖或刊发，充分发挥校报文学副刊的作用。可以说，每一次活动都是一次德育实践，学生在精心准备的过程中不仅提高了文学水平，更促进他们在文学与心灵的对话中，感悟人生、坚定理想，使整个校园都沉浸在一股浓浓的文学氛围之中。

第六节　德育现代化为全面建设小康社会助跑

一、人的现代化是建设社会主义和谐社会的关键

建设社会主义和谐社会是我们党在建设中国特色社会主义现代化新阶段上的新认识。社会主义现代化需要现代化的人来推动[①]。1977年，罗马俱乐部的组织者和思想领袖奥莱里欧·佩切依奇博士在他所著的思想自传《人的素质》中提出，社会发展依靠的最重要因素是人的素质，不仅要靠某些杰出人物的素质，而且取决于亿万人民的素质。他认为，许多国家的经济之所以极端贫困。根本的原因还是在于人的素质不高。任何国家和地区，只要有高水平的教育组织和纪律，不管经济遭受多么严重的破坏，仍然能创造出经济的奇迹。在20世纪五六十年代，社会学家英格尔斯也提出过"现代化的核心是人的现代化，人的现代化是实现由传统社会向现代

---

① 杨怀祥. 和谐德育研究 [D]. 南京师范大学，2006.

社会转变的根本保证,是现代化社会稳定持续和健康发展的基石。"片面强调工业化和经济现代化是不够的"。如果没有从心理、思想、行为方式上实现由传统人到现代人的转变,使之具备现代人格,现代品质就不可能成功地从一个落后国家跨入现代化国家的行列。他还认为,一国的现代化过程就是人的价值观、心理素质、行为特征的转变与培育过程。强调人的参与意识、开放意识,进取精神创新精神独立性和自主性。联合国教科文组织在它所拟定的1977—1982年社会发展计划中提出了"以人为中心的内源发展"的理论与模式,在1984—1989年度计划中,它又被列为向发展中国家广泛推行的社会发展模式。

按照历史唯物主义的实践观,人是社会实践的主体。现代化是社会生产力大发展,生产力的物化形式不过是人的主体性的展示,生产力的解放反映着人的主体性的解放。社会主义和谐社会是人与自然和谐发展的社会。它内在地包含了人的全面发展观。马克思主义认为人的全面发展是人体的体力与脑力均得到充分、自由发挥,人的情感得到充分发展,表现在个性特征上,情感丰富、身心活泼、道德情操高尚,对艺术美、社会生活美以及自然美充分追求并且有理解、鉴赏能力。可见,马克思关于人的全面发展理论,本质上是个体能充分自由、全面地享有人类物质和精神文化的成果,是人在体力、智力、情感和审美情趣诸方面协调和谐的发展。

马克思站在人类自身整个历史长河发展的高度来论述人的全面发展,在他那里,人的全面发展是与人类自身的进步和整个社会的全面发展同步的。因为人是社会的主体,是一切社会关系的承担者。社会发展由人来实现。人的主体地位、人的能动作用决定着社会的现代化。因此,我们可以肯定地认为,现代化的核心是人的现代化。我们建设社会主义和谐社会关键在于实现人的现代化。现代化的人为建设社会主义和谐社会提供智力支持和人才支撑,社会主义和谐社会的建立就是为了最终实现人的全面而自由的发展。在实现现代化的过程中,把人的全面发展放到更加突出的位置,这既是历史的昭示也是现实的呼唤。

二、社会主义和谐社会与德育现代化本质上一致

人的主体性的觉醒是人的现代化的主要标志。人的主体性素质包括思想道德素质、科学文化素质、人文文化素质、创新素质、身心素质等内容。其中思想道德素质要解决的是整个民族的精神支柱和精神动力问题,是精神文明建设的核心,决定着精神文明的性质。爱因斯坦说:"我们切莫忘记,仅凭知识和技巧并不能给人类生活带来幸福和尊严。人类完全有理由把高尚的道德标准和价值观的宣道士置于客观真理的发现者之上。"当物质主义走向极端后,曾经失落自己精神与灵魂的人们开始把眼光转向道德,把它作为一种超越物质主体,从物质奴役中解放出来的力量。而作为联络物质文明与精神文明的主要桥梁的道德教育则无疑成为获得这种力量的手

段。爱因斯坦说:"没有伦理教育,人类就不能得救。"1989年11月1日联合国教科文组织主持召开的面向21世纪教育的国际研讨会,以"学会关心"为主题,把道德教育列为会议的重要议题之一。道德教育作为一种超越,它要教育培养、塑造人道德的、善的思想和品质,它给人以生活的意义,终极的目标,使人们在一切生产生活的活动中,有可能按照道德的人、人性的要求进行价值的定向,使人们不仅按照物的尺度去认识世界,且按照人自身的尺度、美的尺度去改善世界,使人在懂得世界是怎样的同时,理解世界应该是怎样的,使得道德的价值合理性能够成为工具合理性的批判力量。这样,他们所建造的世界,所发展的科技和经济才能够更加适合于人自身,满足于人自由的需要。这是时代所赋予道德教育的意义,这也和世界价值观念调查委员会执行主席英格哈特说的"从现代社会向后现代社会转变是后现代化,其核心目标是使个人幸福最大化,追求生活质量和生活体验"是内在一致的。

从根本意义上讲,和谐社会是指人与自然、人与社会、人自身三大矛盾的全面和谐的社会。在这三对关系中,人自身和谐是社会和谐发展的根本前提,同时又是自然与社会和谐的产物。造就和谐的人的个体,就是要使一个人有健全的人格,有正确的世界观、人生观和价值观,能合理地处理个人与自然、个人与社会的错综复杂的关系,做到融入自然,融入社会。以理想信念教育为核心,深入进行树立正确的世界观、人生观和价值观教育;以爱国主义教育为重点,深入进行民族精神教育;以基本道德规范为基础,深入进行公民道德教育;以个人全面发展为目标,深入进行素质教育。现代德育的主要内容与和谐社会的本质要求完全一致。

首先,社会主义和谐社会是充满创造活力的社会。要激发各行各业人员的创造活力,离不开现代德育的激励功能。充满创造活力的社会赖以存在的团结互助、扶贫济困的良好风尚和平等友爱、融洽和谐的人际环境,更离不开现代德育的育人功能。其次,社会主义和谐社会是各方面利益关系都能够得到妥善协调的社会。各方面利益关系的协调,要求用法治和制度,也要借助于现代德育来疏导。再次,社会主义和谐社会是社会建设和管理不断得到加强,社会管理体制不断得到健全的社会。党政群和社团等组织德育功能的发挥,易于形成社会管理和社会服务的合力。人才是党和国家的宝贵资源,是建设和谐社会的重要力量。实现德育现代化,促进公民的全面和谐发展,是实施人才强国战略的必然要求,也是建设和谐社会的必然要求。

三、德育现代化培养和谐社会的现代人

(一)德育理论的拓展

1.哲学基础,本质和目标上的升华

任何一种人文社会科学体系都是建立在一定的哲学基础之上的,都需要哲学科学的世界观和方法论做指导。现代德育理论体系,也要建立在一定的哲学基础之

上。现代哲学和现代伦理学是现代德育的哲学基础。它们不是简单地传承传统的伦理而附加上时代的色彩,而是包括了现代科技发展和知识经济时代的哲学新实践、新成果和新总结抽象出来的哲学理论以及现代文明中的新伦理精神,是优秀的中华传统文化与当代人类的先进文明相结合的产物。德育是在人类社会实践中产生的与社会发展、人的全面发展和素质提高的现实需要相统一的并满足这种需要的活动。它既要考虑社会的需要和时代的发展,又必须考虑人的全面发展,还必须考虑生态空间的拓展。现代德育的核心思想就是以促进人的思想道德素质提高与人格的现代化为中心,从而为促进人的现代化服务。它既体现时代的精神,促进社会进步和人类文明发展的需要,又体现以人为本的精神,体现了提高人的思想道德素质培养、人的健康人格、促进人的全面发展的要求。这是现代德育在本质上区别于传统德育的根本标志。在目标上,现代德育必须体现在社会主义物质文明和共同富裕的层面上,又必须体现在高度精神文明和高度民主精神的层面上。既要培养人具有良好的思想道德和人格素养,又要培养人具有创新精神、民主精神、务实精神、时代的责任感和使命感,这既反映了现代德育目标的时代性,又反映了现代德育的终身性。

2. 功能和内容的拓展

社会和人的现代化推进,客观上需要拓展德育的功能。现代德育的社会功能,是为社会主义现代化服务。这一功能的定位,与传统的单纯的德育政治功能有根本的区别,同时也真实地反映了现代化进程中德育功能的真实性、先进性与超越性。具体来说现代德育的政治功能包括促进社会的公正与和谐,维护国际的和平与发展,维护国际真正的团结与合作。现代德育的经济功能表现为教育人们应该在科学理性的支配下,在保护人类共同的环境下促进经济的发展;教育人们树立新的资源观、发展观和能源观,正确处理当前利益与长远利益、民族利益和全球利益、公正与效益、共富与先富、先富与贡献的关系。此外,现代德育还具有享乐功能和生态功能。

适应现代化的新进程和市场经济的浪潮,现代德育的新内容应当包括倡导竞争、优胜劣汰、奖勤罚懒;要求自主经营、自我约束、讲求效益;提倡交换、追求开放、合作;主张诚实守信、公平交易;追求勤俭办事、艰苦创业。此外,现代德育的内容还应当包括国际理解教育、国际平等合作教育、和平共处教育、和平与发展的道德观教育、现代人的心理道德素质教育、科技进步中的道德教育、生态道德教育、科学的人口观教育等。

3. 德育方法论的创新与过程的深化

德育现代化的新进程,需要现代德育创新思维方法和工作方法。由于现代德育本质的规定性,更多地强调培养自觉的德育实践主体。因此,把培养人的非智力因素与培养人的良好思想道德素质有机地统一,是现代德育思维方法创新的重要一环。现代德育过程的深化与观念的更新，则主要表现在现代德育过程的现代性、时代性、开放性、科学性与知识性的特质。第一，现代德育过程结构要素在德育过程中的地位和相互关系的深刻变化，表现在教育者与受教育者的地位平等、共同参与教育过程、互相教育互相影响、互相激励互相提高。第二，现代德育过程科技含量的变化，要求教育者具有更高的科学文化素质，成为知识政工、网络政工；第三，现代德育的开放性。德育过程不是封闭的，不再是政治范围内的，它是与外部环境相互开放、双向互动的过程；包括社区环境、社会环境、国际环境和生态环境。

(二) 德育主体的现代化

德育的现代化首先应该是教育者的现代化，既包括教育者观念的现代化、素质的现代化，也包括生活方式的现代化。德育工作者作为德育主体，要实现其现代化，关键是注重开发自身的潜能和提高自身的素质。极为重要的一点就是调动人的全部能动性，把人的思想方式、价值取向、生活能力、心理适应力等方面的能动性全面地开发出来，并利用到德育实践中去。既要注意教育者德育专业素质的开发和提高，又必须注意工作之余的各种素质的开发和培养，还应当把群体素质开发和个人素质开发相统一，在此基础上实现德育队伍结构的最优化。

(三) 德育制度与物质保障的现代化

德育制度的现代化是德育现代化的重要方面，其关键是构建"德育一体化"育人格局。这一格局是现代德育的观念和全员德育工作体系的具体体现，是全方位育人格局的具体实施。它主要指德育决策、管理、运作实施一体化，德育评估制度、德育激励机制、德育效果机制一体化，德育工作者队伍、德育内容方法、德育渠道一体化。它要求各级党委和政府以及宣传、教育、新闻、理论、影视、广播、出版、文学、艺术等部门必须坚持"育人首位"的原则，将社会效益放在首位，以责任制和工程建设的办法，把"以科学的理论武装人，以正确的舆论引导人，以高尚的精神塑造人，以优秀的作品鼓舞人"的任务真正落到实处。同时，公安、司法部门必须严格打击各种社会腐败丑恶现象，净化社会空气，形成积极、健康、向上的社会新风气，为全员育人工作提供良好的社会环境，并形成行之有效的现代德育机制和制度。

建立现代德育物质保障体系是德育现代化的物质保证。这个体系的建立，一是应该实现德育主体物质生活的现代化，保障德育工作者的经济收入、地位、生活待遇方面能有效提高，达到现代物质生活水平。二是实现德育经费足量、科学地投入，保障现代德育运作实施和发展有效地运作。三是建立现代德育信息网络和传播网络，保障德育工作和手段的现代化。四是配齐现代德育设施，保障德育硬件的现代化。五是优化现代德育环境，保障德育环境条件的现代化。

（四）德育对象的现代化

德育主体、德育制度、德育物质保障体系的现代化，最终是为了实现社会主义公民的思想道德素质和人格的现代化。这是21世纪人的现代化的目标内涵，也是中国社会主义德育现代化的根本任务。它要求培养德育对象高尚的思想情操和完整的现代人格。从现代化理论与实践视角出发，培养人高尚的思想情操，首先就是要用邓小平理论武装人们的头脑，坚定社会主义信念和信心，特别要注重用社会主义现代化中的发展精神、生产力精神、市场经济精神、民主法治精神与德治精神教育广大公民，培养人的现代理性意识，进行民族现代化的思想意识教育。在21世纪，这一点突出地表现为社会主义思想精神、民族情感、爱国主义精神和立志成才的教育。德育对象人格的现代化，表现为心理需求上的现代性和多元性、高层次性和高参与性，在现代社会文明中的丰富性和进取性，以及人格的正确选择性和合理的生存性。这就要求现代社会的主人特别是青少年一代，在人格上树立合理的生存意识，对生活意义有正确的、科学的认识。既要实现人的自我价值，满足人的发展需要，又要不断强化人的社会责任感；正确认识生命价值存在的方式、文化心理素质，使现代社会的人在生存价值取向上表现为科学化、民主化、现代化。要建立起健康向上的生活信念，具有应对和处理在社会文化经济转型中各种利益冲突和各种利益关系的能力，能够运用科学理论指导人自身人格成长，具有与人类整体文明进步相结合、与中国现代化进程相适应的人生信仰。

构建社会主义和谐社会，是我们党从全面建设小康社会、开创中国特色社会主义事业新局面的全局出发提出的一项重大任务，适应了我国改革发展进入关键时期的客观要求，体现了广大人民群众的根本利益和共同愿望。德育的现代化是建设社会主义和谐社会的本质要求，为建设社会主义和谐社会提供精神动力与智力支持，两者相互推动，共同发展。但是，德育现代化不是一朝一夕的工作，社会主义和谐社会的建设更是我国各族人民为之长期奋斗的目标。我们有理由相信，广大德育工作者将继续探索和研究德育创新的理论和实践途径，为社会主义和谐社会的建设提供助跑的动力。

第五章 现代德育课程探究

第一节 现代德育课程基本特征探析

现代德育课程是与传统德育课程在时间维度和性质维度上完全不同的一种新型的课程形态。要揭示现代德育课程特征，必须对现代德育课程所指的"现代"作一个基本的界定，必须从德育课程的发生、发展、演变的历史进程中把握现代德育课程的一些基本特征。

一、现代德育课程所指的"现代"的含义

在现代德育课程研究中，现代是一个核心的概念，它直接制约和决定着德育课程的时空特点和性质特征。在学术界和日常生活领域，现代是一个使用非常广泛的概念，它既是一个"时间概念"，又是一个"性质概念"，包含着某种质的变化。现代相对于以往，它是传统的继承和发展，但又与传统有着本质的不同。现代既反映了时代变迁的性质，同时也体现了社会性质的差别。

现代德育课程所指的"现代"，并不是一个具体的时间概念，而是从人们对课程现象认识的自觉程度来划分的，这种划分标示着人们对课程规律的认识程度，也体现着一种性质上的变化特征。其主要依据是马克思关于人类与自己所生活的环境之间关系的性质和变化的有关论述。马克思指出："人的依赖关系（起初完全是自然发生的），是最初的社会形态。在这种形态下，人的生产能力是在狭窄的范围内和孤立的地点上发展着。以物的依赖性为基础的人的独立性，是第二大形态。在这种形态下，才形成普遍的社会物质变换，全面的关系，多方面的需要以及全面能力的体系。建立在个人全面发展和他们共同的社会生产能力成为他们的社会财富这一基础上的自由个性，是第三个阶段。"根据这种划分，兼顾人类历史形态的划分，我们把德育课程的发展历史划分为三个阶段：第一个阶段，也就是古代，即指德育课程的自发阶段，大致相当于资本主义社会以前的历史发展时期；第二个阶段，也就是近代，即指德育课程的规范化建设时期，大致相当于近代资本主义社会的历史发展时期，也是教育的科学化运动时期；第三个阶段，也就是现代，即指德育课程的自觉建设时期，以马克思主义诞生和社会主义制度建立为标志，德育课程建设进入到一个自觉发展时期。这是一个相当漫长而又充满复杂变化特征的时期。如上文指

出,在近代德育课程的现代转化的过程中存在着两个不同的路径:一是在现代西方教育思想指导下形成的现代西方德育课程理论和实践模式;二是在马克思主义指导下形成的社会主义德育课程理论和模式。我们所指的现代德育课程是指在马克思主义指导下社会主义的德育课程,主要是特指改革开放以后我国学校现实运行层面的德育课程。或者说,我们是以改革开放以后我国德育课程现代化为背景来探讨现代德育课程及其基本特征的。

因此,现代德育课程既是一种现实存在的德育课程形态,同时也寄托着我们对德育课程发展的一种期待,是一种新的德育课程理念、目标和价值。

二、古代德育课程的基本特征

在我国古代,课程一词最早出现在唐代孔颖达《五经正义》中,在给《诗经·小雅·巧言》"奕奕寝庙,君子作之"作疏时,孔颖达首次把"课"与"程"联系在一起使用,"以教护课程,必君子监之,乃得法制也"。宋代朱熹在《朱子全书·论学》中多次提及课程这一概念,如"宽着期限,紧着课程""小立课程,大作工夫"等,把课程理解为功课及其进程,即学生为了达到统治阶级所规定的德行而学习的功课和进程。在西方,课程一词是从拉丁文一词派生出来的,意为"跑道"(racecourse),根据这个词根,最常见的定义为"学习的进程"。把课程定义为学生学习的内容及其进度,这是资本主义社会以前课程的基本内涵。

在资本主义社会以前,尽管没有独立的德育课程形态,但是,由于教育领域的分化不明显,因而德育课程呈现出以下一些特点:一是整体性。所谓整体性即指通过学校所设立的所有教学科目来进行德育,在学校教育中,德育是学校教育的主要目的、最高目的甚至唯一目的,学校课程即德育课程。二是体验性。所谓体验性即指从学生学习的进程来构建德育课程内容,而不是以教师教授内容为德育课程设计内容,因此强调学生在课程学习过程中的体验,做到"知""行"统一。三是个体性。所谓个体性即指由于古代社会还没有建立近代意义的班级课制度,课堂学习过程中教师和学生的课程内容联系是一种一一对应关系,体现出一种个体性的特点。这些特点同样也表明了当时的德育课程的局限性。

三、近代德育课程的基本特征

近代德育课程思想的产生,是伴随着西方近代资产主义生产力的发展、生产关系的萌芽而发展起来的。随着科学技术的发展,科学知识教育逐渐进入课程领域,成为学校课程的主体和主要组成部分。与之相适应,德育课程则渐次减少。德育课程从学校唯一目标,最高目标,演化为具体课程形态,最后演变成专门设立的道德科目课程(直接学科德育课程)。在学校课程体系中出现德育课程与智育、体育、美育课程并存的现象。

西方近代德育课程主要特征是德育课程智育化，即用智育的方式进行德育课程建设。它是以理性主义为基础的德育课程观念，既有其合理性的一面，但也存在着严重的局限性：一是以理性为基础的德育课程重视学生认知发展，而对学生情感、意志培养和行为养成注意不够。二是以理性为基础的德育课程重视智育的德育功能，而对体育、美育等各种教育成分中的德育功能较为忽视。三是以理性为基础的德育课程重视对特定的道德观念和知识的教育，而对受教育者思想道德状况忽视。

这样，尽管近代西方在教育的科学化方面取得了突飞猛进的发展，教育科学研究硕果累累，但是在德育课程建设方面却差强人意。近代西方德育课程教育，逐渐演化成一种"关于道德"观念的教育。由于各科教育很难完成德育任务，德育只有求助于特别设立的专门德育课程，这种课程在内容上，是一种"关于道德"的知识；在形式上，只存在德育学科课程单一的形态；在教育方式上，是一种单向的、封闭式教育，具有明显的道德灌输色彩，逐渐丧失了德育的效果。西方近代德育课程思想的这些特点和局限，既为现代德育课程观的确立提供了历史经验，也为现代德育课程的科学化付出了探索的代价。

四、现代西方德育课程的基本特征

西方学者对德育课程的构建是从对近代德育课程的反叛作为起点的。现代西方道德教育不仅理论流派众多，而且各种理论流派与教育实践联系紧密，对西方学校德育影响作用十分突出[①]。西方林林总总的道德教育流派或多或少地都对德育课程进行过设计和研究，而其中形成独特的德育课程理论和对德育课程实践产生重要影响的就有不少，如以路易斯·拉斯等人为代表的价值澄清理论，劳伦斯·柯尔伯格为代表的道德认知发展理论，约翰·威尔逊的道德符号学理论，彼得·麦克菲尔的体谅关心学理论，克里夫·贝克的价值教育理论等。这些理论和流派看到了传统直接德育课程的局限性，企图从一个新的视角来超越传统直接德育课程的局限性，形成了独特的德育课程理论和方法：注重对德育课程的科学性研究；注重直接德育课程价值的研究；注重德育课程教学方法研究；注重德育课程形式的多样性；注重偶发课程、整合课程、单独价值教育课程等的综合运用，等等。

西方各种道德教育流派关于德育课程的理论从本质上说，是为资产阶级培养接班人服务的，因而存在着种种局限性：一是现代西方德育课程理论多以资产阶级抽象人性论为基础，进行所谓"无差别""价值中立"的课程设计，旨在宣扬资产阶级意识形态的永恒性和合理性；二是现代西方德育课程理论片面否定道德的绝对价值，突出道德的相对价值，陷入道德相对主义；三是西方关于德育课程理论学派林

---

① 佘双好.现代德育课程基本特征探析[J].学校党建与思想教育.2003(03).

立，价值取向多元化，这在德育课程实践中容易造成互相矛盾，冲击整体德育课程建设。这些都说明西方现代德育课程理论存在种种弊端，并不是一种完善的德育课程模式。

五、现代德育课程的基本特征

（一）现代德育课程是内容和形式的辩证统一

现代德育课程既重视德育课程内容，又重视德育课程形式，是内容和形式的辩证统一。古代和近代德育课程较重视德育课程内容的价值和功能，认为尽管关于思想道德方面知识的教育不是德育课程教育的全部内容，但是一定的思想道德的基本知识和观念体系可以通过教师的宣讲传达给学生，使之形成一定社会需要的思想道德素质。现代西方德育课程则更注重德育课程形式的价值和功能，认为在价值观念多元的社会环境下，任何一种思想道德观念都具有相对的价值，而不具备绝对价值，因而并不存在着具有绝对价值的德育课程内容，把重点放在课程的形式方面特征上，注重对德育课程结构、功能、学生思维发展等研究，存在着不可避免的局限性。

现代德育课程认为，德育课程是一种复杂的社会现象，德育课程既具有内容性的一面，又具有形式性的一面。德育课程内容存在着相对性的一面，每一个社会和阶级都存在着不同的思想道德观念和价值标准，因此，德育课程内容不可能是绝对的。但是，正是因为存在着价值观念的相对性，才体现出德育课程内容教育的重要性，也就是用更高价值的德育内容来代替那些具有较低价值的德育内容，用先进的文化和科学的思想来充实德育内容，用正确、科学的理论武装群众。先进思想，特别是无产阶级自己的学说——马克思主义，不仅具有真理性的功能，它揭示人类社会发展的客观规律，启发人们正确认识社会发展的客观规律；而且具有价值的功能，是无产阶级改造客观世界和改造主观世界的思想武器。而在马克思主义基础上建立起来的德育课程也同时具备了真理性和价值性的功能，体现了德育课程内容与形式的完美统一。

（二）现代德育课程是理论性和活动性的辩证统一

现代德育课程既重视学科德育课程，又重视活动德育课程，是理论性和活动性的辩证统一。传统的德育课程主要以学科课程的形式出现在学校教育计划之中，如孔子所开设的"六艺"课程，古希腊开设的"七艺"课程，主要目的是培养学生德行。以近代课程观念为基础的直接德育课程把在学校课表上所列的专门德育课程作为德育课程的主要形态，其他各科教育作为客观上对学生思想道德素质发生作用的教育环境因素而存在，使直接德育课程成为孤零零的几门专门设立的德育课程，而把学生课外活动等视为课程之外的因素。现代西方德育课程把实践或活动纳入德育课程之中,强调通过设立活动性课程,通过学生在学校期间的一切活动培养学生思想道德素质,但又存在着否定学科德育课程或者说直接设立的德育课程的价值的弊端。

现代德育课程十分重视实践对人的思想道德形成和发展的影响,根据马克思主义经典作家关于教育与生产劳动相结合、"把学校活动的每一步骤,同全体劳动者反对剥削者的斗争密切结合起来"、与工农群众相结合、与社会实践相结合的思想及我们党的教育方针,把与现实生活实践的结合作为现代德育课程的基本特征。在现代德育课程建设中,把理论与实际结合起来,学科课程学习与活动课程学习结合起来,构成现代德育课程的基本特征。

(三)现代德育课程是直接德育课程与间接德育课程的辩证统一

现代德育课程既重视直接德育课程,又重视间接德育课程的功能,是直接德育课程与间接德育课程的辩证统一。在古希腊时期,"德能否用课程教"还是一个问题,近代德育课程逐渐成为一种特别设立的直接德育课程,现代西方学者对德育是否可以或者需要设立直接德育课程,进行直接德育课程教学存在着明显的分歧。

马克思主义德育课程思想认为,不管是否有意识地开设一定直接德育课程,统治阶级的思想和意识形态总是通过一定的课程方式来影响的,在阶级社会,一切课程和教育都不可避免地打上阶级的印记。马克思主义经典作家在批判资产阶级德育课程的内容的同时,并没有否定德育课程业已存在的各种显性的、隐性的和直接的、间接的教育形式,而是通过这些形式,或者通过构建一种更广泛意义的德育课程观念来培养无产阶级后代所应有的思想、政治和品德。正是在这个意义上,马克思主义经典作家提出,德育课程应重视直接德育课程,开设直接德育课程对广大群众进行无产阶级意识形态教育;同时也不能局限于直接德育课程,应把直接与间接德育课程结合起来,培养真正符合现代社会要求的新型人才。

(四)现代德育课程是显性德育课程和隐性德育课程的统一

现代德育课程既重视显性德育课程,又重视隐性德育课程,是显性德育课程和隐性德育课程的统一。以近代课程观念为基础的德育课程,只重视德育课程的显性层面,即把德育课程看成是学校教学计划中所列出的教学科目,而对隐含在所有课程中的具有教育性因素的隐性德育课程缺乏足够的重视,因而有意无意地把德育课程看成是一种德育的课堂教学,并且是有关统治阶级系统知识和观念的教育活动,使德育活动局限于认知领域,而忽略其他情感、意志和活动等因素。

现代德育课程将隐性课程纳入德育课程,进行系统开发,使得存在于课堂、教材、学生活动、整个校园"共同体"中潜在的教育性因素,转变为具有教育性的课程因素。这样,德育课程作用的领域不只是包含认知范围,而且包含了学生情感、意志和活动乃至学生在校期间的一切生活领域,使德育课程包含在学生的一切活动

过程之中，极大地拓展了德育课程的领域："从空间上看，包括校内、校外、课堂内、课堂外的影响；从时间上看，包括系统、持续的影响和偶发性、暂时性影响；从影响源本身看，包括可见的实体性和不可见的非实体性影响；从影响的自觉程度看，包括有意识的、人为控制的影响和较为自发的影响。"这样，使得作为德育内容组织形式的德育课程，可以通过多样化、全方位、随时随地的方式来对广泛复杂的影响学生思想道德素质的教育内容进行系统整合，使德育手段和渠道更加丰富和多样，更好地吸纳现代德育的教育内容。

（五）现代德育课程是课程学习与学生德行培养的统一

现代德育课程既重视课程内容的科学性，又重视学生认识心理发展特点，揭示了德育课程与学生双向互动关系，是课程学习与学生德行培养的统一。以近代课程观念为基础的德育课程观念是以知识的分化为基础的，直接德育课程设计主要以知识为基础，是一种知识的课程观念。现代课程观念是以经验为基础的课程观，使课程观念发生了革命：课程设计不仅重视学校提供给学生的具有教育性的经验，而且也重视学生在整个教育过程中的经验。这样，学生与课程之间就是一种双向互动的关系。在课程设计过程中，除了要重视课程本身所涉及的学科本身内在的逻辑性和体系性，而且也要注意学生的可接受度。

以马克思主义为指导的德育课程更注重德育课程教学过程中学生的主体性，注重个体学习经验的重要性，强调通过学习者的积极性主动性，来达到改造客观世界和自己主观世界的目的。在这种思想指导下，现代德育课程把学生经验作为课程的内涵，强化了对学习者的主动性的重视，使现代德育课程实施更具有双向性的特点。如果说其他各科课程在课程设计时，尽管需要了解学生的学习基础和对该学科的了解程度，有针对性地进行课程设计，但是课程设计的指向是学科建设本身，是为了让学生更好地适应和掌握该学科具体的知识体系，简言之，是以学科自身建设为中心的；那么现代德育课程设计并非是为了让学生了解某一方面的知识，而是为了让学生形成良好的思想道德观念，并在实际行动中表现出来，因而它不以学科发展为中心，而是以学生成长和发展为中心，是真正意义的"学生中心"课程。现代德育课程的这些特征，使得现代德育课程同时拥有了开放性、双向互动性和综合性的特点，因此，是真正的培育学生思想道德素质的课程。现代德育课程的这些显著特征，使之能更好地符合现代社会发展的要求，更加充分地完善其德育功能。

第二节　现代德育课程评价探析

课程评价是对课程进行价值评价的过程，是课程建设一个不可缺少的基本环节。现代德育课程是现代课程中最能充分体现统治阶级意识形态的课程，选择什么样的课程内容和学习经验，以及用什么组织形式对这种课程内容和教育经验进行组织，这直接关系到统治阶级意识形态的主导性和课程的方向性问题。对德育课程的评价既不同于一般的课程评价，也与品德测评和德育评估有很大的差别，现代德育课程评价具有较为特殊的领域和方法。

现代德育课程研究是现代德育研究的一个崭新的领域，有学者指出："在以往的教育学论著、教材中，包括在德育原理的著述中，几乎未见'德育课程'这一术语，较多见到的是'德育内容''德育途径''德育组织形式'这类提法。"进入到20世纪90年代以后，德育课程研究逐渐引起了学者们广泛重视，成为现代德育研究中的一个热点问题。由于现代德育课程所持有的现代"大课程"观念包括显性德育课程和隐性德育课程、学科德育课程和活动德育课程、直接德育课程和间接德育课程等不同形态、不同性质、不同类型的课程形式，使得现代德育课程评价显得十分复杂。如何对现代德育课程的价值和功能进行评价，成为德育评价领域的一个难点问题。

一、课程评价与德育课程评价

课程评价是教育评价的一种，是对课程进行价值评价的过程。所谓教育评价是指对教育活动满足社会与个体需要的程度做出判断的活动，是对教育活动现实的（已经取得的）或潜在的（还未取得，但有可能取得的）价值做出判断，以期达到教育价值增值的过程。

关于课程评价，国内外学者存在着不同的理解。如被称为"现代课程评价之父"的美国学者泰勒认为："评价过程实质上是一个确定课程与教学计划实际达到教育目标的程度的过程。"泰勒评价模式提出以后，风靡一时，掀起了课程评价研究的热潮，从而也使课程评价逐渐走向专业化。课程评价定义也日益具体明确，如克隆巴赫，将课程评价定义为："为做出关于教育方案的决策，搜集和使用信息"的过程。把课程评价作为一种过程，评价的目的是改进课程。斯塔弗尔比姆把评价看作"是一种划定、获取和提供叙述性和判断性信息的过程。这些信息涉及研究对象的目标、设计、实施和影响的价值及优缺点，以便指导如何决策，满足教学效能核定需要，并增加对研究对象的了解"。简言之，课程评价不是为了证明而是为了改进。如艾斯纳将课程评价定义为"教育鉴赏及教育批评取向"，教育鉴赏是指欣赏细致教育现象及其重要素质的能力，教育批评则是指展示鉴赏结果的方法（通常以批判论文表达），包括描述课堂事件、诠释教育事件和对描述、诠释的现象做出优缺点的价值判断；主要从价值和功能角度来定义课程评价，等等。

现代课程评价主要从以下三个角度来进行：第一，从课程评价的实质上看，课程评价可以分为两种，一是效用评价，即对课程进行有效性评价。如把课程评价定

 现代德育建设与就业规划

义为"检查课程目标、编订和实施是否实现了教育目的，实现的程度如何，以判定课程设计效果，并做出改进课程的决策"。二是价值评价，即对课程价值进行研究的过程。如把课程评价定义为"研究课程价值的过程"，或定义为"研究一门课程某些方面或全部的价值的过程"。课程的效用评价包含于课程价值评价之中。

第二，从课程评价的过程来看，课程评价既包括过程评价（或形成性评价），也包括结果评价（或总结性评价）。结果的评价包含于过程的评价之中。

第三，从课程评价的手段和方式来看，课程评价可分为量化评价和质性评价，量化方法也就是对课程进行定量分析，以评定其价值的方法，而质性评价方法即指在一定量的基础上进行定性研究，进而把握课程本质的评价方法。从量化与质性评价方法来看，量化方法包含于质性方法。

由此看来，课程评价既包括效用评价，也包含价值评价，主要是价值评价；既包含过程评价，也包含结果评价，主要是过程评价；既包含量化评价，也包括质性评价，主要是质性评价。有学者对此进行了归纳："第一，评价是价值或优点的判断，不是纯技术性工作，也不单是现象的客观叙述。第二，评价可以包括对现象的质的描述和量的描述，质、量两者可以兼收并蓄。第三，评价不但是为了评定绩效，也可以是为了做出决定，所以评价是回溯的，同时也是前瞻的。第四，评价不只是为了做出决定，也可以针对课程计划或行政措施。"

基于对教育评价和课程评价的理解，我们所理解的课程评价是对课程进行价值评价的过程，也就是以一定的价值标准对课程设计、实施过程及其结果等有关问题的价值或特性做出判断的过程。

二、现代德育课程评价的特殊性

德育课程评价属于课程评价的一种，但它又不同于其他一般课程评价；德育课程评价属于德育评价的一种，但它也不同于一般德育工作评价和品德测评。现代德育课程评价具有特殊性。

（一）现代德育课程评价与课程评价相比的特殊性

现代德育课程评价既具有课程评价的一般特点，同时也具有德育课程评价的特殊性。

其一，从德育课程评价目标来看，德育课程是体现统治阶级意识形态的课程，其课程目标除了依据认识论规律，即按照德育课程本身的特点和规律来确定外，还必须根据社会意识形态对德育课程的具体要求来评价。我国社会主义德育课程评价应根据社会主义性质和社会主义的要求来确定。如我国普通高校德育大纲明确规定，"高等学校德育是：使学生热爱社会主义祖国，拥护党的领导和党的基本路线，确立献身于有中国特色社会主义事业的政治方向；努力学习马克思主义，逐步树立

科学世界观、方法论，走与实践相结合的道路；努力为人民服务，具有艰苦奋斗的精神和强烈的使命感、责任感；自觉地遵纪守法，具有良好的道德品质和健康的心理素质；勤奋学习，勇于探索，努力掌握现代科学文化知识。并从中培养一批具有共产主义觉悟的先进分子"，规定了德育课程评价的目标和标准。

其二，从德育课程评价的领域来看，其他类型课程主要涉及认知领域，或者行为层面，评价目标相对具体、客观。而德育课程评价领域则十分复杂，不仅涉及认知领域，而且还涉及情感、意志、价值观、行为等领域。美国著名教育家布卢姆把教育目标分为认知、情感和动作技能三个领域，但是，他对三个领域的研究和实验是不平衡的，他的目标分类的实验在有些领域是较为成功的，比如在认知领域，但在另外一些领域则并不成功，比如在情感和动作技能领域则收效甚微，其原因除了其理论本身的局限性外，情感和行为评价的特殊性和复杂性也是重要因素。"布氏学派给情感领域所划分的层次——接受（注意），反应，价值的评价，组织，由价值和价值复合体形成的性格化——科学性较差。情感内容、心理品质、行为方式等众多方面的交叉现象，形成层次和结构的界限不清，概念不明，内涵和外延都很不确定，在教学实践中很难运用。至于情感教学的评价问题，可以说他们只是正确地提出了问题，具体地指出了情感评价的困难，基本上没有给以解答。"在我国，布卢姆目标分类的情感领域一般是作为德育目标来进行研究的，德育目标本身的复杂性，涉及领域的广泛性，给评价过程增加了复杂程度。

其三，从德育课程评价过程来看。一般课程评价过程是一种相对"科学"、客观的过程，评价过程中评价者尽可能采取中立的态度和立场，而德育课程评价过程本身也是一个参与的过程，评价者不可能不将自己的价值观念注入评价过程之中，所谓无价值的"中立立场"，本身也是一种价值观念。因此，在评价过程中，德育课程的评价者也必须采取符合学生思想道德发展要求的方式来进行评价，把评价过程本身作为一种现代德育课程的实施过程。

其四，从评价的困难程度来看。一般的课程评价，由于评价标准相对客观具体，尽管评价过程存在着复杂的动态因素，但相对于德育课程来说，它的可控因素较多，因而较容易被评价，但是德育课程由于主要涉及非认知领域，而评价过程中教育者或多或少地存在着一定的价值倾向，其影响制约因素较难控制把握。有研究者指出："因为该学科的教学评价涉及人的情感、品性、理想、信念等非认知领域，所以其评价结果具有模糊性和不确定性，这是该学科教学评价结果特殊性的表现之一。即使我们得到一个比较可靠的评价结果，我们也很难确定什么因素导致了这一结果，因为能够影响人的品德、价值观、情感形成的因素太多了，我们在教学评价过程中很难将这些因素剔除。"

(二) 德育课程评价与德育评价及品德测评的特殊性

德育评价是对德育进行价值评价的过程，是一个比德育课程评价更为广义的概念，从范围来看，德育课程相对局限于德育内容及其组织形式，而德育评价更为全面，不仅包括德育课程评价，而且包括整个学校德育的各个方面。现代德育课程的提出，虽然使德育课程的范围和视野发生了根本的变化，使德育课程不仅仅局限于单一的显性直接德育课程层面，而是包含学校教育的各种教育因素、教育影响、教育力量、教育途径，包括显性课程和隐性课程、直接德育课程和间接德育课程、学科德育课程和活动德育课程等多种形态；德育课程范围拓展到学校作为一个整体提供给学生具有育德性的教育经验，对现代德育课程的评价实质上演化为对学校作为一个整体提供给学生的教育性经验的评价，使现代德育课程评价在很多领域类同于德育评价。但就其主要领域来说，现代德育课程评价主要体现在课程设计和实施环节的评价，而不是对德育进行全面总体的评价。

从内涵来看，德育课程评价主要包含目标评价和过程评价，而德育评价则更为丰富，不仅包含着目标评价和过程评价，而且包含对学生的德育考评和德育工作的评价等。德育评价在思想政治教育领域更多是与德育考评、德育工作评估等概念联系在一起的。"通过考评，全面了解和衡量学生的思想政治表现及其发展水平。""德育工作评估的质量是评价学校办学水平的重要指标之一，德育工作评估是使德育由软变硬，由虚变实的重要措施。"由此看来，现代德育课程评价既不同于德育评价，也不同于德育考评和德育工作评估，具有特定的内涵和范围。

品德测评即指对学生思想政治和品德进行测评的过程，更确切地说，即指"测评者采取科学的测评手段（工具），有目的地系统地收集被测评者在某一时期内主要活动领域中的品德特性信息，针对某一测评目标体系做出数量或价值判断，或者直接概括与引发品德行为独特性的过程"。简言之，"是测评者采取适当的测评方式收集有关信息，认识个体品德面貌特征的过程，是通过行为表现认识内在品德的过程"。品德测评的方法既可以采取量化的方法，也可以通过定性的、描述性的方法，从这个意义上说，品德操行评语、品德评价、品德评估、品德考评等都属于品德测评范围。品德测评的对象主要是受教育者，是测评者对受教育者品德进行评价的过程。

从品德测评与德育课程评价的关系来看，品德测评是一种事实评价，它是对学生思想品德状况的一种客观测量，而德育课程评价是一种价值评价，是建立在对品德测评的基础上，建立在对教育对象客观认识的基础上，对德育课程实现其价值目标程度进行评价的过程。尽管在德育课程评价过程中需要对学生品德状况进行测评，但是，其评价重点在于对德育课程本身内在价值实现程度进行评价。德育课程虽然以提高学生思想道德素质为最终目标，但是，现代德育课程的价值评价不仅体现在对受教育者本身的价值,而且体现在对学校德育的价值,即德育课程实现现代德育的价值的程度。德育课程对学生道德素质发展的价值通过德育的价值来体现。因此,德育课程评价与品德测评在评价的目标、对象、价值标准和方法上存在着很大的差异。

三、现代德育课程评价的本质

德育课程评价是对德育课程进行价值评价的过程。价值是一个非常复杂、引起广泛争议的概念。价值这个概念从词义上讲,它内在地包含了"好的、善的、宝贵的、有效用的、有意义的"等成分,但这种内在地存在于物体的东西对于事物本身来说,只是具有"潜在的价值",而不能说是真正的价值。它只有在与其他事物相互交往的过程中,才能真正表现出来,使潜在价值成为价值。因此,价值总是体现在主客体的相互交往过程中,是客体满足主体积极需要和功能的一种属性。因此,所谓价值评价即指评价者以一定的标准对价值客体之于主体的价值进行评价的过程。

从德育课程评价的主体客体关系来看,现代德育课程主体与客体之间的关系既可以表现为人与物的关系,也可以表现为物与物的关系。如果我们把现代德育课程作为评价的对象,即作为价值评价的客体,那么,现代德育课程的价值主体可能表现为两个方面:一是表现为人与物的关系,即现代德育课程与受教育者即学生的关系。现代德育课程是否有价值,主要看现代德育课程对学生思想道德素质形成和发展的价值;二是表现为物与物的关系,即现代德育课程对现代德育的价值。现代德育课程作为现代德育的核心和基本环节,它对于现代德育的价值如何,是否更有效地满足了现代德育的要求,实现了现代德育的价值,是价值评价过程的重要组成部分。在两者之中,物与物的关系即现代德育课程对现代德育的价值是现代德育课程评价的中介。人与物的关系也就是现代德育课程对受教育者的价值是本原的,现代德育课程的价值最终体现在受教育者思想道德素质的提高上。为了全面对现代德育课程进行评价,我们必须既评价现代德育课程对现代德育的价值,同时,也要分析现代德育课程对受教育者的价值。

现代德育课程对受教育者的价值的评价是对现代德育课程最根本的评价,但是并不是最完善的评价。如前所述,受教育者思想道德素质形成和发展的影响因素十分复杂,既有深刻的学校教育因素,同时,也存在着广泛的社会教育、家庭教育和个体的因素,因此要想由此来评价现代德育课程的价值是十分困难的;对受教育者的价值评价不仅受复杂制约因素影响,而且还受评价的时间、地点、条件、方法等影响,因为现代德育课程对受教育者的影响是累积的,并且随着时间的不同,对德育课程的感受也相差很大。因此,尽管现代德育课程最终价值通过受教育者来体现,但是这并不排斥我们在评价过程中把现代德育课程对于现代德育的价值作为评价的重点，现代德育课程对受教育者的价值通过对现代德育的价值这个"中介"环节来得到体现。

从这个意义上说，我们对现代德育课程的评价过程在本质上就是对现代德育课程对现代德育的价值的评价过程，也就是对现代德育课程育德性（或者是德育性、德育功能）的评价过程，是对现代德育课程所蕴含的丰富的德育价值的评价过程。现代德育课程不仅是一个外在的评价过程，而且是现代德育课程的"潜在价值"向"显性价值"的转变过程，是现代德育课程价值的生成过程。

四、现代德育课程评价的基本方法

现代课程评价方法可以有多种分类方法，根据其所采取的评价技术，我们可以从大体上将其分为两大类，即量化评价和质性评价方法。

（一）量化评价方法

现代课程评价的诞生和崛起是与量化的方法联系在一起的。伴随着教育测量学的兴起，人们首先开始从量的关系来对教育现象进行测定。"凡物之存在必有其数量，凡有数量的东西都可以被测量"，这是一段时期教育测量学家所持有的一个基本的理念。所谓量化评价方法，就是力图把复杂的教育现象简化为数量，进而从数量的分析与比较中推断某一种评价对象的成效的一种评价方法。量化评价方法把课程评价建立在客观的数量关系的基础上，为课程评价提供了客观的依据和标准，并且量化的方法使用恰当，确实能为揭示教育现象和教育问题提供具有说服力的证据。因此，在课程评价乃至整个教育评价领域，量化方法一直占据着主导地位。

在德育评价过程中，尽管布卢姆等人的教育目标分类评价实验研究在情感领域和动作技能领域收效甚微，但是持量化评价方法的研究者依然十分普遍。比如有研究者认为，任何测评现象都必须满足三个充分条件，"测评对象客观存在，并可以被人认识与把握。测评对象的质和量具有大小、强弱与多少上的程度差异、数量差异或存在与否的差异。测评对象这种质和量的差异可以通过比较进行确定与报告"。"尽管目前品德测评还存在一定的困难性，但这不足以否定品德测评的可能性。"比如不少研究者把量化分析方法理解为定量分析方法，与定性分析方法相对应，认为"由于我们掌握马克思主义理论有限，认识能力和思维能力不够，以及其他种种限制，使得我们在进行定性研究时，难免在无穷的思辨中觅出路，难免被先入为主，以偏概全的主观因素所左右，难免陷入和实际情况相差甚远的直观臆断"，因此，量化研究存在着必然性，同时"正是由于人们思想和行为表现存在质的规定性和量的差异性，存在多种多样的相互联系，这就为运用定性定量方法提供了客观的基础"，因而坚持量化方法在德育评价中的地位和作用。

我们认为，在现代德育课程评价过程中，量化方法具有一定的合理性，现代德育课程无论是对现代德育的价值评价还是对受教育者的价值评价过程，均存在着一定的可以通过量化方法来进行衡量的因素，量化方法在现代德育课程评价中是不可缺少的。但是，对于现代德育课程这种复杂的课程来说，更多，或者说更主要应采取另一种新的课程评价方法，即质性评价方法。

（二）质性评价方法

所谓质性评价方法，就是力图通过自然的调查，充分地揭示和描述评价对象的各种特质，以对其进行合理科学建构，并做出解释的一种评价方法。质性评价方法（研究方法）是对事物或现象的本质和基本特征的一种解释性的评价，其评价的目的并不是检验教育目标的实现程度，而是对其过程进行总体的解释和建构，因此，它不是一种总结性评价，而是一种过程性评价。根据有关学者的研究，质性评价方法有以下一些特点。①评价环境：在自然环境而非人工控制的实验环境中进行研究；②评价者的角色：评价者本人是评价的工具，不使用量表或其他测量工具；③收集资料的方法：有多种方法，如开放型访谈、参与型和非参与型观察、实物分析等；④结论和理论的形成方式：归纳法，在资料的基础上提出分析类别和理论假设；⑤理解的视角：通过评价者与被评价者之间的互动理解后者的行为及其意义解释；⑥评价关系：评价者与被评价者之间是互动关系，要考虑评价者与被评价者这种关系的影响。

质性评价方法并不仅仅是一种"定性的评价方法"，也不排斥量化方法的使用。在本质上说，它是在一定量化基础上的定性的评价，一种新的对人文科学和社会科学解释和评价的方法。质性评价方法和传统的定性评价方法具有根本的不同，在某种程度上，它是在对量化评价方法的批判和反思基础上形成的一种新的课程评价的方法。在国外课程评价发展历史上，质性评价方法被称为课程评价的"第四代"和课程评价的"新典范"。

质性评价方法在课程评价领域使用最广泛的是自然探究评价方法或者说自然探究评价模式。自然探究评价模式认为，科学探究的方法仅仅是人类许多种求知方法的一种，如果以为这是探究人类社会现象的唯一方法，那就大错特错了。因此，他们把课程的评价建立在现象学、解释学、日常语言分析哲学以及符号互动论等理论基础之上，主要侧重于对课程发展的自然过程进行解释性建构，其主要特征是：第一，注重自然情境的研究，而不是通过人为方式操纵变量来形成所要检验的情景；第二，注重定性的研究方法，而不是量化的研究方法；第三，注重从事实归纳中获取理论，而不是由理论演绎假设，再由实验加以证实；第四，注重个案分析，而不是大范围调查；第五，注重缄默的或不言而喻的知识，如直觉、感受等，而不只是用语言呈现的命题的知识；第六，研究设计是逐渐形成的，下一步骤基于前一步骤的发现，而不是事先预定的每一步骤；第七，研究者要成为研究情境中的一分子，

以便产生移情效应,而不是与研究情境保持一定的距离,以便处于客观地位;第八,对评价的结果,并不要求取得一致性意见,而是注重评价过程本身,等等。

在国外,许多国家和地区对类似于我们所指的现代德育课程的评价都采取了较为模糊的质性评价方法,如英国对学校社会性课程的评价和督察均采取了模糊的策略,如检查各校是否踏踏实实地进行了这方面的教育,对人员配制、课程设置、学校重视程度等方面进行重点检查,至于教育和教学效果则基本不予深究。

如日本和我国香港地区对于类似我国直接学科德育课程的课程(如公民课、道德课、社会科学课等课程)均采取了相对模糊的评价方式。在美国,柯尔伯格认知发展道德教育模式曾风靡一时。柯尔伯格在研究过程中对学生道德状况的评价方法虽然采取了评价指标,但主要采取的是一种访谈的方法。柯尔伯格等倡导的道德访谈测量法主要是设立若干个道德两难故事内容,根据教育对象对道德两难故事的谈话内容和语言陈述来确定他的道德类型或阶段,然后把所测定的教育对象进行分类,用高一层次的道德内容对处于各种道德推理阶段的教育对象进行教育,然后再通过评价来检验教育对象在道德推理方面的进步程度。根据柯尔伯格等的调查,通过组织学生就道德两难问题进行讨论,教育对象确实在道德推理方面获得了提升。柯尔伯格的研究,把道德教育建立在科学的基础上,使道德教育从一个"潜科学"变成一种得到人们广泛认可的"显科学"。虽然使道德教育这种特殊复杂教育形式成为一种被大家认可的"显科学"的因素很多,但最直接的因素是源于柯尔伯格等采取的特殊的评价方法。

英国学者爱默尔说:"这一理论的优越性在于其为教学方法和课程内容提供了清楚的指导,特别是为教育效果的测量提供了操作性很强的方法","道德教育的成功程度可以按照访谈法所测量的发展水平来客观量化,或许正是因为这个特点,即教育影响的清晰可测性,使得这一理论如今受到的欢迎程度超过了其他任何道德教育理论"。柯尔伯格的评价方法,就其本质来说,并不是一种纯粹的量化评价方法,美国学者莱斯特曾抱怨柯尔伯格的方法"从理论观点上看,这种评分体系太松散、粗糙,随意性大,缺少清晰的概念建构",但是正是这样一种较为模糊、松散和具有较大动态性的评价方法,切合了道德教育本身的特点,因而,使得道德教育成为一种真正的道德教育。从国内外一些国家和地区的学者对类似现代德育课程性质的课程评价过程来看,现代德育课程评价的可能性并不一定意味着课程评价必须采取量化的评价方法,量化评价方法并不是评价现代德育课程的唯一方法,对于现代德育课程这样一种特殊、复杂、动态性很强的课程评价来说,必须把量化方法与质性评价方法联系起来,并且主要采取质性评价方法。

总之,现代德育课程评价是一种十分复杂的评价过程,单纯使用量化方法或质性方法都不足以对现代德育课程进行综合评价,只有把量化方法和质性方法结合起来，依据现代德育课程不同情境和不同的评价主体要求，采取多种多样、动态权变的评价方法，才能够较为充分地反映现代德育课程评价的特殊要求。

第三节 现代德育课程研究的基本思路

高度重视德育课程在培养学生思想道德素质方面的作用，是当今世界各国学校德育的一个共同特点。但是，不同社会、不同意识形态条件下的德育实践工作者和理论研究者，由于各自对德育课程的理解不同，所提出或实施的德育课程模式也就大相径庭。与之相适应，在马克思主义指导下，从理论上系统梳理古今中外关于德育课程的思想成果，揭示现代德育课程的本质特征及其实施规律，构建符合我国社会主义现代化建设需要的现代德育课程模式，便成为我们加强和改进学校德育工作进程中必须给予高度重视的一个重大理论课题。

一、现代德育课程的基本内涵

德育课程是德育内容与课程形式的一种组合方式。现代德育课程即指学校为实现教育德育目标，有组织、有计划，以各种方式，使受教育者获得思想道德方面经验的教育内容和因素的总和。德育课程应包含显性德育课程和隐性德育课程两大类。

显性德育课程指学校为实现德育目标，有组织、有计划地以明确的外显的方式，使受教育者获得思想道德方面经验的教育内容和因素的总和。根据显性课程组织方式不同，可将显性德育课程分为学科德育课程和活动德育课程两种课程类型。学科德育课程即指学校以教学科目为主要形式的课程形态，是所有课程经验中最基本、最核心、最稳定的部分。学科德育课程有直接和间接两种。直接学科德育课程即指直接为培养学生思想道德素质而设计编制的教学计划或教学科目，如我国"两课"课程[①]、国外公民课、社会课等，是传统德育课程研究的主要内容和重点。而间接学科德育课程是指除直接学科德育课程以外的其他教学科目，这些教学科目虽以各科课程方式存在于学校课程体系，但间接地对学生思想道德素质发生作用。所谓活动德育课程是指学校正式设立的以活动为主要形式的德育课程。这种课程也有直接和间接两种形式，是以学生在学校所获得的直接经验或综合经验为组织形式的一种课程形态。

隐性德育课程是指学校为了实现教育目标，以隐性的、非公开的方式，使受教育者获得的思想道德方面经验的教育内容和因素的总和。隐性德育课程并不明确呈现在学校正式课程表之中，是受教育者在显性课程和学校教育环境中获得的以知、

---

① 指我国现阶段在普通高校开设的马克思主义理论课和思想政治教育课。

情、意、行等综合经验为特征的思想道德方面经验的总和。主要包括两类，一类是隐含在显性课程内的德育课程，即隐含在学科课程和活动课程之内对学生思想道德素质发生作用的德育课程；另一类为学校通过物质环境和精神文化环境有意识或无意识地传达给学生的，影响学生思想道德素质的课程。这种课程以隐性的、间接的、经验的、非正规的方式作用于学生，对学生思想道德素质的培养起着潜移默化的作用。

二、现代德育课程研究的基本思路

现代德育课程内涵和外延的复杂性和丰富性，从客观上要求我们采取多元复杂的研究方式。现代德育课程研究应遵循从历史到现实、从具体到抽象、从静态到动态、从目标到过程、从理论到实际的研究思路，把德育课程作为一种特定的研究对象，分析它的产生、历史发展及其在各个不同时期的演变过程，探讨现代德育课程的理论依据，揭示现代德育课程的本质和基本特征，并对学校的课程进行系统的设计开发，探讨其实施和评价过程中的一些带有规律性的共性问题。

将德育课程作为一个历史的范畴，从历史发展的角度对德育课程历史演变进行考察，我们认为传统德育课程理论向现代德育课程理论转变主要沿着两个路径：一是在现代西方教育思想指导下，沿着西方资产阶级课程发展模式进行发展超越，形成现代西方德育课程理论和实践模式；二是以马克思主义教育思想为指导，沿着社会主义课程发展模式而发展超越，形成社会主义德育课程模式。为了分析社会主义德育课程的基本理论和特征，我们有必要对现代西方思想家实现德育课程的现代转化进行分析，揭示现代西方德育课程的基本特征，分析现代西方德育课程理论存在的局限性以作为我们构建现代德育课程理论的一种参照。

（一）现代德育课程的理论基础分析

马克思主义的诞生，为我们构建现代德育课程提供了理论指导。马克思主义经典作家把教育置于广泛的社会发展背景下，从教育、环境和人三者的辩证关系角度来思考德育课程教育问题，他们认为，任何教育都是一定社会客观存在的一种反映，在阶级社会，教育不可避免地打上阶级的烙印，统治阶级的思想在任何时候都是占统治地位的思想，因而任何教育（在现代社会条件下）都是阶级的教育。资产阶级不仅通过显性课程教育进行资产阶级意识形态的灌输，而且还通过隐性课程对受教育者施加系统影响。因而无产阶级取得政权以后，必须进行无产阶级意识形态教育。马克思主义经典作家关于德育课程的思想，为我们构建现代显性德育课程、隐性德育课程；直接德育课程、间接德育课程；学科德育课程和活动德育课程提供了思想基础。

(二) 德育课程的特征和功能分析

现代德育课程与传统德育课程存在继承性，也存在着根本的不同。比如传统的德育课程较重视德育课程内容，并且往往使德育课程内容演化为"关于道德"的知识。而现代德育课程不仅重视课程内容，而且重视课程形式（促进学生道德思维的发展），是内容与形式的辩证统一；传统德育课程只重视理论性德育课程，现代德育课程既重视理论性德育课程，又重视活动德育课程、学科课程和活动课程相结合的多样化课程；传统德育课程偏重于直接德育课程或者专门德育课程建设，现代德育课程既重视直接德育课程，也重视间接德育课程建设，并把它们作为一个整体进行现代德育课程建设；传统德育课程仅仅关注显性德育课程建设，现代德育课程既重视显性德育课程建设，又重视隐性德育课程建设，使德育课程处在一种"全天候""随时随地"的状态；传统德育课程较重视内容的科学性、正确性，忽视对学生认知的发展，现代德育课程不仅重视课程内容本身的科学性、整体性，而且重视学生的身心发展，重视学生与德育课程的双向互动，是德育课程学习与学生德行培养的统一，等等。这些特点使现代德育课程比以往传统德育课程具有更为丰富的德育功能。

(三) 现代德育课程的基本理念和构想转化为课程方案

现代德育课程的基本理念和构想如何转化为具体操作的课程方案就是选择一定的课程类型、课程形态和课程组合的方式来使现代德育课程的理念具体化。现代德育课程作为现实运行的德育课程，通过显性、隐性、学科、活动、直接与间接方式存在于学校现实教育环境中，对这样一种综合的多样的课程的设计，并不是脱离学校教育环境重新设计一套新的课程方案，而是对现实运行德育过程进行系统开发，把现实德育运行中德育课程进行系统开发。本书不仅提出了现代德育课程设计开发的一些基本原则，还从显性和隐性课程两个方面，对现代德育课程在现实层面进行了设计和开发。

(1) 把设计的理想课程模式转化为现实的德育活动，研究现代德育课程的实施。现代德育课程是一种整体的课程，现代德育课程的实施不只是各种形态、各种类型课程实施的简单之和，而是一种整体的实施过程。传统课程实施的手段主要是教学，但是由于现代德育课程把学校作为一个整体提供给学生的具有教育性的经验纳入学校课程范围，使得学校的所有具有教育性意义的活动都有可能纳入现代德育课程的视野，使得现代德育课程实施的渠道和手段呈现出多样化的局面，教育者可以依据现代德育课程所提供的丰富的教育渠道和手段，通过课堂内和课堂外、直接和间接、显性和隐性的方式，充分实现教育者的目的。现代德育课程实施及其他课程实施与传统德育课程实施存在着一些根本的不同。现代德育课程实施过程存在更加复杂、动态的因素，而正是这种复杂的运动，揭示了现代德育课程实施过程中的一

些特点和规律。充分揭示和挖掘其中存在的一些带有规律性的问题，是现代德育课程研究必须突破的重要的理论课题。

(2) 现代德育课程的评价问题。现代德育课程评价比一般的课程评价更为复杂、特殊，它是在一个更大的层面，更广泛的视角和更丰富的渠道对德育课程进行透视。而对现代德育课程的评价过程，实际上是一种对现代德育课程的参与的过程，通过对现代德育课程设计评价，实施课程评价和总体评价，来揭示现代德育课程评价类型的多样性和复杂性。现代德育课程评价的复杂性并不意味着现代德育课程不可能评价，现代德育课程中许多指标不能量化并不意味着现代德育课程评价只能以量化的方式进行评价。现代德育课程评价应该从现代德育课程本身特点出发，寻找出符合现代德育课程特点的评价指标体系和评价方法。

三、现代德育课程研究的特殊性

现代德育课程研究与一般德育研究和课程研究不同，具有一些特殊要求。

(1) 现代德育课程研究要求把直接德育课程研究和间接德育课程研究结合起来。因此现代德育课程研究不能仅停留于直接德育课程研究或直接学科德育课程研究，必须把直接德育课程研究和间接德育课程研究结合起来，共同构成德育课程，才是完善的德育课程，而完善的德育课程，才能揭示学校德育的全貌。

(2) 现代德育课程研究要求把课堂教学同学生的课外活动结合起来。课堂教学是德育课程最普遍的渠道，但是，现代德育课程研究又不局限于课堂教学范围。学校教育是作为一个整体在发挥作用，学校教育对学生思想道德方面发生影响不只是局限于课堂教学环节，在课外、在学生日常生活中同样存在着对学生思想道德成长的显性和隐性课程。如果我们只注重课堂教学环节的德育课程实施研究，而忽视学生在课外，在学校教育环境中的德育课程研究，那么，就极有可能使学生课堂上所学的东西和课外、日常生活中所做的事情相分离，从而抵消课堂内所教育内容的效果。

(3) 现代德育课程研究要求把德育同智育、体育、美育等结合起来。现代德育课程不能仅停留于德育与智育关系的研究，而必须突出德、智、体、美的综合研究。智育具有良好的德育功能。在古希腊，苏格拉底就提出了"美德就是知识"的著名命题。亚里士多德认为，苏格拉底的提法有时正确，有时却不正确。如果说美德离不开知识，那么苏格拉底是绝对正确的，但是知识与美德本身不能等同。近代理性主义思想家如赫尔巴特等把理性作为培养思想道德的基础，提出通过智育来进行德育，使德育课程发生了根本性的转变。智育具有良好的德育功能，一定的科学文化素质的偏差本身就是缺乏德行的表现。人的德行不仅受愚昧和无知的影响，而且也常常受到错误的观点和偏见的影响。因此，没有全面的智育，就不可能有全面的德育。但是，现代德育课程研究并不局限于智育的德育功能，而且也同样注重美育、体育等德育功能，这些课程因素在现代德育课程体系中被统称为间接德育课程。间接德育课程功能发挥作用的程度，直接影响学生的科学文化素质和思想道德素质的提高；科学文化素质与思想道德素质存在着相辅相成的关系，两者均不可偏废，更不能把两者孤立起来进行课程建设。

（4）现代德育课程研究主要侧重对现代德育课程的组织形式的研究。现代德育课程组织不等同于学校德育内容的研究。我们的德育课程研究主要研究的是德育课程内容的组合方式，或者说通过什么样的方式来组织德育内容。从这个意义上说，现代德育课程研究与现代德育内容联系在一起，但重点研究的是现代德育课程组织形式，也就是研究现代德育内容如何被多样化的课程观念吸纳为课程形式进行系统设计、开发和实施的。

（5）现代德育课程研究必须把德育课程内容的研究同学生日常生活中获得的"经验"研究结合起来。现代德育课程的研究，不能局限于学校提供的思想道德教育内容的研究。学校作为一个整体提供给学生什么样的思想道德内容，如何使学校整个生活更有助于学生思想道德素质的培养和提高，是现代德育课程研究的重要内容。但是我们不能因此说现代德育课程研究就是对学校提供的德育课程的研究，因为现代德育课程作为一种经验的课程观，内在地包含了学生经验的成分，现代德育课程并不是外在于学生生活的一种抽象知识体系而是和学生的生活和经验密切相关的一种经验体系。因此，现代德育课程研究不只是一种对德育内容单向的研究过程，而是一种同学生所获得的"经验"双向互动研究过程。

第四节　德育建设在现代师生关系中的作用

在我们国家，自古以来就有"尊师重教，师生如父子"的优良传统。如北宋杨时"程门立雪"的经典故事，佳木斯的张丽莉老师、四川汶川地震中谭千秋老师，他们为了学生，都将自己的生死置之度外。这些感人的事例，为我们构建了一种和谐的师生关系。但是，近些年一些现象的出现，也给这种和谐笼罩上了一层阴影，如老师虐待学生、学生殴打辱骂老师。社会上都在问，我们的教育出了什么问题？我们的师生关系为什么会分出岔路？对于这样的疑问，要从教师和学生两个角度谈谈我们的德育建设。

一、教师"立德"

在学校培养"德才兼备，以德为先"的高水平的师资和管理队伍，教师以身立教，为人师表，对学生是一股强大的教育力量。学生德育教育尤其如此。教师的全

部工作，就是在履行培养后代的责任。与学生朝夕相处的教师在全部工作和生活中表现出来的道德情操和道德素养，对学生道德的培养必将产生潜移默化的影响。教师在工作中的一言一行、一举一动，都必须以对学生、对事业高度负责的态度出现，做到以身作则，率先垂范，一丝不苟，精益求精，为学生树立学习的榜样。

（一）树立"立德树人"的观念

作为一名教师，应该认识到"把立德树人作为我们教育的根本任务，培养德智体美全面发展的社会主义建设者和接班人"的重要意义。"学高为师，身正为范"，知识或可言传，德行需得身教。教师肩负着为人师表、教书育人的重任，是社会主义精神文明建设的传播者和建设者，是青少年一代成长的引路人。教师在教育教学过程中发挥着主导性作用，教师的世界观、人生观、价值观都对学生产生潜移默化的影响。

俗话说，亲其师，则信其道；信其道，则循其步。法国作家卢梭也说过："没有榜样，你永远不能成功地教给学生以任何东西。"教师只有具有优秀的个人品质、优良的职业道德和精湛的职业技能，才能在教育教学活动中吸引学生积极主动参与和接受学校教育活动。所以，教师必须严于律己，言传身教并重。立德先立师，树人先正己，培养和造就一支学高身正的教师队伍，应将立德树人的观念渗入到每个教师的心中，应该在工作实践中学习并总结经验，在学习和总结中不断提升自己的认识，不断提高自己的业务能力。工作中时刻要"以德为先"，把德育落实到课堂上，落实到学生日常学习社会中。

（二）理论联系实际，真正做到"立德树人"

在教育教学过程中，教师要不断丰富自身学识，努力提高自身能力、业务水平，严格执行师德师规，有高度的事业心、责任心、爱岗敬业。坚持"一切为了学生，为了学生的一切"，树立正确的人才观，重视对每个学生的全面素质和良好个性的培养，不用学习成绩作为唯一标准来衡量学生，与每一个学生建立平等、和谐、融洽、相互尊重的关系，关心每一个学生，尊重每一个学生的人格，努力发现和开发每个学生的潜在优秀品质，坚持做到不体罚或变相体罚学生正确处理教师与学生家长的关系，在与家长联系上相互探究如何使学生发展的方法、措施，在交往中不收礼、不吃请、不叫家长办事，不进行有偿家教。在教育教学过程中，根据各学科的特点，恰当地发掘教材蕴含的道德教育因素，在知识传授的同时，加强对学生的思想教育，提高他们的思想政治素质，帮助学生树立远大理想，确立人生的奋斗目标，培养学生的竞争意识、创新意识，提高学生的综合素养，为学生全面发展铺平道路。

二、学生"立德"

对于青少年来说,道德感在其成长过程中具有重要的规范和鞭策作用。什么事该做,什么事不该做,就会有个是非分明的标准;就会自律、自励,就会焕发出奋发上进的精神。学生正处在世界观、人生观、价值观形成的关键时刻,立德树人在这时就显得更加必要。

(一) 确立明确的德育目标

党的十八大报告明确指出:"把立德树人作为教育的根本任务,培养德智体美全面发展的社会主义建设者和接班人。"如何将青少年学生培养成"德智体美全面发展的社会主义建设者和接班人",应考虑不同阶段学生的年龄特征及接受水平,学校必须关注学生的缺点,注重发现学生的闪光点,肯定学生的优点,因材施教,对不同层次的学生提出不同层次的道德发展要求,将德育目标具体化,增强道德教育的可操作性,让学生在复杂的社会现象面前,能辨清真假、善恶、美丑,这样德育目的才能得到具体落实,德育实践才有明确的方向,这样才可避免德育教育要求过高,目的最终落空,也可避免把德育实践引向庸俗化境地,德育功能殆尽。

(二) 创设优美的德育生态环境

优美的校园育人生态环境,不仅对学生不良行为习惯有一种无形的制约力,同时增强学生的自豪感和荣誉感,从而产生强大的凝聚力和向心力。以自然为依托,进行精心设计和创造,建立起良好的人文环境,实现天人合一的意境,创设出良好的育人生态环境是"立德树人"的重要组成部分。

(三) 创新德育教育的途径

必须创新德育教育的途径办法,进一步增强吸引力和感召力。现在,社会结构、社会环境正在发生深刻变化,人们的生产生活方式也在发生深刻变化。如果我们依然重复过去单向、单调、单一的方法对青少年学生进行教育工作,就很难收到令人满意的效果。我们要找到一种"良药不苦口,忠言不逆耳"的育人策略。继承民族的传统文化精华,把民族精神和时代精神相结合,树立新的视角、确立新的思路,进一步丰富德育教育活动的内容形式、载体手段。多开展互动式、体验式的学习教育,使学校开展的活动更加喜闻乐见、更加生动活泼、更加符合学生的心理需要。

(四) 掌握规律并找准切入点

为社会培养有用人才是学校的主要任务,新时期的教育更加突出立德树人,即在传授知识、提高能力的同时更加重视学生的思想道德教育。培养全面发展的人,更符合教育规律。英国哲学家洛克[①]说,教育的目的在于完成健全精神与健全身体

---

① 约翰·洛克(John Locke,1632—1704 年),英国的哲学家。

联合国教科文组织也一直强调,教育应当促进每个人的全面发展,即身心、智力、敏感性、审美意识、个人责任感、精神价值等方面的发展。这就要求学校必须更多地研究德育,以五爱为基本要求,以社会公德、职业道德、家庭美德为着力点,将德育与学生的智育、能力培养、个性培育结合起来,让德育真正有效地落实。另外,学校德育要在立德树人上多点切入,掌握规律、循序渐进地进行。立德树人就要陶冶学生情操,培育学生健全的人格,只有抓住立德树人这个根本,学校才能培养出合格的有用人才。

(五)发挥榜样的作用,行知合一

在不同时代,人们对思想道德的评判,总会因为不同的生活体验而有所差异。然而,在我们党领导人民进行革命、建设和改革实践中涌现的思想道德模范,具有生生不息、历久弥新的感染力。深化德育教育,要使学习宣传思想道德模范常态化。不能动摇,要一以贯之。榜样的精神来自实践,最大的价值也体现在实践之中,弘扬道德模范的崇高精神,最重要的是付诸实践、见诸实践。要广泛开展学习道德模范的活动,把集中教育与日常活动结合起来,把普遍要求与解决具体问题结合起来,精心组织、广泛动员,在学生中推动形成一股学习热潮。从落细、落小落实入手,形成课堂教学、校园文化和社会实践多位一体的育人平台,促进青少年学生学会劳动、学会勤俭、学会感恩、学会助人、学会谦让、学会宽容、学会自省、学会自律。号召学生脚踏实地,不空谈,重行动,从我做起,从现在做起,从点滴的小事做起。

总之,作为教师的我们要明确教育的方向,重视德育建设的重大意义。认识到学生德育工作的重要性、长期性和复杂性。以及我们的责任义不容辞。作为教师的我们要在传授知识的同时,用自己高尚的师德去感染学生,用自己真诚的师爱去温暖学生,坚定不移地完成"立德树人"的任务,为社会主义建设培养优秀的接班人,为全面建设小康社会构建和谐文明的社会风尚。

第六章 现代德育与传统德育

第一节 现代德育与传统德育之异同

德育就是对人各方面的道德教育，其本质在育德，中国传统文化博大精深，在道德教育方面更是积累了五千年的经验，为中国传统社会的安定和谐做出了重大贡献。

一、中国传统道德教育具有生命力的原因

中国传统社会的道德教育之所以能够奏效，是因为传统社会的道德教育接受了儒家的观念，切实做到了以下几点。

（一）高度重视道德教育，树立了道德教育的明确目标

中国传统社会高度重视道德教育，树立了道德教育的明确目标，并把道德教育视为一个由家庭教育、学校教育、社会教育等构成的完整体系。

《礼记·学记》上就有："建国君民，教学为先"的观点。这就是说，建立一个政权和领导一国的老百姓，教育是至关重要的。而教育的目的是"长善救失"，即使人的过失得以挽救，而使人善良的方面不断增长。可见，道德教育是古代教育的核心内容。道德教育必须从修身，即达到身心和谐开始，进而处理好人与人、人与社会、人与自然乃至国与国之间的伦理关系。因此，只有教育办好了，人心得治了，伦理关系协调了，才能从根本上保证人们真正长久的幸福生活。

而中国古代的道德教育之所以能够奏效，是因为它是一个由家庭教育、学校教育、社会教育等构成的完整体系。在这个体系中，特别重视家庭教育的重要性，强调家庭教育是道德教育的开始，社会教育是家庭教育的扩展，社会教育应当秉持孔子提出的"思无邪"的理念。因此中国古代的文艺作品，都遵循着孔老夫子的这一思想，不论音乐、歌舞、戏剧、诗词等，无不是以宣扬道德、弘扬正气为主要内容，这样才能使社会的正气上升，邪气下降。在科学迅猛发展的今天，网际网络渗透到人生活中的方方面面，因此社会教育对人价值观的影响更是起着潜移默化的深远影响。

现在的家庭，受西方文化的影响，对子女过度宠爱，又不知什么是标准，盲目遵从所谓的"赏识教育"，以至于现在的孩子对长辈、规矩等失去了敬畏心，自性

放纵,唯我独尊,不听管教。

(二)采取了道德教育的有效方式,强调领导干部的率先垂范作用

《说文解字》把"教"解释为"上所施,下所效"。儒家看到道德教育的有效方式是身体力行的感化而不是空洞的说教,是开启人的爱心、羞耻心而不是强制灌输一种理念,因此特别了强调"正人先正己""身教胜于言教",强调了作为国家和社会事务的管理者的领导人的道德示范作用。在这方面,孔子多次强调说:"君子之德风,小人之德草,草上之风,必偃。"(《论语·颜渊》)意思是说,领导人的德行好比风,老百姓的德行好比草。风向哪边吹,草就向哪边倒。又说:"政者,正也。子帅以正,孰敢不正?""其身正,不令而行;其身不正,虽令不从"的说法。实践证明,"上行则下效","上有克让之风,下有不争之俗","上清而无欲,则下正而民朴","上重义则义克利,上重利则利克义","大臣不廉,小臣必污;小臣不廉,风俗必败"。由此可见,作为管理国家和社会事务的领导者的道德修养对于形成一个社会良好的社会风尚而言是至关重要的。

(三)把道德建设作为复杂的系统工程,通过制度建设保证其推行

中国古代对道德教育的重视,并不是空洞的道德说教,而是依靠各种社会制度来加以强化。简单地讲,社会弘扬什么,就要通过制度激励什么;反对什么,就要通过制度约束什么。英国功利主义的代表人物密尔说得好,"当社会不利于人常常运用高尚的情感时,这种情感就会由于缺乏培养而枯死"。从这个意义上说,从法律、监督机制的健全、激励机制的完善上保障和推行道德教育,也是十分必要的。中国古人重视道德教育,但绝不意味着因此忽视了制度的完善和健全。在中国古人那里,道德教育与制度建设这两者之间不是非此即彼、相互对立、相互矛盾的,而是相互促进、相辅相成的。

(四)着重培养人"行有不得,反求诸己"的能力

世界所有冲突、不和谐的出现,根源在于利己与利他之间的冲突。因此,要化解冲突,每个人都要首先反省自己的不足,而不是去指责对方。孟子对这一点的阐述尤为详尽。他说:"爱人不亲,反其仁;治人不治,反其智;礼人不答,反其敬。行有不得者皆反求诸己,其身正而天下归之。"

在《中庸》上也说:"射有似乎君子,失之正鹄,反求诸其身。"意思是说,我们做事如果没有成功,就应当马上反过头来从自己身上发现不足。这正如一个射箭的人,如果他射箭偏离了靶心,他不是去寻找客观的原因,而是回过头来反省自己的技艺不精湛。孔孟所称道的尧舜禹汤等古代的圣人,都是这样"行有不得,反求诸己"的楷模。商朝的汤王,在自己洗脸的盆子上面刻了一段话,"苟日新,日日新,又日新",(《大学》:"汤之盘铭曰:苟日新,日日新,又日新。")时时督促自己要不断进步。汤王遇着大旱祷雨时说:"朕躬有罪,无以万方;万方有罪,罪在朕躬。"

(《论语·尧曰》)意思是说,只要我自身有罪,不要因为我的过失殃及天下百姓的身上。天下的老百姓有罪,都是我自己没做好,都该由我自身负责。

在中国古人看来,"天下兴亡,匹夫有责"。社会风气的好坏,与社会中的每个人息息相关,而社会上的每个人都对社会风气的好转负有不可推卸的责任。因此,不仅是每一个领导者,而且每一个普通的人,都应当有这样"行有不得,反求诸己"的态度。陈寅恪说过:士大夫无耻,是为国耻。而作为读书人,作为知识分子,更应当具有这样的反省能力。应当说,从自己做起,树立正确的荣辱观和道德观,是我们每一个人都应当也必须承担的道义责任。

古人说:各相责,天翻地覆;各自责,天清地宁。如今小至家庭夫妇之间的冲突,大至种族、国家之间的冲突,从很多的程度上都是由于彼此之间只知道责怪对方,而不能够反躬自省而导致的。只有人人都能做到"行有不得,反求诸己",才能最终化解冲突和矛盾,维护社会的和谐和世界的和平。

(五)重视基础道德的培养

什么是基础道德?古语云:"孝亲尊师,做人之端。""首孝悌,次谨信。"也就是说,孝是人伦道德最为基础的部分。故有名言:"忠臣必出于孝子之门。"此言非虚。"孝"亦是传统儒家文化的核心内容,千百年来一直作为伦理道德之本、行为规范之首而备受推崇。孔子云:"君子务本,本立而道生。孝悌也者,其为仁之本与!"(《论语·学而》)孟子云:"仁之实,事亲是也。"(《孟子·离娄上》)《孝经》亦曰:"孝,德之本也,教之所由生也。"此皆说明了孝为仁、义之根本,人伦之公理。

现代家庭和生活方式的转变和追求个人自由、权利意识的蔓延,使得孝亲观念越来越为人们所忽视。从而也出现了很多人伦关系失调、家庭关系紊乱等社会问题。解决这些问题的途径是多方面的,重新认识和提倡儒家伦理中重视孝道的思想,对于从根本上解决这些社会问题具有重要的意义。孝是最容易开发本性。儒家仁的思想正是建立在孝这个根本的基础上。因此,对于这个字绝对不能疏忽。理解了这个字,也就理解了儒家思想的精髓。从孝这个字的构成来看,孝一个会意字,上面是个老字,下面是个子字。孝这个字的含义就是说,上一代与下一代是一体、不是两个。如果有两个这个观念,那就不是孝了。上一代还有上一代,过去无始;下一代还有下一代,未来无终,无始无终是一体。在外国,中国人还保持着祭祀祖先的传统,外国人不理解,问:几百年、几千年前的祖先,认都不认得,还祭祀他们干什么?但是他们不懂得"慎终追远,民德归厚矣"的道理。中国人祭祀祖先,情存何其深厚!远祖尚且不忘,对眼前的父母哪有不孝敬的道理呢?儒家从纵的方面讲孝的教育,从横的方面,则讲兄弟之间的悌,又把它推广到"四海之内皆兄弟"。可见,孝悌教育做好了,整个社会的人伦关系就自然会井然有序了。

长期以来,虽然我们也很重视道德教育,但是我们的道德教育没有深入人心。

现代德育建设与就业规划

其实这并不是道德教育本身不得力，而是我们长期所从事的道德教育没有很好地汲取古人的经验，所以才没有取得预期的效果。

二、古人的道德教育

古人是怎么样进行道德教育的，大体可概括为三个方面。

（一）目标明确

《礼记·学记》提出："教也者，长善而救其失者也。"教育的目的就是要使人善良的方面不断增长，使人的过失得以挽救。这句话告诉我们，做人的教育、品德的教育在教育体系中居于基础和核心的位置。现在的家庭教育、学校教育是不是秉持了这样一个理念呢？我们的家长认为，孩子的成绩从九十分提高到一百分更重要，还是让他培养起正确的人生观、价值观、道德观更重要呢？很多人都会说，当然是培养起他正确的道德观、价值观、人生观更重要。大部分家长都是送孩子去学奥数，学英语、学围棋、学钢琴、学唱歌跳舞，这些都是知识和技能的培训，家长没有真正认识到教育要长善救失。

现在有人把人才分为四个层次。第一个层次，有才有德是正品。这是我们社会所迫切需要的。第二个层次，有德无才是次品。这个人有德行，能力不够，若加以培养，还可以用，不至于对单位、对社会造成严重的危害。第三个层次：有才无德是毒品。会对社会造成严重的危害。现在的高科技犯罪，很多都是技术水平很高的人做出来的。以此可见：科技越是发展，人的德行越需要不断地提升，否则高科技便会成为被不良的人利用的工具。最后一个层次，无德无才是废品。这当然也比较少见。《论语》云："道之以政，齐之以刑，民免而无耻；道之以德，齐之以礼，有耻且格。"这说明人民的自律乃教育所致，非单纯的刑法、要求可达成。

（二）次序合理

长善救失是教育的目的，但教育不能不讲次序。《大学》云："知所先后，则近道矣。"这说明，任何事情都有一个先后的次序，如果把这个次序颠倒了，结果会完全不同。所以教育的次序，一定依照《三字经》上所说的，"首孝悌，次见闻"。也就是说，首先要培养起孩子对父母、长辈、老师谦恭有礼的态度，然后再教导他知识和技能，这样，这个孩子才不会学得越多，越傲慢，学得越多，越不把父母老师放在眼里，其所学所得才真正是有益的。

（三）概括规范

大体概括一下，中国传统文化讲的就是五伦、五常、四维、八德。我们的祖先几千年来都是用这些核心价值观来教导人民的，而且把核心价值观概括得非常准确、合理，符合人的天性。首先是五伦关系，孟子总结了前人教育百姓的经验，把社会上最基本的伦理关系概括为五个方面：父子有亲，君臣有义，夫妇有别，长幼有序，朋友有信。

第一伦是"父子有亲"。父子之间的关系，是父母爱儿女，儿女爱父母，之间有一种天然的亲情，那怎样才能把这种天然的亲情保持一生，顺着"亲"的方向去发展呢？圣人通过观察，发现：只有做到了父慈子孝，父子有亲的亲情才能够维系一生。而对孩子慈就是要让他有责任感，有承受挫折的能力，所以父母若是为了孩子健康成长而严格要求他，就是对他的慈爱，慈爱是做真正对孩子有益的事，绝不是溺爱。

第二伦叫"君臣有义"，即领导者与被领导者之间的关系，应当是以义相处。"义者，宜也"，义和适宜的"宜"是相通的。领导者应该是什么样的？应对下属有仁爱之心，"仁"从人从二：两个人相处，想到自己就要想到对方。《群书治要》中也说：一个人不知如何侍奉别人，就不知如何领导别人，为什么？因为不知道被领导者的辛苦，就不能够对其有仁爱之心，设身处地地为他着想，所以"君仁"就是指领导能够处处关心体贴下属，不因为自己是领导者就对下属呼来唤去，还有控制的念头。那么作为下属，应该怎样？古人云："君仁臣忠。""忠"为"尽己之位"。也就是竭尽全力地完成领导者交给自己的工作任务，这就是尽到了忠心。如果将这样的教育实行于天下，那何愁天下不太平？

第三伦叫"夫妇有别"。这个"别"字并不是身份和地位上的差别，而是职责上有分工。一家之中，有两个重要的职责，第一是要创造经济收入，使家人衣食无忧。这一职责，主要由男子来承担的，特别是在传统农业社会，创造经济收入更是由男子来承担的。此外，还有一项更重要的职责就是教育儿女。中国人有一句话说："不孝有三，无后为大。"一个家里即使有七八个儿女，但都是败家子、啃老族，不仅不能把良好的家业家风承传，还做出很多祸国殃民的事，这样的儿女，与其有，还不如没有，这才是真正的"无后为大"。所以古人把儿女教育这件事，看得无比重要。而这样重要的职责，决不能推给老人，因为隔代教育都有溺爱倾向。爷爷、奶奶对孙子、孙女都特别喜欢，就会过分溺爱，满足其所有欲望，大不利于孩子的身心健康发展。当然也不能够把职责推给保姆，古希腊有一位哲人说："如果你把自己的孩子交给保姆来照管，结果你将得到两个保姆。"也就是说孩子的一言一行、一举一动都是在向保姆学习，孩子的模仿能力很强，最后自己也变成了"小保姆"。且保姆的心大多数都是在利益上，怎会为了孩子的今后发展而深入思考？所以，为了孩子的将来，首先作为母亲的，应加强自身学习；然后，在教育孩子这件事上，按传统道德标准力行，让孩子的心中，建立起明确的道德规范，则其今后之发展，才深思高远。

第四伦叫"长幼有序"，兄弟姐妹的出生有一个自然的顺序，这个顺序既然不能够颠倒，就应该给予尊重。做兄长的要友爱、关心、帮助弟弟妹妹。"友"字在古代就写作两只手互相搀扶的样子，言外之意：就是，弟弟、妹妹有了困难，做兄长的给予帮助是天经地义的事，不需要讲什么条件，弟弟、妹妹自然就会对兄长生起恭敬之心，所以中国古人特别重视兄弟姐妹之间的情义，称其为手足之情，骨肉之情。此足以见兄弟之亲对人的重要意义。

最后一伦叫"朋友有信"，"同门曰朋，同志曰友"，在一个学校向一个老师一起求学的人叫朋，这些同学之中又有志同道合的人，这就叫友。所以朋友关系实际上是说，我们在社会上与人平等交往的时候，必须遵守诚实守信的原则。"信"是一个"亻"加一个"言"字。什么叫信？"人言为信"，人讲话必须守信用，否则那都不是人所说的话了。孔子特别强调了"信"字，他说："人言而无信，就像车子缺少关键的环节。"古代使用的是马车、牛车，用现在的话比喻就是车缺少发动机。一个人言而无信，说话、做事别人都不信任，那么他在社会上就寸步难行。

这五种伦理关系可以说是任何一个时代、任何一个国家、任何一个民族必须遵守的人伦大道，只有这五种伦理关系和谐了，社会的人际关系才是井然有序的，这就是五伦关系。

此外还有五常和四维。"常"即恒常不变，古人把五种恒常不变的德行概括为仁、义、礼、智、信。我们古人说"大道至简"，真正深刻道理的表现形式往往很简单，只用五个字就把一个人应该遵守的道德规范给概括了。

四维，也就是《管子》中说的"礼义廉耻，国之四维"，就像一座房子有四个大柱子一样，如果这四个大柱子缺少了，国家就会灭亡。八德在历史上有两种说法，一种是朱熹概括的，就是孝、悌、忠、信、礼、义、廉、耻。另一种是孙中山先生概括的，叫忠、孝、仁、爱、信、义、和、平。我们把重复的去掉，总结了十二个字：孝、悌、忠、信、礼、义、廉、耻、仁、爱、和、平。我们想一想，如果把这十二个字落实在生活之中了，还有哪些社会问题是不能够解决的呢？仔细思量，没有哪一个问题是超出这十二个字之外的。换言之，只要把这十二个字落实在我们的生活中，很多社会问题都能够得以解决，而且古人概括得非常精练，就是五伦、五常、四维、八德。

现代的教育，对德育方面很不重视，这种现象令人担忧。殊不知道德素质乃一切之首，一切之基。根基无有，何谈高远？而进行德育，则应把握好根本。其实道德教育，真的不可仅止于口号。

第二节　中国优秀传统文化与现代德育的内在联系

中国优秀传统文化与现代德育有着密切的内在联系，二者在我国文化建设中相辅相成、相互促进。一方面，中国优秀传统文化是现代德育的宝贵资源。中国优秀传统文化中所蕴含的德育理念、德育内容、德育方法等，对现代德育依然具有重要的时代价值。另一方面，德育也是弘扬中国优秀传统文化的有效途径。德育对象的广泛性可以拓宽优秀传统文化的传承范围；德育内容的丰富性可以融合更多的优秀传统文化内容；德育方法的多样性可以增强弘扬优秀传统文化的有效性；德育过程的循序性可以加深人们对优秀传统文化的认同性[①]。

近年来，随着我国对优秀传统文化的积极弘扬和深入挖掘，中国优秀传统文化中的德育资源日益受到人们的重视。深刻认识和把握中国优秀传统文化与现代德育的内在联系，是现代德育的必然要求。

一、德育与文化的关系

中国优秀传统文化与现代德育的关系，实质上是德育与文化的关系。因而，分析和把握中国优秀传统文化与现代德育的内在联系，必须首先认识文化与德育的关系。从总体上来看，文化与德育之间是一种相互蕴含、双向互动的辩证关系。

（一）文化蕴含着独特的德育功能

文化是人类社会特有的现象，它伴随人类的产生而产生，伴随人类的进步而发展。文化是人类文明深层积淀的产物。在我国，"文化"一词古已有之，它的原意为"人文化成"，来自《周易》"关乎人文，以化成天下"。在中国，最早明确使用"文化"一词的是刘向，他在《说苑·指武》中说："圣人之治天下，先文德而后武力。凡武之兴，为不服也；文化不改，然后加诛。"在这里，文治教化的思想已经很明确地显现出来了。在西方，"文化"一词（英文为Culture）发源于拉丁文，意思是耕作土地，后引申为培养一个人的兴趣、精神和智能，其中也含有教化的功能。人类学之父泰勒在其代表作《原始文化》一书中对文化作了这样的概括："文化，或文明，就其广泛的民族学意义来说，是包括全部的知识、信仰、艺术、道德、法律、风俗以及作为社会成员的人所掌握和接受的任何其他的才能和习惯的复合体。"由于文化的内涵十分丰富，所以东西方的学者们并没有一个清晰、统一的定义。一般来说，文化可以分为广义文化和狭义文化。"广义的文化即人化，它映现的是历史发展过程中人类的物质和精神力量所达到的程度和方式。狭义的文化特指以社会意识形态为主要内容的观念体系，是政治思想、道德、艺术、宗教、哲学等意识形态所构成的领域。"恩格斯说："文化上的每一个进步，都是迈向自由的一步。这表明一切文化活动，都自觉不自觉地指向一定的道德价值。文化在"化人"的过程中，与德育的目标、内容、方法等是一致的，它隐性地执行着德育的功能。因而，文化的发展直接影响和制约着德育的基本活动。具体来说，文化的德育功能主要表现在以下几方面。

---

① 陈战国.中国优秀传统文化与和谐社会[J].北京社会科学.2005(03).

1. 价值导向功能

"文化的价值导向主要是指，文化以其科学的价值判断和先进的价值指向，在人和社会的全面发展中所具有的积极的引导与推动作用。"因文化的价值导向功能反映在德育上就是要通过各种文化要素的合力作用，引导德育对象主动接受一定的价值观和行为准则，使他们向着德育所期望的方向发展。以校园文化为例，其最重要的功能就是引导学生秉持一定的价值取向，这与学校德育期望学生所达到的价值取向是一致的。校园各种各样的文化活动、教师的言行等都在潜移默化地引导着学生的价值取向，对学生的理想信念、道德观念、生活方式等发挥着导向作用。

2. 行为约束功能

"文化的重要意义，就在于通过知识体系、行为方式等规范人的行为，使人有效地适应社会环境和人际关系，成为社会的人。"文化的行为约束功能，主要通过有形的与无形的两种形式来规范、约束人们的行为。有形的约束主要通过各种规章制度和行为准则等来规范人们的行为，无形的约束主要通过精神辐射作用体现出来，是规章制度和行为准则所不能替代的。文化的一个重要特征就在于它对它的创造者以及可能范围内的一切都有意义。所以，当人们的思想和行为一旦与一定文化的价值观念和行为规范相悖时，自身就会产生内疚感，进而抑制和转化不良的思想和行为。

3. 民族凝聚功能

每一个民族都有自己独特的文化，这是一个民族的灵魂，也是团结和凝聚一个民族的源泉。"在同一文化体系内部，由于共同的语言、共同的信仰、共同的历史等诸多因素的影响，在社会成员之间会逐渐积淀出一种集体无意识，即彼此之间休戚相关、荣辱与共的文化体验，从而结成一个命运共同体。依靠这种命运共同体，一个民族可以同仇敌忾抵御外侮，可以万众一心建国创业。在共同文化的长期熏陶下，整个社会成员的思维习惯、情感表达、价值追求等必然会有趋同的一面。这种趋同又会促进共同理想信念的形成，从而增强社会和民族的凝聚力。

（二）德育具有内在的文化属性

德育从根本上来说是文化的产物，与文化有着天然的联系。一方面，文化是德育的母体，德育是文化的重要组成部分；另一方面，文化之所以能"化人"，离不开德育这一内核。因此，在德育中势必会保留着文化的印迹。而且，从德育的内容来看，德育对学生进行的思想教育、政治教育、道德教育和心理健康教育等，无一能离开对文化的继承、借鉴和创新，德育的目标实质上是把一个人塑造成属于特定文化群体和文化环境的"文化人"。可见，德育具有内在的文化属性。只有把德育放到文化的视野中加以思考，才能实现文化先进性和德育实效性的双重建构。德育不仅具有内在的文化属性，而且凭借自身的独特优势承担起了传承和变革文化的使命和职责，对文化发展产生了积极的促进作用。这主要表现在以下几方面。

1. 进行文化传承

文化传承，是对优秀文化的继承和保持，并随着时代变迁予以不断的创新和发展。文化之所以能获得发展，关键在于它的可传递性。文化传承是德育的重要使命。我国古代教育家孔子的德育思想不仅传承了中国上古文化，而且也传承了自己从事德教的理念和方式方法。后人又把中国优秀传统文化精神传承至今。党的十七届六中全会审议并通过的《中共中央关于深化文化体制改革、推动社会主义文化大发展大繁荣若干重大问题的决定》明确指出："中国共产党从成立之日起，就既是中华优秀传统文化的忠实传承者和弘扬者，又是中国先进文化的积极倡导者和发展者。"德育在人类思想文化传承过程中，特别是在伦理道德规范的传承中具有不可替代的重要作用。

2. 引领文化发展

文化需要引领，否则就会走上无序、低效、盲目的运行轨道，而德育就是文化发展航行道路上的领航船。德育在本质上是一种文化价值的引导工作，它吸收文化的精髓作为德育内容，提供适应社会发展需要的观念、态度、知识和技能，并通过一整套价值标准和评价手段进一步保证和强化这种选择和主导的方向性。尤其是德育所传播的文化精神，往往是一定社会的主流文化，它以一定社会的核心价值观引领人和社会的发展，实质上是对文化整体走向的引导。

3. 增强文化认同

"所谓文化认同是人们在一个民族共同体中长期共同生活所形成的对本民族文化的肯定性体认，其核心是对一个民族的基本价值的认同；文化认同是增强民族凝聚力的精神纽带，是民族共同体生命延续的精神基因。"因为认同是任何人接纳一种文化的前提，只有对某种文化有了高度认同，才能热爱此种文化并自觉接受该文化的教化，文化的"化人"功能才可能实现。德育通过文化的传播，可以让受教育者形成以文化为介质的思想、政治、道德、情感上的认同感，进而增强对本民族文化的认同。

4. 提升文化品质

所谓文化品质，主要包括文化的竞争力、创造力和生命力等。文化品质的提升需要诉诸德育在理念、内容、方式等方面的优化来实现。首先，德育可以通过增强文化产品的道德含量来提升文化创造物的竞争力。尤其是对那些具有高尚道德修养的人来说，他们能够将一种"为人""为他人""为人类"着想的善的价值准则融入文化产品中去，进而提高这些产品的社会价值和综合竞争力。其次，德育可以通过意义世界的丰富来提升文化的创造力。再次，德育可以通过增进人的生活方式的合理性来提升文化的生命力。

二、中国优秀传统文化是现代德育的宝贵资源

关于中国传统文化，在学术界有多种界定。一般来讲，中国传统义化主要指五四运动以前的中国文化。中国优秀传统文化中蕴含着丰富的人生哲理和思想道德修养内容，其中的许多思想道德观念和道德规范与现代德育理念具有高度的契合性，是现代德育的宝贵资源。

（一）中国优秀传统文化中的德育理念

1. 德教为先的理念

主要表现为以德为首和以德为帅等思想。比如，孔子要求学生做到"入则孝，出则悌，谨而信，泛爱众，而亲仁，行有余力，则以学文"（《论语·学而》），主张先行德育，后行智育。司马光强调，"才者，德之资也；德者，才之帅也"，"是故才德全尽谓之圣人，才德兼亡谓之愚人，德胜才谓之君子，才胜德谓之小人"（《资治通鉴》卷一），从德与才的关系方面强调了德育的重要性。

2. 以人为本的理念

主要体现在人贵于物的思想、民本思想等方面。比如，《尚书》中提出"人是万物之灵"的思想；管仲说过："夫霸王之所始也，以人为本，本理则国固，本乱则国危。"（《管子·霸言》）这是中国古代文献中最早明确提出"以人为本"的概念，说明管仲体会到了民心对国家存亡的重要作用，认识到了民众的伟大力量。这些思想对于现代德育尊重和发挥学生的主体性，贴近学生思想特点和需要，提高教育效果，具有重要启示。

3. 和谐发展的理念

重视人与社会的和谐、人与人之间的和谐、人与自然的和谐以及人的自身素质的和谐与全面发展。比如，孔子的"和而不同"思想、"仁爱"思想和他倡导的"六艺"之学等，对多元文化背景下的德育工作和促进人的全面发展的德育目标具有一定的当代价值感。中国传统文化中的"天人相应"思想，对于认识和发挥德育的生态价值具有积极的作用。

4. 知行合一的理念

知与行是中国古代哲学特有的一对范畴，在不同的历史时期有着不同的表现形式。在孔子看来，君子应当是言行一致、以行为本的，而不能夸大言辞，超出所行，要"听其言而观其行"（《论语·公冶长》）；王阳明的"知行合一"说则不是一般地讲认识和行为之间的关系，而是更多地侧重道德认识与道德实践的关系，对于提高整个社会的道德水平有着重要的指导意义。

（二）中国优秀传统文化中的德育内容

在思想教育方面，主要有：第一，乐观主义的人生态度。孔子就是一个乐观主

义者，他的人生态度是非常乐观的。他的物质生活非常贫穷，但活得非常快乐，他说："饭疏食，饮水，曲肱而枕之，乐亦在其中矣。不义而富且贵，于我如浮云。"（《论语·述而》）乐观主义的人生态度可以使人拥有积极向上的心态，一个人只有积极向上、乐观开朗，才能勇敢地面对和战胜生活中的挫折和困难。第二，自强不息的进取精神。自强不息的进取精神是中华民族千百年来形成的民族精神，深蕴于中国传统文化之中，是中国人的积极人生态度最集中的理论概括和价值提炼，中国古代的很多仁人志士都遵循这一精神奋斗了一生。第三，立志励志的理想信仰。比如，孔子非常重视"立志"，他说："吾十有五而志于学，三十而立，四十而不惑，五十而知天命，六十而耳顺，七十而从心所欲，不逾矩。"（《论语·为政》）在这里，孔子把立志看成是个人成长成才的基础。孟子非常重视经受锻炼和考验的重要作用，他说："天将降大任于斯人也，必先苦其心志，劳其筋骨，饿其体肤，空乏其身，行拂乱其所为，所以动心忍性，曾益其所不能。"（《孟子·告子下》）强调人要经受长期的艰苦磨炼，才能担当"大任"。

在政治教育内容方面，主要有：第一，"天下兴亡匹夫有责"的爱国主义精神。从范仲淹的"先天下之忧而忧，后天下之乐而乐"、文天祥的"人生自古谁无死，留取丹心照汗青"、陆游的"位卑未敢忘忧国"、顾炎武的"天下兴亡匹夫有责"，再到周恩来的"为中华之崛起而读书"等，都是爱国主义精神的集中体现。第二，"家国一体"的整体主义精神。中国古人把"修身、齐家、治国、平天下"融为一体，重视整体利益和天下为公是我们中华民族在长期发展过程中形成的优秀思想，从孔子到孙中山从未间断。第三，"为政以德"的以德治国思想。孔子把道德建设与政权建设联系起来，认为道德建设可以带来政治上的清明，由此实现天下大治。他说："为政以德，譬如北辰，居其所而众星共之。"（《论语·为政》）而"道之以政，齐之以刑，民免而无耻道之以德，齐之以礼，有耻且格。"（《论语·为政》）因而，他强调道德教化是治国的基本准则。

在道德教育内容方面，主要是以"仁"为核心的道德规范：第一，义利观。在中国传统的义利观中，主流思想和基本价值取向是儒家倡导的"重义轻利"。"君子喻于义，小人喻于利"（《论语·里仁》）的思想深入人们的骨髓，并世代相传。第二荣辱观。荣辱观是中国传统文化的一个重要内容，古人历来非常重视荣辱观的培养。孟子认为，"无羞恶之心，非人也"（《孟子·公孙丑上》），"人不可以无耻，无耻之耻，无耻矣"（《孟子·尽心上》），把知耻作为人性的标志。优秀传统文化中的荣辱观是我们今天进行社会主义荣辱观教育的重要借鉴。第三，诚信观。诚信是中华民族的传统美德，是传统文化中最根本的道德要求。孔子强调诚信的重要性，认为人若不讲信用，在社会上就无立足之地，什么事情也做不成。他说："人而无信，不知其可也"（《论语·为政》），"自古皆有死，民无信不立"（《论语·颜渊》），"言

必信，行必果"(《论语·子路》)。孟子提出"思诚"，认为"诚者，天之道也。思诚者，人之道也"(《孟子·离娄上》)。古人把诚信视为立人之本、治国安邦之根本。第四，孝德观。孝德是中华民族传统美德之一，孝德观是调整家庭成员关系的重要道德范畴。"孝"指的是儿女对父母或晚辈对长辈尽自己应尽的道德义务，包括对父母的尊敬、赡养、照料等。忠孝一致的爱国思想也是孝德观的一个重要内容。正如《礼记·祭统》云："忠臣以事其君，孝子以事其亲，其本一也。"然而，当忠孝不能两全的时候，应该把对父母的孝心转化为对国家的忠心，把对家的责任转化为对国的责任。

(三) 中国优秀传统文化中的德育方法

社会教化方法。主要有：第一，教育灌输、化民成俗的方法。我国历史上的各个时期都注重运用教育灌输、化民成俗的方法来维持社会的稳定和发展。《礼记·学记》中说："君子如欲化民成俗，其必由学乎！玉不琢，不成器，人不学，不知道。是故古之王者，建国君民，教学为先。"教育灌输主要通过编写经书，对人们进行教育灌输，要求人们奉读铭记。化民成俗的方法有发布箴规、诰诫、圣谕，表彰典范，制定乡约民规，等等。第二，身教示范、以身作则的方法。身教示范、以身作则是我国传统道德教育中非常重要的方法。这一方法强调教育者在对受教育者进行教育的过程中，应通过自身的行动示范来影响、教导受教育者，从而给受教育者启迪作用，达到提升思想道德素养的目的。孔子说："其身正，不令而行，其身不正，虽令不从。"(《论语·子路》) 在孔子看来，只有当权者自己身教示范、以身作则带头搞好道德修养，才能使百姓的思想和言行符合社会道德规范，才能安民治国。第三，注重个性、因材施教的方法。比如，孔子根据不同受教育者的道德水平来进行教育，他说："中人以上，可以语上也；中人以下，不可以语上也。"(《论语·雍也》) 孔子弟子三千，贤人七十二，这些人的资质、个性各不相同，他根据不同的学生症下药、因材施教，使他们各有成就。第四，环境熏染、潜移默化的方法。孔子说："性相近也，习相远也。"(《论语·阳货》) 认为人的性情本来是相近的，但后天的环境对人性的发展和道德品质的形成有巨大影响。墨子以染丝为例来比喻道德受环境的同化影响，他说："染于苍则苍，染于黄则黄，所入者变，其色亦变。"(《墨子·所染》) 广为流传的"孟母三迁"的故事，则体现了选择优越的环境熏陶教育的重要性。另外，还有启发诱导、循序渐进的方法，艺术陶冶、寓教于乐的方法，等等。

自我修养的方法。第一，学思并重的方法。学习和思考在学习过程中是相互联系、相互作用的统一体，学习是思考的前提和基础，思考是学习的继续和发展，只有把学思结合起来才能达到良好的学习效果。孔子说："学而不思则罔，思而不学则殆。"(《论语·为政》) 第二，克己内省的方法。"克己内省"是中国传统道德教育中一个基本的修身方法，其实质就是在道德修养方面要靠自我纠正、自我调节、自我审查，不断发现自己的不足和缺点，实现自我超越，提升自己的道德修养。孔子说："见贤思齐焉，见不贤而内自省也。"(《论语·里仁》)他的学生曾参还提出了"吾日三省吾身"(《论语·学而》)的主张。孟子进一步提出了"反求诸己"的主张，"爱人不亲，反其仁治人不治，反其智；礼人不答，反其敬。行有不得者皆反求诸己，其身正而天下归之。"(《孟子·离娄上》)第三，慎独自律的方法。在我国传统的道德教育中，历来都特别强调"慎独自律"。《礼记·中庸》就提出道德修养应"莫见乎隐，莫显乎微，故君子慎其独也"，强调要在"隐"和"微"处下功夫，意思是不要在暗地里做不道德的事，也不要在细小事情上违背道德。这是一种境界更高、自觉性更强的自我修养方法。第四，践履笃行的方法。我国优秀传统文化中十分重视理论与实践相结合，认为思想品德是成于内而形于外的，只有长期"笃行"，才能达到高尚而完美。

正如荀子所说："道虽迩，不行不至；事虽小，不为不成。"(《荀子·修身》)又说："不闻不若闻之，闻之不若见之，见之不若知之，知之不若行之，学至于行之而止矣。"(《荀子·儒效》)

另外，中国优秀传统文化中注重理想道德人格的德育目标，以及编写德育书籍、开设德育课程、重视习惯养成、利用节日纪念活动开展德育的途径和方式等，也是现代德育值得借鉴的重要资源。

三、德育是弘扬中国优秀传统文化的有效途径

由于德育与文化具有内在的联系，因而德育在弘扬中国优秀传统文化中具有不可替代的作用和优势，是继承和弘扬优秀传统文化的有效途径。

(一) 德育对象的广泛性可以拓宽优秀传统文化的传承范围

德育作为人类社会的一项重要实践活动，有其特定的认识和实践对象。从狭义上说，德育对象指在教育活动中教育者施加影响的对象，也就是受教育者。不过，从广义上来说，它还包括教育者自己，因为教育者须先受教育，而且，在教育别人的同时，还要接受别人的教育以及进行自我教育。可见，德育对象是非常广泛的，它实际上包括了各个领域、各种类型、各个层次的社会成员。如果在德育过程中吸收和运用优秀传统文化，让人们看到优秀传统文化对于当代人发展的价值，那么势必会有更多的人愿意投入优秀传统文化的学习和弘扬中，进而拓宽优秀传统文化在我国的传承范围。

(二) 德育内容的丰富性可以融合更多的优秀传统文化内容

德育内容非常丰富。从德育内涵看，德育包括思想、政治和道德品质等方面的教育；从品质结构看，德育是培育人内在的知、情、信、忌、了诸方面品质的教育；从社会关系看，德育内容隐含在人际关系之中，其范围涉及人类生活和交往的

各个方面；从内容来源看，德育信息源多种多样；从时代要求看，德育内容正在拓宽，出现了许多富有时代特色的德育内容，如创新意识培养、生态意识培养、终身学习观培养、合作精神培养等。由此可见，德育内容实际上涉及每个人生活的方方面面，而优秀传统文化是历代人在物质生活和精神文化生活的发展中积淀起来的财富，同样涵盖了生活的方方面面，所以优秀传统文化能够在很大程度上与德育内容相互融合。在现代德育中弘扬优秀传统文化，可以古为今用，把它作为一种教育资源延续它的价值。

（三）德育方法的多样性可以增强弘扬优秀传统文化的有效性

德育方法既是教育者与受教育者相互作用的中介，又是使德育内容产生教育影响的手段。方法得当，可以使德育内容较好地被人们所接受，取得理想的教育效果；方法不得当，就可能收效甚微，甚至适得其反。因此，方法问题既是科学，又是艺术。德育在长期的实践过程中，已经形成了许多行之有效、比较成熟的方法，主要有说理引导法、实践锻炼法、熏陶感染法、比较鉴别法、自我教育法、心理咨询法等。每种方法各有特色和优势，既可单独使用，也可以根据情况配合使用，而且要结合德育对象的具体情况灵活选择和运用。德育方法的多样性从另一个角度反映出了德育方法的科学性和艺术性要求，因而，利用德育途径来弘扬优秀传统文化，不仅有利于科学对待和充分利用优秀传统文化，而且会大大增强弘扬优秀传统文化的有效性。

（四）德育过程的循序性可以加深人们对优秀传统文化的认同

德育过程"是教育者根据一定社会的德育要求和受教育者身心发展的需要，遵循受教育者思想品德形成规律，有目的有计划地对受教育者进行系统影响，在受教育者的积极参与下，激发受教育者的思维矛盾运动，使其逐步形成一定社会的思想品德的过程"；从发展过程来看，德育的过程主要包括三个阶段：第一个阶段是"内化"阶段，第二个阶段是"外化"阶段；第三个阶段是反馈调节和重新教育的阶段，是一种更高程度上的内化过程，也是新的德育的开始。这三个阶段是循序渐进、辩证发展的过程。而人们对文化的认同也是一个由内化到外化，再到内化的循序渐进、辩证发展、不断提升的发展过程。因此，德育过程的循序性能够帮助人们在吸收优秀传统文化精神后，既内化为自身的一种文化底蕴，又可以利用这种文化精神来指导自己的言行，反思自己的言行，从而进一步巩固和加深对优秀传统文化的认同。

第三节　中国古代文学中的德育渗透

中国古代文学是高校德育教育之本原回归的最美平台。通过对古代文学作品的讲解与渗透，同时结合高校师生的实际情况进行实践，使高校的德育教育更具建设性和实效性。

教育的根本目标是培养具有高素质的社会人才，因此，在高校的课程设置中也包括思想教育专业，有很多教师从事着专职从事德育教育工作。尽管如此，高校的德育教育仍然存在盲点，如何增强高校的德育教育实效？关键在于对德育本原的探究与回归，并结合高校师生实际情况进行实践，最终实现德育教育的实效性和建设性。

一、剖析高校德育教育之本源

(一) 德育教育具体表现

首先是重视思想政治教育，而忽视道德教育。在历史发展中，我国传统的德育教育范围中，那些曾经闪光的思想教育、政治教育、道德教育时刻在发挥着育人的作用。古代的德育因其特殊的社会形态原因并没有完全脱离道德，现代的政治体系齐全，所以究其德育本原，也是德育最重要的内容，即道德教育。思想政治和法律无法取代德育功能。德育的终极目标是培养人们养成高尚的道德品质，使其成为一个具有健全人格和教养的人。而我国目前对于德育概念的界定并不十分清晰，许多高校将德育教育的重心都放在了思想政治教育方面，重视的是思想政治的引导，而真正的德育目标并没有真正形成。由于现实主义的影响，教育中重现实的心理导致了对求真的德育的忽视。德育中的求真应该是最初的追求境界，培养人的善德才是德育的最高境界。而目前的社会现状却忽略了这一道德底线。为了适应现实社会，求真的态度逐渐失去，青年人失去了应有的热情纯真，而变得世故老练，高校看重就业率，所以也抛弃了德育，而一味地追求生存。因此，在教学中的德育教育使其实现本原回归是最重要的。我们要认清高校德育之本原就在于正是道德养成和优化，在高校中进行德育教育，只有抓住德育的关键所在，才会有更明确的目标和方向。

(二) 探究德育本原形成

在我国历史上，关于道德教育似乎与政治有着极大关系，往往会将道德的功能与政治的教化混同起来。我国的德育教育也不例外。为此，有的教师和德育工作者会将德育工作看作是政治教化。德育中以儒家思想作为中国传统伦理为道德本原。我国的高校德育教育忽视了个人的发展，而更强调社会需求。

德育是一个长期的教育过程。高校更重视规范教育，而忽视了德育教育。教育的目的是培养学生的生存技能，同时提高学生的思想道德修养，使他们成为一个具有综合素质的人才。但是随着高校的产业化，他们对于大学生的技能培养过于重视，教育他们要遵守各种社会规范和制度，使他们把适应社会需要放在首位。也有一些教育部门担心，如果加强德育教育，是否会影响学校正常的学科教学。德育教育不是一个独立的个体，应该渗透到学科教学中去，教师在教学过程中，通过知识的讲解来达到德育渗透的目的，不仅能够有效地提高学生的学习积极性，也能够取得一定的教学成果，这也是德育教育最好的方式。

二、我国古代文学中的德育渗透

（一）和专门德育机构相比

目前高校的德育教育部门主要有宣传部、校团委、学生处，等等。主要是对于思想政治的教育。教育的目标是学生。而学科的德育渗透是潜移默化的，具有一定的连贯性，但是却常常被忽略，这也违反了德育教育的规律。学校更多的是集中在知识的传授上，德育教育只是依靠教师本身的道德水准来进行，如果教师的价值观存在偏差，也会对学生造成一定的影响。这也导致了学科的德育渗透没有归属性，学生缺少应有的人文学科的学习，就不会成为一个有价值和理想的人，可见学科德育渗透的重要性。

（二）与其他人文学科相比

高校的人文学科主要有文学、历史、语言学等，而其中的文学更多体现出了语言的审美特性。文学是一种具有美感的艺术科学，不仅具有一定的感性思维，而且更能深刻反映人的内心世界，彰显出艺术美感。古代文学的发展经过了几千年的历史积淀，内容更加丰富，思想内涵也更加深刻。但是大多数国人更喜欢引进外国文学的教育模式，对于中国传统的历史文化有所忽视。但是对于学生的德育教育的精髓正是从中国几千年的文学精品中传承下来的，是不容忽视的。

（三）古代文学中的德育蕴含

德育教育是一种潜移默化的教育，在中国古代文学作品中，人物形象的美感能够净化人的心灵，对读者产生深刻的影响，使他们能够从中感受到美好的情感，对于未来充满了憧憬与期望，这是文学作品的感染力和影响力发挥的功效，也是德育教育最好的方式。

其次，古代文学作品里集中最深刻的生命体验。德育教育是一种情感教育，而中华民族的道德情感都在文学作品中得到了集中体现。经典的文学作品中展现了真善美的形象，他们的生命体验能够引发人们的思考。

三、中国古代文学教学中德育渗透的策略

（一）用激励的方式开展德育

首先，高校应从鼓励大学生出发，让他们从应试教育的不良影响中走出来，用

古典文学的思想精髓来促进学生的学习积极性,中国古代文学教学中有许多要求学生背诵的内容,可见,这样的教学模式是一种被动的学习,应当适当地缓解这种不良影响。对于大学生来说,针对他们读书和思考少,而且感知力差的问题,教师也可以选择一些有深度、有趣味的古代文学书籍推荐给学生,使他们在读书过程中,不断地体会其中的思想内涵与美好情感,从而使自己的内心得到升华。教师还要通过心得交流等方式,培养大学生的思考能力,能够提高他们主动学习的积极性。

其次,要与大学生平等地交流沟通。大学生是年轻的一代,也是备受关注的社会群体,有时候,社会喜欢把他们的缺点放大,而忽略了其优点。其实,大学生身上的优秀更胜于缺点。他们思维活跃,有主见,但是心理也较脆弱,抗挫能力差。所以,教师要根据学生自身的特点,尊重和理解大学生,与他们平等地交流沟通,帮助他们解决生活中遇到的问题,不要一味地说教,有效地激发起他们的自信心,用积极乐观的人生态度来引导他们。

(二)通过文学作品进行德育渗透

首先,培养学生的思想品质与审美情趣。古代文学中的德育渗透要注重思想品质与审美情趣的结合。通过优秀的人物形象去感染人、教育人。教学中,我们可以通过古诗词的阅读,让学生感受古典诗词的韵律之美。同时可以通过作品的讨论加强学生的理解与记忆,促进学生的自主学习,提高他们的审美情趣。

其次,通过文学作品来展现最本真的生存状态。随着社会竞争日趋加剧,人们的压力也越来越大。这也说明了人们生活的时代需要诗心,以回归生活的本真。文学正是在世界的纷扰中,保持内心的一种美好感受,读这些作品,内心会有所感触,不仅能够体会到作者强烈的思想内涵与情感体验,而且对提高自我的文学修养与人格魅力都极为有利。

再次,从古代文学作品中挖掘其现代价值的认同感。在古代文学教学中,教师要有意识地引导学生挖掘作品中的现代价值,培养学生独立思想的能力,从中获得认同感。比如在讲到古诗词中的爱情题材时,可以针对古人对于爱情的态度,让学生表达自己对于爱情看法,各抒己见,教师可以有选择地进行分析与讲解,培养学生健康正确的爱情观,使他们可以更加客观地面对情感问题。

(三)提高教师的教学能力和文学修养

对于大学生来说,最重要的除了获取知识,还要学会如何做人,这也是教育的终极目标。教师要加强自身的教学能力,而不仅仅为了迎合学生而刻意为之。教师可以从文学的角度入手,提高学生的感知能力与写作能力,同时也要加强自身的学术研究,提高自我的文学修养与写作能力,带动学生提升学习兴趣。

教育的根本目标是培养具有高素质的社会人才,我们要结合高校师生实际增加德育教育的比重,最终实现德育教育的实效性和建设性,使高校德育更加健康地发展，使当代大学生成为具有综合素养的社会需要的人才。

第四节　中国现当代文学教学与德育渗透

立德树人是我国高等教育的根本任务。中国现当代文学因其思想的先进性及与社会变革的密切关系，具有丰富的德育资源。教师在中国现当代文学教学过程中，应将其学科优势与立德树人有效结合起来，明确德育渗透目标，积极探索德育渗透路径，使学生在课程学习过程中，既提升审美水平和鉴赏能力，又能陶冶情操、塑造人格。

党的十八大报告指出，要"把立德树人作为教育的根本任务，培养德智体美全面发展的社会主义建设者和接班人"。所谓立德，就是要培养大学生良好的政治素质、思想品德和道德修养；立德树人，要求教师不仅要"传道授业、解惑"，更要注重修德铸魂，对学生给予思想品德的教诲。"文艺精品承载着人们的情感和梦想，体现着一个民族的思想深度、文化厚度和精神高度。"中国现当代文学课程收录了五四新文化运动以来优秀的文艺作品，其课堂教学在梳理文学历史、品鉴文艺精品、提升学生审美能力的同时，还应启发学生发现自然美、生活美和心灵美，通过课堂教学传递向上向善的价值观，积极引导学生成长成才。

一、坚持育人根本，赋予中国现当代文学作为德育资源的重要地位

中华民族博大精深之处存在于社会各个领域之内，在传承千年的中华文学中更是博大精深，也更因为如此，中国当代文学教学工作需紧贴党领导下的社会主义发展的轨道。中国当代文学教学工作需紧贴党领导下社会主义发展的轨道，这是因为当代文学的创作是与现实生活分不开的，德育教育作为教学工作中与社会主义接轨的主要内容之一，其对于当代文学教学的发展起着至关重要的作用。

文艺是时代前进的号角，最能代表一个时代的风貌，最能引领一个时代的风气。中国现当代文学作为高校中文系相关专业的专业基础课程，因为具有强烈的当代性、怡人性情的审美性和丰富的德育资源，完全可以作为高校德育重要而有益的补充。

首先，中国现当代文学的性质决定了其思想的先进性。中国现代文学是新民主主义性质的文学，是反帝反封建的文学，是追求民族独立和人的解放的文学。中国当代文学的社会主义性质决定其人民主体性，弘扬爱国主义、集体主义及英雄主义等主旋律是其主基调。从本质上讲，社会主义文艺就是人民的文艺。

其次，中国现当代文学与社会变革的密切关系铸就了其品格的时代性。中国现代文学随狂飙突进的五四新文化运动而起，于是革命文学、启蒙文学成为主潮，其

弘扬革命精神、追求民族独立以及对国民性的审视等对当代大学生的人格建构具有非常重要的意义。当代火热的社会生活是中国当代文学创作的源泉。中国当代文学与其他课程相比，最大的特点在于它的当代性，贴近实际，贴近生活，贴近群众，容易引起青年大学生的心理共鸣。大学生对现当代文学这种喜爱、容易接受的审美情感体验有利于现当代文学德育功能的实现，能够使大学生正确、理性地把握当代中国国情、并获得承担时代赋予自身责任的勇气。

最后，中国现当代文学的高度开放性、包容性使其具有优秀民族文化的传承性。中华优秀传统文化蕴含着丰富的思想资源和强大的精神力量，儒家文化强调积极进取，具有"修身、齐家、治国、平天下"的为民情怀，"达则兼济天下"的政治抱负，以及"富贵不能淫，贫贱不能移，威武不能屈"的崇高人格；道家文化彰显道法然，崇尚自由及"独与天地精神相往来"的气度。学者宋剑华认为，从五四新文学开始，"言志"诗学不仅没被踢出中国现代文学的审美范畴，相反，却借助西方话语得到合理的传承。具有强烈的"言"救亡图存的启蒙之"志""抒"忧国忧民的个人之"情"的情怀。优秀传统文化赋予中国现当代文学以鲜明、独特的民族品格，这是西方文学所没有的精神特质。这些宝贵的精神财富可以引导大学生树立和坚持正确的历史观、民族观、国家观和文化观，增强做中国人的骨气和底气。

二、改革教学内容，明确中国现当代文学教学的德育渗透目标

中国现当代文学具有丰富的德育资源，但文学作品中的德育资源好比一颗颗散落的珍珠，没有形成系统，需要教师在教学过程中从文学作品的先进主题、文学形象的崇高品德、创作主体的思想境界等各方面进行充分挖掘、归纳和梳理。教师应在完成中国现当代文学自身教学任务的前提下，有机结合当前大学生德育的实际需要，明确中国现当代文学课程的德育渗透目标，将其纳入教学总目标。具体来说，主要可从以下三方面入手：

首先，筑牢理想信念。理想信念是指导我们行动的明灯。要积极引导大学生进一步坚定道路自信、理论自信、制度自信和文化自信，对中国特色社会主义在理性上认知、在感情上认同、在信念上坚定和在实践上践行；在人生规划上志存高远，追求卓越，将个人的梦想融入集体乃至国家的梦想，在奉献社会中彰显价值、成就自我。当然，中国现当代文学不是思想政治教育课，它有属于自身的学科特点、教学规律和教学重点，要充分发挥现当代文学学科优势，找准中国现当代文学教学与大学生德育的结合点。比如，路遥的《平凡的世界》是深受大学生喜爱的文学作品，这是因为作品通篇涌动着澎湃的激情，更在于作品塑造了孙少安、孙少平这两个不屈服命运安排的典型形象，他们天生聪慧，却出身贫寒，为了理想、为了改变一穷二白的双水村，历经种种磨难终获成功，他们是大学生心目中的硬汉和强者，是中

国版的约翰-克里斯多夫。教育者在分析文学作品、人物形象、思想主题时可以巧妙地将社会主义核心价值观融入其中，积极开展德育渗透，使学生在潜移默化中接受教育、获得启迪、净化心灵。

其次，提升道德境界。古人云：德者，才之帅也。大学时期是大学生世界观、人生观、价值观和荣辱观形成的重要阶段，其飞扬的青春需要崇高价值的引领。教师可以借助鲜活的文学形象告诉当代大学生什么是应该肯定和赞扬的、什么是必须否定和反对的。教师可以充分挖掘《红》《保卫延安》《高山下的花环》等所蕴含的爱国主义、集体主义和英雄主义元素，在学生中唱响时代的主旋律；借助《青春之歌》《人到中年》中的林道静、陆文婷类知识分子启迪青年大学生，无论身处炮火纷飞的革命年代，还是百废待兴的改革岁月，只有将个人命运与民族解放和社会发展结合起来，理想坚定、矢志不渝、坚韧前行，终将奏响属于自己也属于时代的"青春之歌"；通过《爱，是不能忘记的》《致橡树》引导大学生探寻爱情的真谛，追求平等的爱情，书写无悔的青春；通过《抉择》《苍天在上》《国画》《沧浪之水》等作品，引导大学生正确认识权力，激浊扬清，树立正确的权力观、价值观，鞭策其注重德行的培养和内在品格的塑造，立志报效祖国、服务人民，成为推动和引领社会向真、向善、向美的力量和榜样。

第三，夯实人文素养。中国现当代文学是现实性极强的人文学科，也是一种培养人格、温暖生命的教育。因为中国现当代文学彰显爱的博大至美。史铁生的散文《我与地坛》是可以与朱自清《背影》相媲美的不可多得的美文，两者都以平实、温情而透彻的姿态分别对母爱和父爱娓娓道来，以平静如水的文字诠释了母爱似水、父爱如山，丝毫不勉强造作，抵达了一种能为平常人所理解，却又难以企及的境界。中国现当代文学探寻生命的价值意义。《白鹿原》展现了白鹿原人在特定文化场中的生命状态和生存状态，深刻揭示了儒家文化的正统人格，突出描绘了文化冲突所激起的人性冲突；《蛙》以悲悯的情怀观照计划生育，关心的始终是生命的本质，是特定年代中计划生育对人的生存、生命、精神和灵魂的影响；《尘埃落定》通过傻子二少爷的所见、所闻、所感和所为，展现了人的全部丰富性、复杂性，特别是小说的结尾，傻子在生死存亡的危急关头，冰释前嫌，原谅了父亲麦其吐司对自己的种种猜忌、敌意和冷酷无情，哪怕面对死亡也，毅然留在父亲身边，其人性中最本真的"善"与"美"熠熠生辉。中国现当代文学窥探人性的至真至纯。艾青以"为什么我的眼里常含泪水，因为我对这土地爱得深沉"的诗句告诉世人，"爱"始终是他诗歌的主题，无论是20世纪30年代的忧郁感伤，中国人民共和国成立之初的单纯明快，还是新时期的炽热灼人，赤子情怀始终如一；北岛以"如果你脚下有一千名挑战者，那就把我算作第一千零一名"的决绝姿态，展现其悲天悯人的情怀及其与现实的格格不入；公刘晚年诗歌锋芒毕露、爱憎分明，忧愤之情时时鼓荡于诗中。

他们以诗歌直率地表现自己的喜怒哀乐,袒露自己的本真性情。中国现当代文学激发人的想象灵感。沈从文《边城》以纯美的文字描绘出田园牧歌式的边地生活,"这个人也许永远不回来了,也许明天回来"的结尾如余音绕梁、耐人回味;汪曾祺的小说突出故事情节以外的"情调""风韵""意境",《受戒》《大淖记事》等呈现出含蓄和谐、韵味悠长的抒情诗意境,虽为小说,却写得如诗、如画。中国现当代文学所蕴含的德育资源如汩汩的泉水,只要做一个有心人,细心探寻、深入挖掘、善心引导,必能滋润学生心田,结出累累硕果。

三、创新教育理念,探索中国当代文学教学的德育渗透路径

根据中国现当代文学教学的基本规律和大学生的审美心理特点和认知规律,通过积极的教学改革,努力探索中国现当代文学课程的德育渗透路径,使实现德育目标具有较强的现实操作性。

首先,立德修身,提高教师的德育能力。一要提高教师自身道德修养。教师的道德修养水平会直接影响其对中国现当代文学作品所蕴含的德育资源的理解、阐释与运用,直接影响着中国现当代文学教学德育渗透的水平与效果,教师作为传道授业的主体,其一言一行都直接或间接地影响学生,教师更应该加强道德修养,让德性的力量自然而然地洋溢在生命中,使大学生在潜移默化中受到感化和启迪。二要提高教师的人文素养。现当代文学的德育功能不是说教式德育,它体现的是渗透型的、润物无声的方式,教师只有自身具有丰厚的人文素养,才能在授业过程中使大学生在课程学习时,既掌握中国现当代文学史必要的知识,又获得审美体验和艺术熏陶,并在此过程中提升素质、净化心灵、塑造人格。三要提高教师的课堂艺术。要结合"立德树人"的总要求,认真研究现当代文学作品的精神内涵,充分挖掘作品的德育资源,把现当代文学教学与立德树人有机地结合起来,使课程教学具有引人入胜的魔力,让学生不知不觉的,在潜移默化中接受书中的教育和德育的渗透。

其次,教书育人,创新课程教学理念。一要强化课程育人功能。著名文艺理论家钱谷融说,"文学是人学"。文学的任务主要在于启迪人、影响人、教育人和塑造人。当前,在中国现当代文学教学过程中,教师更多地重视对文学史的梳理,注重对作家作品的分析,而对德育渗透重视不够,对德育资源挖掘不足,德育目标模糊,不能充分发挥中国现当代文学的德育功能。二要把准学生审美心理,要认真调查和研究当下大学生的德育现状及审美心理,通过个别访谈、专题座谈会等形式在学生中开展有关阅读习惯及审美趣味的研究,注重突出中国现当代文学学科的当代性、思想性和现实性,提高德育渗透的针对性、科学性和实效性。三要创新课程教学方法。要打破既有教材的规范,大胆改进教学内容,创新教学理念和方法,注重对大学生开展参与性和启发性的教学;充分运用多媒体教学,改变传统的课堂教学

中单一、乏味的形式，在声情并茂、富于感染力的画面中，调动学生的学习兴趣，扩大课堂容量，提高德育渗透的质量。

第三，润物无声，突出学生的主体地位。一要坚持以学生为本。在中国现当代文学教学活动中，教师和学生都是主体。教师在教学时要坚持以人为本，以学生为本，要充分尊重学生的主体地位，发挥学生的主观能动性。二要突出阅读的重要地位。课程教学"要用主要精力引导学生阅读作品，感悟作品，也就是加强文学阅读能力的培养"。学生的审美体验应该建立在阅读的基础之上，如果学生只听课，而不去阅读，教学和德育渗透只能是无源之水、无本之木，启迪人生智慧和传递道德正能量则更无从谈起，要鼓励学生进行科研。不定期安排学生撰写读书报告和小论文，举行文艺小沙龙，激发其参与意识和学习兴趣，使其在中国现当代文学的学习中得到感悟和激励。

总之，高等教育要始终围绕育人根本，贯彻"德育为先"理念，仅仅依靠思想政治课堂远远不能满足需要。中国现当代文学教学改革与德育渗透不仅是一个文学史问题，而且具有重要而紧迫的实践意义和现实意义。高校教师在中国现当代文学的教学实践中，要充分利用其丰富的人文学科资源，体现"人学"性质，彰显人文情怀，张扬人文精神，引导大学生去拥抱诗意的世界，努力建构一个审美的世界，让其身心更加健康，精神趋于卓越，灵魂走向高贵。

第五节　中国传统文化精神应在高校德育工作中弘扬

我们在进行具有中国特色的高校德育工作过程中，不可避免地要面对传统文化问题。中华民族有着几千年的文明史，是世界上最著名的文明古国之一，有着悠久的传统文化。我们应该实事求是地分析中国传统文化，继承优秀的遗产，使之为我们的高校德育工作服务。中国传统文化应成为高校德育的执着目标。

一、自强不息、刚健有为的文化精神

这种精神深深地浸染在中华炎黄子民的灵魂深处，是中国传统文化最基本的精神。《周易·乾·象传》说"天行健，君子以自强不息"，意思是：道德高尚的人应像天体那样，努力向上，决不停止；"天地之大德曰生"，它表现了天地刚健有为的精神。自强不息和刚健有为是分不开的。《论语·子路》上说，"刚毅木讷近：仁"，孔子"发愤忘食，乐以忘忧，不知老之将至"、孟子的"苦其心志，劳其筋骨，饿其体肤，空泛其身，行拂乱其所为"就体现了这种精神。司马迁也正是以这种精神不断激励自己，才有了不朽的历史篇章《史记》。

"自强不息""刚健有为"的精神，一直是鼓励中华儿女敬业进取、百折不挠、

不断向前的奋进精神,并且影响了一代一代中国人。也正是这种精神增强了中华民族的凝聚力和向心力,培育了中华民族的自立精神和在民族压迫面前的不屈精神。近代以来,中国人民为了救亡图存和民族自强而进行了艰苦卓绝的斗争。戊戌变法、辛亥革命都无一例外地深受"自强不息""刚健有为"精神的影响,把它作为精神动力,并且赋予新的时代内容。

二、厚德载物、兼容并包的精神

《周易·乾·象传》说:"地势坤,君子以厚德载物",认为有道德的人应如大地一样,胸怀宽广,能包容各方面的人、能容纳各种不同的意见。"厚德载物"与"和同之辨"有一定的联系。孔子说"君子和而不同",老子讲"报怨以德""心底无私天地宽"。当然,这不是说可以无原则地"和稀泥",关键是人与人之间要相互理解,如孔子所说的"己欲立而立人,己欲达而达人"。厚德载物可以看作和谐人际关系、谐调事物发展的一个重要的道德原则,也是大学生必备的素质和胸襟。

中华民族是具有兼容并包性的民族,历史上,先秦诸子的学说在战国末年即开始相互融合,而不是一味地相互排斥,荀子的学说即融合了儒、道、法的思想而成,汉代的儒学融通了法家、阴阳家等各家思想而成;汉代以后,佛教传入,中华民族以博大的胸怀容纳了它。《周易》把"自强不息"与"厚德载物"并举,说明我们一方面要求自己奋发有为,图强不止;另一方面,又要对朋友、对外物有宽容的精神。这应视为中国文化的基本精神,它经过转化,可以成为21世纪大学生适应新时代的重要个人素质。

三、重视道德、注重修身的文化精神

重视道德是中国传统文化的精神。孔子设六艺课程以教弟子,道德仁是其目的。中国重视德的传统沿延下来,直到近代,也是把道德看作富国强民的本中之本的"大纲"。从重德的特色来分析,第一个特色所表明的重大德并以国家社稷利益为大德,这主要体现在中国传统伦理道德规范体系中,这个体系以致知、修德、为政而建构起来,它即是道德教化与修养的历程。极有典型性的证明就是《大学》所列"八目":格物、致知、诚意、正心、修身、齐家、治国、平天下。第二个特色是淡漠功利,以道德与物欲相对立,孔子的《论语》中俯拾皆是,如"饭疏食,饮水,曲肱而枕之,乐亦在其中矣。不义而富且贵,于我如浮云"。

传统文化关于修身有其系统的理论,提出了一系列有关修身的内容、原则和方法。古人把修身提高到国家兴亡的高度,作为齐家、治国、平天下的基础,如《中庸》说"欲治其国者,先齐其家;欲齐其家者,先修其身;欲修其身者,先正其心"就是这个意思。修身应该与时代风貌的需要联系起来。在这方面应该挖掘传统的修身理论，将其加以现代的转化。

中国古代关于修身的理论是非常丰富的。孔子所提倡的"克己内省"就是一个重要的内容和方法，其核心是强调反求诸己。孔子说"君子求诸己，小人求诸人""见贤思齐，见不贤而自省焉。""躬自厚而薄责于人，则远怨矣。"它强调了一种严于律己、宽以待人的自律原则，也高扬了人的主体性。"为仁由己，而由人乎哉？"修身的关键是要战胜自我。老子说"知人者知，自知者明；胜人者有力，自胜者强"就揭示了这个道理。当然，中国古代的修身理论易造成国民性的某些弱点，如内向封闭、安于贫困、息事宁人等惰性以及谨小慎微、因循守旧、克己压抑、逆来顺受等性格，这又是与当今的时代不相容的。

四、贵和持中、注重和谐的文化精神

贵和持中、注重和谐是中国文化的基本精神之一，同时也是东方文明的精髓。这与我们倡导的集体主义原则是相通的。和谐是《周易》所奠基的文化精神。孔子主"中庸"，其基本含义是主张无过无不及，反对走极端，即处事合乎中道，把握适度原则，防止事物向反面转化。《中庸》说"喜怒哀乐之未发，谓之中；发而皆中节，谓之和。"当然，如果把和谐讲得过分，也会走极端，变成无原则的调和，就有可能倒向折中主义。

"贵和持中"原则体现在人际关系中，就是群体价值的观念。《中庸》一书把它说成是"天下之大本""天下之达道"。群体和谐是儒家倡导的价值观，后来也成为中国文化的主流价值观。孔子的仁学价值观和重义轻利的义利观就体现了一种群体价值观，如说"志士仁人，无求生以害仁，有杀身以成仁""吾日三省吾身，为人谋而不忠乎？"孟子所说"老吾老以及人之老，幼吾幼以及人之幼""乐以天下，忧以天下"等均是一种以道德为本位的群体价值观。这些道德规范目的都是要维系人际关系的和谐，而个体也正是在这种人伦关系中才实现了自己的价值。这种价值观对于培养健康的民族品格，形成积极向上的民族精神和良好的社会道德风尚都是十分有益的。历史上的志士仁人都是在这一文化精神和文化氛围中形成的。

五、正道直行、崇尚气节的文化精神

受中国传统特别是儒家文化传统的熏陶，中华文化具有正道直行、崇尚气节的精神，从而也使中华民族成为能坚持正义、追求真理的民族。孔子讲"直其正也，方其义也"，又说"士可杀不可辱"，"三军可夺帅也，匹夫不可夺志也"，强调人要确立正确的志向，树立宏伟的目标，把握好人生的方向，坚定不移地向前进取。同时要以坚毅的意志为正义而抗争，甚至必要时献出自己的生命。孟子提倡"富贵不能淫，威武不能屈，贫贱不能移"的人格，又进一步说"士，穷不失义，达不离

道,"这种正道直行的文化精神被历代文人学士所推崇,也为广大劳动群众所效法。近代陶渊明"不为五斗米折腰",唐代李白宣布"安能摧眉折腰事权贵,使我不得开心颜"。理学的奠基者之一张载说"志大则才大,事业大",王阳明说"志不立,天下无可成之事。"儒家一贯主张确立远大志向并能身体力行是一个人必备的素质。

正道直行、崇尚气节的传统文化精神培养了中国优秀知识分子和广大人民的正义感和是非心,形成了中华民族的浩然正气。特别是在国家命运多舛、民族生死存亡的关头,人们总是以大局为重,进行不屈不挠的斗争来挽救国家民族的命运。历史上无数民族英雄的出现便是有力的证明。

当然,无庸讳言,传统的重气节、讲情操的观念,也有其历史的局限。士大夫常讲的"君子小人之辨",有蔑视下层人民的贵族意识,在对外交往中讲气节是对的,但有时也有盲目排外的狭隘民族心理,这些则是应该摒弃的。

六、豁达大度、乐观向上的精神

这涉及我们心理素质的培养。中国人总认为人生的意义和价值存在于现世的、现实的生活中,人生在世,富贵发达固然可喜;仕途坎坷、宦海浮沉未必可悲。积极进取,但又淡泊名利,既不悲观,也不盲目乐观。这种良好的心理素质是以乐观主义为基调的。对真理的追求,对光明的向往使人们对未来满怀希望,至于个人际遇的不顺则可以用"艰难困苦,玉汝于成"来自我调适,以使将抑郁之情导向乐观之心态。乐观的心态是以一种哲学的思考为根基的。《周易》说"否极泰来""无往不复,无平不陂",只有积极地面对生活,促成事物向好的方面转化,才是理智的选择。乐观是建立在正确认识上面的,孔子说"人无远虑,必有近忧",能做到远虑,就有了信心和方向。《周易》又强调"居安思危""见微知著",都是主张人要有远见卓识,这是乐观的基础。"道路是曲折的,前途是光明的"豁达大度、乐观向上的积淀和转化。不过中国人所谓的"知足常乐""安贫乐道"等人生态度也有其消极的方面,它易形成看重并乐于守成的保守心理,在德育工作中要特别加以克服。

七、疾妄求是、黜玄务实的精神

疾妄求是、黜玄务实的精神是中国传统文化的基本精神。孔子主张"知之为知之,不知为不知""毋意、毋必、毋固、毋我",是疾妄求是精神的反映;荀子否认生而知之,强调后天学习对人的知识才能的重要性;王充重实事,疾虚妄。这些都是求是精神的不同表现。道家虽讲"玄之又玄"的"道",但仍具有求是的精神。老子主张"知人者智,自知者明";庄子要"析万物之理",反对独断论,体现了道家的求实精神;黄老道家的"与时迁移,应物变化"更是求是精神的体现。中国传统史学坚持信史直录,不畏权势压迫的传统也是中国文化求是精神的表现。

疾妄求是精神必然表现为黜玄务实的态度。中国人历来黜玄想而务实际,从日常生活和人伦关系以及社会政治生活中表达自己的意愿,实现自身价值,反对不务实的清谈玄想。在民族性格心理中,求是务实的精神也打下了深深的烙印。中国人的性格朴实无华,立身行事,讲究脚踏实地,鄙视华而不实的作风。这些都表现了中国传统文化精神和中华民族素质中优秀的一面。

大学生是21世纪我国社会进步和经济发展所需要的重要人才,在我国高校德育工作中,广泛弘扬中国传统文化精神,大力加强对大学生的道德教育是社会文明发展的需要。在建设中国特色社会主义的过程中,要使我们跨世纪的宏伟蓝图全面实现,精神文明不断升华发展,社会全面进步,就需要树立崇高的理想和世界观、人生观、价值观,需要弘扬中华民族的优秀传统文化,培植扶正祛邪、扬善惩恶的社会风气。

第六节 现代德育发展的几大趋势

社会主义现代化进程的飞速发展推动着我国德育的发展。从社会发展趋势和我国德育发展应有的基本走向分析,现时代,我国德育的发展趋势主要体现在三个方面:一是从德育的价值取向来看,摒弃传统德育的社会本位观,达成了社会本位与个人本位的现实融合;二是从德育的基础来看,克服传统德育的泛理想化倾向,实现了德育向现实生活的回归;三是从德育的发展来看,充分认识传统人文教育的现代价值,加强人文教育是德育新的发展点。

社会主义现代化进程的飞速发展深刻地影响着我国的政治、经济与文化的发展,尤其是人们的道德观、价值观等观念发生了深刻的更新与变革。社会主义现代化的实践要求有现代伦理精神的支撑,要求有与之相适应的德育理念与运作方式。对此,我国道德教育做出了积极的反应,进行了有益的改革与创新。研究和揭示现代德育的发展趋势对于改善我国德育工作、促进社会现代化发展具有重大的现实意义。

一、达成社会本位与个人本位的现实融合

从德育的价值取向看,摒弃传统德育的社会本位观,达成社会本位与个人本位的现实融合。在德育活动主体的价值态度上,一直存在着社会本位与个人本位这两种不同的价值选择倾向。德育作为培养人的活动,究竟应该适应社会发展的需要,还是为了人自身发展的需要而设计,是德育中一个永远争论不休的难题。我国传统德育提倡社会本位,即把德育作为适应社会发展需要的活动而设计,如孔子认为致学修身的目的在于齐家、治国、平天下。这种以社会为中心的德育价值观强调培养

为国家和社会服务的高素质人才。随着社会主义现代化的加速发展，市场经济体制的逐步建立，引起了社会政治结构、文化生活和道德观念的变革。这一变革在德育价值观方面的一个必然结果是摒弃了传统的社会本位价值观，确立了以人为本的德育思想。可以说人本德育思想的确立是德育现代化的必然结果和重要体现。所谓德育现代化，从广义上讲，是指传统德育向现代德育变革、变迁、发展的过程。其显著特征是在德育的价值取向上达成了社会本位和个人本位的现实融合，即现代德育既肯定其对促进国家和社会发展的价值，又强调德育应为人本身的生活需要服务，应以培养人的良好个性和品德为终极目标。

在历史上，社会本位德育观存在了较长的时期，有着深远的影响。社会本位德育观最初在德育走出"隔世"状态、密切与社会的联系等方面起了积极的推动作用，但它也给德育带来了一些问题：一是容易导致德育的被动性，抑制其积极性和主动性的发挥；二是没有分清适应社会的哪些方面，容易产生出一种偏向，不论积极的还是消极的，只要是社会需要都适应；三是不会区分社会的近期目标和远期目标，容易助长德育的短视行为；四是容易导致对学生个性的抹杀。因此，正视社会本位的不足，弘扬人本德育思想是现代德育发展的内在需要。人本德育思想是指德育目标的确定、德育过程的实施、德育效果的评价都以"人的发展"为重要标尺。它体现在教育价值的选择上，是以个体为本位，关注学生个体价值，重视学生身心健康发展；体现在德育目标上，重视对学生完美个性、健全人格等非职业品质的塑造和开拓创新意识的培养教育。市场经济发展呼唤着人的主体意识的觉醒，要求发挥人的主动性和创造精神，人本德育思想注重培养人的开拓、竞争、敢想敢干、民主、开放等进取精神和进步意识，这与市场经济要求的教育要凸显人的价值和尊严、要追求自由、平等、博爱的人性的人道主义精神是相符的。个人本位观蕴含着人本德育思想，但是，它和社会本位观一样，在一定程度上割裂了社会与个体的相互依存性。社会本位与个人本位的现实融合就是批判地吸收二者的合理思想，超越社会本位和个人本位的两极对立，确立以个人为基础的、以权利为前提的个人和社会相结合的伦理本位，使社会发展与个人发展在现实条件下实现最大限度的统一。这种融合既肯定了德育的社会价值，又克服了传统社会本位的不足，同时还确认了人的个体价值，提出了尊重人性、以人为本的自由发展思想，丰富了人对个体潜能及其价值的认识，突出了主体性道德素质对社会发展的贡献，为现代德育指明了一条全新的变革道路。当前，社会本位与个人本位融合的趋势在现代德育改革中形成了一种潮流，它促进了德育的生活化和个性化，体现了新时期德育主体的价值取向和现代社会所特有的民主主义精神和人道主义追求，赋予了德育一种更本真、更深层的意义。

二、实现了德育向现实生活的回归

从德育的基础看，实现了德育向现实生活的回归。德育社会本位和个人本位融合的趋势蕴含着现代德育以社会生活和个体生活为基点的特性。现实生活是德育的生长点和作用点，是德育的基础。现实性是德育的基本特性。同时，德育因其目标的未来指向性而具有理想性。因此，德育应是现实性与理想性的统一。但是，我国传统德育多无视德育生存的现实基础而存在泛理想化倾向，把德育等同于理想教育，排斥德育的现实取向，结果是导致德育走向完全脱离社会生活实际的极端。我国在几千年的专制统治下，其政治强调的是德治和仁政，其教育强调的是远离现实的以学道和传道为主要内容的道德教育。如"内圣外王"的贤人政治，"君子谋，道不谋食，忧道不忧贫"的教育思想等，要求教育对象成为超凡脱俗的君子、贤人乃至圣人，以至"朝闻道，夕死可矣"也在所不惜。传统德育的这种超乎现实的泛理想化片面取向，对"樊迟学稼"之类的道德践履是极为羞耻的，因而最终沦为"以空言立教"（清代颜元语），贻害无穷。中华人民共和国成立后，我国德育取得了很大的进步，但由于一段时期人们对国情认识不清，加之传统德育模式的影响，仍然呈现出泛理想化倾向。这表现在：一是德育目标上，存在空想化倾向。传统德育在历史某一阶段脱离了我国的经济基础和多数人的思想觉悟水平，而把较高道德理想作为所有人的一般道德目标。由于客观环境的多样性、复杂性，学生的道德状况是立体的、多层面的，这要求德育目标具有一定的现实性、层次性、针对性。德育的泛理想化在一定程度上会使其失去坚实的基础而沦为一种乌托邦式的政治运动。二是德育表现形式上，重理论灌输而轻道德践履。传统德育较重视道德理想等意识灌输，而轻视或忽视道德行为规范的养成教育和道德践行，缺乏形式上的适应性和可操作性。三是德育效应上，急于求成，盲目求纯。德育是一项"润物细无声"的工程，其效应往往是隐性的、潜在的、长期的。但一些人求成心切，不仅背离现实地高标准要求学生，而且往往对道德楷模做过分宣扬。这种在意识形态领域的"跃进"思想，其结果是导致人们讲假话、大话、空话，不敢讲真话，唯"务虚"而不"务实"。德育的泛理想化背离德育赖以生存的物质基础，脱离现实生活，无视学生成长的特点和规律，其结果是德育远离生活和现实，道德也由实践精神蜕化成"象牙塔"之中的一个抽象概念。

因为德育归根结底是为了人的生活而存在的，因此，只有植根于现实生活的德育才具有深厚的根基和强大的生命力。现在，德育"回归生活"的呼声日高，"学会做人""学会关心""学会生活"成为德育的主题，强调德育要为人本身的生活需要服务，要关心个人价值，关心人的身心健康发展和生活的完美幸福。在社会主义现代化进程中，我国经济取得了前所未有的增长，人们的物质生活条件得到了极大的改善,但是,人们的生活品质并未由此而得到提高,相反,道德在生活中的失落给人们的精神世界留下了厚重的阴影和巨大的创痛。市场经济带来的利益冲突、科技异化及人际关系的疏离,引起了道德在生活中的失落,弱化了德育在生活中的作用和吸引力,加大了德育与现实生活的距离。现实生活是德育的基础,道德作为一种实践精神和价值理念,其所包含的全部价值和意义都蕴藏于具体的现实生活之中,人们在生活中感受着道德的理性,沐浴着道德的光辉,确立起坚定的道德信念,并以此来指导物质生活和科学技术顺着合乎理性的方向发展,进而构筑和谐而富足的生活世界。现代德育应扎根于现实生活实际之中,根据我国现代化建设的现实要求和德育改革实际,根据学生成长的现实需要和存在的普遍问题,直面现实道德生活的挑战,教给学生获得解决精神困惑和道德困境的智慧、技能。现代德育只有更多地以现实生活为依托,才更具有针对性和现实性,才不会走向虚无。这既是道德这一实践精神的客观要求,又是德育理想性与现实性相统一的结合点。脱离现实生活,只会使德育成为空中楼阁。

三、加强人文教育是德育新的发展点

从德育的发展看,加强人文教育是德育新的发展点。人文教育是以传授文学、史学、哲学以及语言和艺术等为主的教育,其目的是培养学生形成正确认识和处理社会关系、人际关系及物我关系的能力,使学生形成一定的世界观、审美观、价值观、人生观等。人的全面而自由的发展是马克思设想的未来伟大社会的核心,也是当今素质教育的要求,这离不开人文教育与科技教育的协调发展。然而,这两种教育由于研究对象、方法、目的的不同而对人产生着不同的影响。人文教育注重发展人对社会和他人的关怀之情和仁爱之心,提供给人们对人类自身及其生活的认识,涉及人类精神生活的所有领域,它帮助人们了解物质和精神的最深层价值,对人类道德生活产生巨大的价值影响。人文教育在我国古已有之,自先秦时起的漫长历史时期,我国实施的主要是以儒家经典为主要内容的典型的人文教育。这种教育重视做人的道理,注重个人的理性修养和德行的形成,对人的精神世界具有重大的意义,对中国乃至整个世界的道德生活都产生了重要的价值影响。1988年,全世界健在的诺贝尔奖得主于法国巴黎召开会议,在会议结束时发表的宣言中指出:"如果人类要在21世纪生存下去,必须回头两千五百年,去吸收孔子的智慧。东方文化经过重新锻炼,必将焕发青春,鉴照今天与未来。它属于中国,也属于世界;它属于过去,也会照耀未来。"哈佛大学教授洛吉也认为"西洋文化是个人主义文化,而东方文化是集体主义文化。在今后的世界经济战中,集体主义文化将比个人主义文化占优势"。这些见解深刻地说明了中国的人文教育是道德教育不可或缺的基石,在这种人文环境下发展起来的道德教育是充满智慧、充满理性的,它将引领世界道德

生活的潮流，提供给人类丰富的精神财富。

　　然而，历史发展到今天，伴随着现代化的进程，科学技术在社会发展中的作用越来越大，科技教育在高校中日益受到重视，人文教育的主导地位逐渐被科技教育所取代。人们片面扩张教育的经济功能而忽视教育的人文价值，过分看重物质的功利性而忽视精神创造的作用，由此造成了人在科学理性和人文精神上的失衡和冲突。高度发展的科技与经济在给人们带来更加优裕的物质文明的同时，导致了道德的沦丧、理想的泯灭。"事实证明，缺乏人文精神的经济发展，使人们在利益的角逐中将不再受到自制、理性、公正、博爱等精神的约束，只有对金钱赤裸裸的无耻追求。"面对物质繁华带来的压力，我们必须重振人文教育以拯救人类心灵之所。人文科学表现为对人的理想、思想和能力的培养，表现为提供人的价值实现的途径，人们只有依靠人文教育才能走向更高的精神境界；人文科学解释着精神世界的所有问题，道德作为一种实践精神，只有依赖于人文教育才能得以发展和升华。因此，片面强调科技发展，忽视人文环境的塑造，必定使德育失去发展的文化基石。

　　现代德育要走出困境，必须依赖良好的人文教育，重视人文精神的塑造和培养。我国著名高等学府清华大学有重视人文教育的传统，要求每个学生选修一门艺术课，因而该校历来具有自由学术殿堂的风采，其学生也具备较高的人文精神和道德品格。可以说，没有一定的人文精神，人类将丧失自身的精神家园，德育将找不到"栖身之所"。因此，现代德育要培养全面发展的人，必须重视人文教育与科技教育的协调发展；现代德育要塑造德行高尚的人，必须发展完善的人文教育。"没有植根于人文精神这块沃土上的人类关怀，人只会沦为纯粹的经济动物，丧失了人所应具有的一切生存意蕴。"加强人文教育、弘扬人文精神将为我国德育寻求到新的发展点，并促进学校德育的整体改革。

　　以上是现代德育发展的几大主要趋势。这些趋势代表着新时期道德教育的主旋律，反映了21世纪道德教育的必然走向。它们将引导德育克服自身存在的弊端，带动德育全面而完善地发展。

第七章　现代德育探析

第一节　现代德育方法与模式

德育方法是指思想品德教育所采取的各种影响方式的总称。包括教育者和受教育者两方面的活动方法。其制约因素有德育的任务、德育的内容、德育对象的特点等。历史上关于人的品德形成和德育过程的思想理论不同，主张采取的方法也不同。苏格拉底把道德观念看作天生的，认为德育的任务是将它"接生"出来。任何方法的使用只可帮助人固有的思想品德的发展，不能由外而内地进行铸造，因此主张用谈话方法引出天生观念。

一、现代德育方法

（一）说服教育法

说服是使对方放弃原来的观点和认识，接受新的意见，努力使对方心服口服，有即时或可见性的收效。

（二）榜样示范法

榜样示范法是以正面人物的优良品质、模范行为和卓越成就来影响受教育者品德的一种方法。这种方法的特点在于它是通过榜样的言行，把高深的思想、良好的道德具体化、人格化，使青少年在富于形象性、感染性和可信性的范例中得到启迪，提高品德认识、陶冶品德情感，形成正确的观点、信念，增强学习的自觉性。正如列宁所说："榜样的力量是无穷的。"榜样示范法形式主要有伟人的典范、教育者的示范、同龄人中的优秀学生的示范。

（三）情感陶冶法

情感陶冶法是教育者通过创设良好的情境，潜移默化地培养学生品德的方法。情感陶冶法的种类有：①人格感化，即教育者靠自己高尚品德、人格以及对学生深切期望和真诚的爱来触动、感化学生，促进学生思想转变，积极进取。②环境陶冶，即通过学校的物质文化和精神文化环境使学生受到熏陶和感染。③艺术熏陶，指通过音乐、美术、舞蹈、诗歌、影视等文化艺术活动，使学生潜移默化地接受影响。

（四）自我教育法

自我教育法是在教育者指导下，受教育者在自我意识基础上产生积极进取心，为形成良好的思想品德而向自己提出任务，进行自觉的思想转化和行为控制的方法。自我教育法是一个人在品德修养上自觉能动性的表现，是学生思想进步的内部动力。进行品德教育的目的，不仅是为了培养学生具有一定的品德，更重要的是提高他们自我教育的能力，成为能够独立进行自我修养的人。

（五）实践锻炼法

实践锻炼法是指教育者根据学生身心发展和社会的需要，让学生在日常生活和社会活动中亲自参加实践，从中受到教育和锻炼，以形成良好思想品德和能力的方法。实际锻炼法包括①执行制度，即让学生按照学生守则、课堂纪律、作息制度等必要的规章制度进行锻炼；②委托任务，指教育者或学生集体委托学生完成一定的工作任务；③组织活动，组织学生参加各种实际的活动，如学习活动、课外活动、劳动以及一定的社会实践活动等。

（六）品德评价法

品德评价法的主要形式有：①奖励，是对学生思想品德给予肯定评价的一种鼓励方法，有赞许、表扬和奖赏三种形式。②惩罚，是对学生不良思想行为的否定评价，其教育意义在于使学生认识某些思想品德的不当，促使其克服、纠正和彻底根除这些思想和行为，包括批评、谴责和处分三种。③操行评定，包括写评语和等级评定两种形式，是在一定时期内对学生思想品德做的全面评价，是以对学生品德方面的要求为指导思想，以"学生守则"为基本内容来考查学生平时在课内外对待学习、社会生活，劳动以及对待集体和同学等各方面的表现，做出概括性总结。

二、现代德育模式

模式是一种重要的科学操作和思维方法。它是为解决特定问题，在一定抽象、简化、假设的条件下，再现原型客体的某些本质特性，作为中介，可以更好地认识和改造原型客体、建构新的客体的一种科学方法。从实践出发，经概括、归纳、综合，可以提出各种模式，模式一经被证实，即有可能形成理论；也可以从理论出发，经类比、演绎、分析，提出各种模式，从而促进实践发展。

德育是教育的重要组成部分。根据类比的方法，可以把德育模式定义为，在一定的德育理论的指导下，对德育过程组织方式加以简要表述，以供教育工作者在德育实践中选择、组合、变换、重构。有的教科书认为德育模式是包括一定观点和理论、一系列原则、策略方法和途径在内的德育实施体系。由此可以看出，德育信念、实施过程、有效性检验是德育模式的重要组成部分。它往往具有典型性、示范性、可操作性。

德育模式是德育理论和德育实践的中介，好的德育模式可以极大地提高德育工作的效率。但是，每所学校、每个班级的教师不同、学生不同，任何好的德育模式必须经过自己的内化才能成为适合自己的模式。论证德育模式的目的不是让学校和教师照搬、照抄已有的德育模式,而是希望学校和教师能够学习已有的模式,总结自己的实践,创建适合自己教育方法的模式,超越固定的模式,实现由模式上的转变。

第二节 现代德育管理的运行与现代学校德育管理

如何运行现代德育管理是德育管理中的一门学问。现代德育工作的切入点是培养受教育者道德需要。因为道德需要不仅是受教育者道德认识的出发点和归宿,是其道德态度的核心,而且也是其道德活动发生的主体动力[①]。

一、现代德育管理的运行

21世纪是竞争的世纪,全球化进程加速,市场经济与信息时代的竞争更加激烈,要求教育培养的人是具有独立意识、独立个性和创新精神的人。学校教育要真正视学生的发展为教育的出发点和归宿,把握社会发展和教育现代化的脉搏。德育是教育之"魂",传统德育理念和模式长期束缚和阻碍着人的德行的全面发展,广大的德育工作者越来越深刻地感到必须面对德育现状进行理性的反思,以深入研究科学的德育,培养具有健全人格的人。基础教育课程改革的推行,促进了新德育课程的研究和实施,进一步要求德育工作者应当从原来的"教书的"转变为"教育研究者""学生品德养成指导者、参与者、支持者、合作者"。学校德育工作不再只是一成不变的常规管理,而是要坚持德育行动研究工作,在德育实践活动中反思、分析、再实践、再研究,通过定期的交流座谈、共同学习等方式,逐渐学会在行动中研究,在研究中行动,用发展、开放的眼光来观察和分析德育的现状,思考和研究新的德育课程。

二、现代学校德育管理

德育对青少年学生健康成长和学校工作起着导向、动力和保证的作用,是提高全民族思想道德素质的奠基性教育,教学是学校教育的基本形式,是传授科学文化知识的正常渠道。在教学过程中,教师绝不能忽视学生的德育教育,因为教师的工作不仅仅是教书,更重要的是育人。德育是学校实施素质教育的重要组成部分。它贯穿于学校教育教学的全过程和学生日常生活的各个方面,渗透在智育、体育、美育和劳动教育中。

---

① 詹万生.整体构建具体化、特色化、可操作的校本德育[J].中国教育学刊.2007(04).

（一）健全学校德育管理网络

进行学校德育管理，需要有健全的组织机构。首先建立学校、政教、班级管理网络，明确职责分工。由校长、德育副校长、政教主任和班主任组成德育领导小组，从校长到最基层的班，使学校的德育工作从组织方面做到上下密切，指挥灵活，步调一致，充分发挥德育管理的效能。

（二）明确责任，调动每位德育工作者的积极性

发挥德育组织作用必须明确学校各类人员德育工作职责，调动广大德育工作者的积极性、主动性和创造性，才能使德育工作落实。要调动全校教职工的积极性，首先应调动管理者育人的积极性。其次应调动教书育人者的积极性。一是调动班主任教师加强班级管理的积极性。因为班级是学校教育教学的基本单位，班主任是班级工作的组织者和指导者，是学校贯彻教育方针、促进学生全面健康成长的骨干力量，是学校德育工作的骨干。二是调动各科教师教书育人的积极性。学科教师是不容忽视的德育工作者，学校提出要在学科教学中以知识为载体渗透德育。各学科德育以知识为载体，能实现知识与道德、教学与教育、教书与育人的统一效果。

（三）更新观念，不断提高德育工作者的自身素质

未来社会的发展对基础教育提出了新的挑战，面对21世纪的挑战，面对21世纪对人才素质的要求，我们认为应更新教育观念。更新观念重点体现在一个重视、两个克服上，即学校教育不仅要抓好智育，更要重视德育；改进德育工作的方式方法，克服形式主义倾向；更新人才观念，克服用一个模子培养人才的倾向。必须树立为受教育者今后的终生学习打好基础的观念，树立为受教育者成为一个合格公民的观念。

德育科研是德育工作改革和发展的标志，是德育工作科学化的保证，也是提高德育工作者自身素质的有效途径。我们应针对新形势下青少年成长的特点，广泛开展德育教育，即爱国主义、行为习惯、艰苦奋斗、社会实践、心理健康和国防教育。

（四）树立整体观念，加强综合研究，强调整体效益

当今社会，只靠学校教育难以完成培养下一代新人的任务，要用大教育观思想来指导小学德育研究。要树立整体观念，加强综合研究，要着眼在学校教育教学整体改革中，加强德育；着眼德育研究的过程和成果转化，这才有利于学校全面贯彻党的教育方针，有利于全面提高学生素质，有利于全面落实德育工作目标。从学校实施德育的途径来看，多途径各自发挥独有的教育功能，互相配合，互为补充，形成有机的整体。从大教育观的高度看，学校教育、家庭教育、社会教育也是一个整体，要协调一致，密切配合，做到学校、家庭、社会"三结合"的一致性教育。

第三节　德育评价和德育工作评价

德育评价是指依据一定的德育目标，运用可行的方法和技术，对德育的过程与效果做出价值上的考查、判断。德育工作评价是学校教育评价的一项内容，是学校德育工作的基本环节。其目的在于探索德育工作的客观规律；完善此项工作的控制系统；有效促进受教育者的思想品质向预期目标发展。按评价对象，德育工作评价可分为宏观与微观两种。前者以一个国家、地区或学校为对象；后者以教育者的德育工作和受教育者的思想品德为对象。

关于德育评价，我们不可混淆它和这些年来流行的其他相关术语。德育评价不同于德育测量，它不能按照标准、完全、客观地换算分数来说明一切；德育评价不同于德育评估，它不完全是模糊的定量判断；德育评价不同于德育测评，它不单是对事物测量而得出评价，而是定量和定性分析兼重。德育评价是围绕着一定的价值观，对人和事物进行价值判断，是一种定量与定性相结合、客观与主观相结合，尤其强调主观的过程。

德育评价工作存在难度。第一，学生品德可以按照一定的标准去测量并得出结论，但德育活动本身，包括其决策过程、实施过程，要按照一定价值观进行定性、定量分析得出结论，则是个复杂的问题，影响因素很多，存在不少困难。第二，德育评价会对中小学生的成长和发展产生重要的影响，所以德育评价工作还要包括后续不少环节，如对德育评价本身的质量再审核、将结果合理公布、消除评价负影响等。第三，德育评价的结论怎样用来改进和指导学校德育、班级德育及学生成长，需要深入探索和实践。德育评价本身也要通过不断修订量表、改进方案、优化评价实施等手段自我优化。德育评价从学生品德和德育活动本身两处着手，从微观到宏观，从实践到理论，再回到德育实践中去发挥指导价值，起到发现推广作用。如能不断改进德育评价自身质量，形成一个系统闭环，良性循环，将发挥德育评价最大价值。然而做到这些并不容易。

新时期的德育评价工作要凝结社会主义核心价值观，引导孩子做到记住要求、心有榜样、从小做起、接受帮助，为实现中华民族伟大复兴的中国梦培养合格人才。德育评价的难度和困境应成为我们教育工作者、研究者的动力，激励大家不断加强德育评价的多元理论研究，将德育评价做到"问渠那得清如许，为有源头活水来"的境界，以评价促德育，与时俱进，发挥德育评价最大的教育意义和价值。

随着时代的发展，不断研制适合时代要求的评价体系是开展评价工作的基本要求。在当前开展德育评价工作具有重要的现实意义。它有利于端正德育工作思想，有利于规范德育工作行为，有利于全面提高德育工作质量。要搞好德育工作评价，我们认为应当遵循如下原则：普遍导向与特色优势相结合的原则，科学设计与切实可行相结合的原则，过程评价与效果评价相结合的原则，质的评价与量的评价相结合的原则，外部评价与自我评价相结合的原则。

第四节　现代德育研究概述

随着人类社会进入21世纪，原有的一些道德原则、规范和教育方式也就逐渐失去它存在的条件。"主体性、发展性是现代德育的本质规定"。它突出以人为本的精神，关注知、情、行的协调发展。现代德育遵循可持续发展的理念，更加关注人、社会和自然之间的发展关系。学界对现代德育理论的研究可谓成果丰富，但是在德育实践层面依然困难重重。基于道德危机和德育低效的现状，发展性德育以全新的价值理念进入了人们的研究视野。

在德育中，强调"以人为本"，就是强调学生的主体地位。这里有两层含义：一方面，德育的根本目的，是为了学生的成长，一切为了学生的成人成才；另一方面，把大学生德育工作做好，必须把大学生内在的积极性和主动性调动起来，努力使德育成为大学生内在的强烈的要求，把德育做到大学生的心里去。

一、"以人为本"的现代德育观

以人为本的现代德育观具有以下几个特点。

（一）以人为本是现代德育的价值理想和思维原点

现代德育逻辑支点的核心是提升人自身的建设水准。人是教育的中心，也是教育的目的；人作为教育的出发点，也是教育的最终归宿；人是教育的基础，也是教育的根本。教育的核心是以人为本，这是现代教育的基本价值。

（二）以人为本是现代德育的一种价值取向

这种价值取向要求德育尊重人、理解人、为了人、开发人、解放人。德育作为价值认识理论，具有较强的阶级性、政治性和鲜明的国家意识形态的特性。根据价值认识的特点，思想政治教育不仅要强调我们想教什么，同时必须研究接受主体的特点、需求等，这样才能使主体性与客体性较好地统一，取得较好的教育效果。

（三）以人为本是现代德育的一种思维方式

这种思维方式要求德育不仅要符合规律，体现时代性，富于创造性，还要符合人性发展的要求，实行人性化管理和人性化服务。德育以这种思维方式为指导，理应改变过去更多地关注、思索客观世界。

（四）把"育人为本"作为德育的核心和标准

以德育是否符合客观世界的要求作为标准，转变为更加关注人自身，把"育人为本"作为德育的核心和标准；同时要改变把德育作为科学认识、理论理性的范畴，转变为价值理性、实践理性的范畴,从而把人的发展作为德育工作的终极目标。

(五)以人为本的现代德育是对人性的唤起和尊重

真正的教育应当是以人为本的教育,让人去体验美好,体验成功和快乐,体验崇高。只有这样,才能培养积极的生活态度、鲜明的价值判断、丰富的思想体系。以人为本的德育观的根本目的是最广泛地调动人的积极因素,最充分地激发人的创造力,最大限度地发挥人的主观能动性。

二、构建以学生为本的德育新体系

(一)尊重学生、平等对话、以理服人

思想政治教育属于价值认识的范畴,而非科学认识的范畴。它的价值认识属性决定了道德教育只有得到学生的价值认同,才能被学生真正接受。在德育过程中,教师与学生的人格尊严是平等的,都是具有独立人格的主体。尽管价值接受不只是情感的问题,更多的是理性的问题,但如果没有情感的接受,就谈不上理性的接受。因此,教师与学生之间应该相互理解和信任,建立起民主、平等和互动的关系。教师要引导学生懂得对自我做出正确的评价,形成良好的自我意识,围绕调动学生的主动性、积极性和创造性进行道德教育。因此,新时期的德育必须建立在一个与学生平等对话,情感互动、交流的平台上,以理服人。

(二)关爱学生、健全人格、以情感人

德育是一项关注人的灵魂的事业,道德的内容只有进入道德情感世界,才具有真正的意义。道德情感的发展是塑造健康人格的关键,而健康的人格又是正确价值观、人生观、世界观形成的基础。可以说,德育是一种育心、育德、育人的"文化—心理"活动,是一种人与人心灵的沟通。德育要真正做到把解决思想问题同解决实际问题相结合,就必须重视对学生的内部心理和外显行为进行分析,了解学生的实际心理需要,关爱学生,让学生置身于产生各种情感波动的情境当中,让学生在心灵的碰撞中去理解人生,感悟人生真谛,体验亲情友情,感受生命的意义,以全面提高心理素质,形成健康和谐的人格。

(三)拓展社会实践活动,以行育人

在德育工作中,我们希望传导社会主义政治观、价值观、人生观、道德观,但能否被学生认同、接受,不仅是理论问题,更重要的是实践问题。爱因斯坦认为:"一个人为人民最好的服务,是让他们去做某种提高思想境界的工作,并且由此间接地提高他们的思想境界。"大学生社会实践是提高其全面素质的一种教育活动,是以人为本的德育的有效方法。因此,要积极开展大学生社会实践活动,在以行育人方面进行积极的探索,如加强社会实践基地的建设,使学生参加社会实践制度化等。

(四) 重视师德建设,以良好的品格感染人

教育不仅只是一个知识的传授过程,更是教师与学生之间心灵沟通、灵魂撞击的过程。教师的价值观念、信仰、治学态度对学生有着潜移默化的影响。一个理想远大、信仰坚定、对事业执着追求、兢兢业业的教师,才能培养出有知识、有智慧、有思想、有灵魂、有热血的学生。捷克著名的教育家夸美纽斯曾说:教师的任务是用自己的榜样来诱导学生,强调了师德的示范性对学生成长的深刻影响。师德是一种高尚的人格精神,学生从教师的身上受到的思想的启蒙,情操的陶冶,智慧的生发,会使他们受益终身。

(五) 加强德育学科建设,以优秀的课程培养人

高校德育学科的建设,不仅关系着人才培养的综合素质,而且也关系着我国高等教育办学的社会主义方向。课堂教学是思想政治教育的主渠道。高质量的德育课程,丰富生动的课堂教学是构建以人为本德育体系的关键。

著名教育家叶圣陶先生曾说:教育的目的是为了达到不教育。我们树立以人为本的德育理念,构建以人为本的德育体系,尊重学生、平等对话,真正触动学生的灵魂,正是为了使学生主动自觉地适应社会发展的需要,追求先进的思想、高尚的道德情操和科学的行为方式,有效地进行自我调节、自我完善和自我提高,走上自我成长的良性循环之路。

第八章　大学生法律素养的培育

第一节　高职生法律素养培育探析

高职生作为一个庞大的青年群体，已占据高等教育的半壁江山。有针对性地培育他们的法律素养，对于高职人才培养质量的提高以及法治实践具有重大的现实意义和深远的历史意义。高职院校应改革传统的教育模式，深入、有效地开展法律素养的培育，增强高职生的法律意识，为社会主义现代化建设输送合格人才。

新时期随着经济的快速发展，我国社会主义建设需要数以万计的高素质技能型人才，这些高素质技能型人才主要源于高职生。必备的法律素养，是高职生立足社会的基本要件。

一、高职生法律素养培育的重要性

（一）法律素养的含义

所谓法律素养，简而言之是指认识和运用法律的能力或素质。一个人的法律素养，是通过其掌握、运用法律知识的技能及其法治观念表现出来的，法律素养是人文素质的重要组成部分，主要包括三个方面。

1. 牢固树立法律信仰

法律信仰是人们对法律的无限信服与崇拜，并以之为行为的最高准则。法律信仰并非是现代才兴起的产物，纵观法治历史，法律信仰能促进一国法治精神的形成、有利于法治社会的构建。缺乏法律信仰，法律就会丧失稳定性。大学生只有从内心深处真正认同、信任、信仰法律，才会自觉维护法律的权威和尊严。

2. 增强社会主义法治观念

观念决定行动，树立社会主义法治观念，关系依法治国基本方略的实施，关系社会主义法治国家建设的历史进程。法治观念主要包括三项基本内容：民主法制观念、权利义务观念、法律面前人人平等观念。法治观念一旦真正形成就会养成遵纪守法、严格依法办事的习惯；就会充分尊重他人合法、合理的权利和自由；就会积极寻求法律途径解决纠纷和争议；就会自觉地同一切违法犯罪行为做斗争。

3. 掌握必要的法律知识

一般意义上的学法、懂法，就是要求不仅熟知一些基本的法律条文，而且又掌握一定的普遍适用的法律原理。只有了解国家在某个问题上的法律规定，又了解法律的原理、原则和规范，才能运用法律思维思考和处理各种法律问题。

(二) 注重高职生法律素养的培育

近年来，职业教育受到了政府的高度重视，高职学院承担着培养同现代化要求相适应的数以千万计的高素质技能型人才。从总体上说，高职生的主流是积极、健康的，但也必须看到高职生群体有其特殊性，生源质量较差，价值取向、思维方式、行为模式容易发生障碍，违法犯罪现象日趋增多，并呈现出智能化、团伙化、突发性强等特征。这不仅影响了校园的稳定，还严重影响到高职生的成才和发展。因此，加强高职生法律素养的培育刻不容缓，这是每一个高职教育工作者值得思索的问题，高职生的法律素养如何应成为高职院校人才培养质量的评价标准之一。

高职生法制教育的落脚点是法律素养的培育。高职生法律素养的培育有两方面含义。一是使其了解自己在职业活动中将会涉及哪些具体的法律规定，具有哪些法定的权利、义务和责任，以便于其在未来的工作中有效防范和依法妥善处理出现的纠纷，更好地履行自己的职责。二是将社会对高职生的思想行为要求内化为其对法治理念和法律规范的认同，从而坚定法律信仰、增强法制观念，成为具有法治精神、人文精神、敬业精神的合格人才。

二、当前高职生法律素养培养中存在的问题

(一) 学生自身存在的问题

大学期间既要着力于提高文化知识和专业能力，又要注重提高法律素养，但部分高职生没有深刻领会法律素养的重要意义。

在当前就业压力日益增大的社会背景下，部分高职生对所学课程的态度也显得有些浮躁。一些学生觉得"知法未必守法、守法未必知法"，认为自己只要不违法犯罪，学不学法对自己关系不大，接受法律教育的目的多是为了应付考试。也有一些学生在法律学习中，知与行没有结合起来，往往容易意气用事，混淆权利和义务、违法与犯罪的关系，一旦受到不良社会因素的诱导，容易走上违法犯罪道路。

另外，网络的普及使信息传播的渠道更加便捷，大学生接收到的信息更加多元化。一方面，大学生法律基础知识的获取呈上升趋势；另一方面，负面信息的影响也容易使他们对法律信仰和法治观念产生偏差，在内心产生抵触情绪，对课堂教学效果产生消极影响。加之部分高职生没有明确的学习目的，自由散漫，赌博打架、盗窃财物，情感纠纷，更有甚者出现了破坏公共秩序、扰乱社会治安的问题。有的学生具有一定的专业知识，但法治观念淡漠，令人可悲的是，有的学生根本不知道自己的行为已经构成了犯罪。

对于高职生而言，要健全和完善知识结构，在提高文化素质、专业素质的同时

也要注重培育法律素养，有意识地增强法治观念、掌握必要的法律知识。如果没有法律素养的支撑，即使有丰富的专业知识和技能仍不是完全意义上的人才，甚至还可能走上违法犯罪的道路。

(二) 高职院校法律教育中存在的问题

部分高职院校重视的是办学规模等硬指标，强调学生专业知识、专业技能的培养和学习，忽视法律知识的宣传和教育，导致法律素养培育形式化。

目前，课堂教学仍然是法律教育的主阵地，以教师灌输为主，学生多是被动接受知识，教学过程教条化，缺乏互动性。加之很多院校采取大班上课，教师不能及时与学生沟通，没有形成真正意义上的法律教学。此外，高职院校在法律教育中缺乏针对性，难以满足现代社会对高职人才的要求。高职生的法律教育大多还停留在法律素养培育的浅层面，即法律知识的掌握层面，并且连这个层面的教育都未能达到理想的效果。而从法律信仰、法治观念培育的层面来看，很多高校没有有意识地形成系统化的培育目标和方法，往往只是结合案例简单地讲解法律条文，没有注重法律教育与专业特色相结合，忽略了把法律素养的培育渗透到专业教学、实习实训等活动中去。

还有一个问题不容忽视：教师法律素质的现状极大地制约了法律教育的开展。部分教师遇到一些实际的法律问题时，往往不知所措，失去了学生的信任。法律教育是一项政治性、理论性、知识性、实践性很强的综合性教育，对法律教师队伍提出了更高的要求。但就目前高职院校的发展状况来看，很难像本科院校那样有一支受过正规培训、具有一定理论水平和实践经验的法律教师队伍。现行的法律教师多数为"半路出家"。以《思想道德修养与法律基础》为例，原来从事思想政治方向的教师，有的从未接受过法律专业教育，对现实法制缺乏感性认识，加强这部分教师的法律培训迫在眉睫。

三、高职生法律素养培育的途径

(一) 抓好课堂教学，发挥主阵地作用

要充分发挥课堂教学在法律素养培育过程中的主阵地作用。课堂教学主要包括法学基础理论、基本法律知识和法治观念教育。目的是让学生掌握马克思主义法学的基本观点，领会社会主义法律精神。通过宪法及相关法律法规的学习，帮助学生树立国家主人翁意识，正确理解权利义务，从内心形成法律信仰，增强法治观念，提高运用法律分析问题、解决问题的能力。

第一，针对目前课堂教学存在的问题，积极探索新方法，运用新手段，创新法律素养教育模式。在设计教学任务时，把握学生是教学的"主体"这个核心，设计出一些新颖性、实用性的教法，激发学生的学习兴趣。例如，可在以往单纯的案例分析中加入案例表演,即在提出相关的法律纠纷后,让学生分不同的角色自由表演案情,根据学生的实际案情发展提出问题、分析问题,用相关的法律知识解决问题。通过此举,调动学生参与讨论的积极性。

第二,结合不同专业,有选择地向学生介绍一些部门法。由于课时少,内容庞杂繁多,教师在讲授时不可能面面俱到。因此根据高职生所学专业的需要,除进行宪法、刑法、民法等基本法普及外,应重点学习一些与专业(行业)相关的法律知识,使课堂教学贴近高职生的实际,为其走入社会、服务社会奠定基础。

第三,法律素养的培育是潜移默化式的渗透教育,需要多方配合。例如,专业课教师也可在教授专业知识的同时,适当担负起培养学生良好法治精神的责任。坚持把专业课教学与法律素养培育结合起来,把教书与育人有机结合起来,有意识地把专业课知识与法律责任意识衔接起来,把法律素养培育渗透到所有专业课教学中去,营造一个良好的法律素养培育氛围,使学生接受潜移默化的法律教育。

第四,师资队伍的素质是教学质量的保障。针对高职法律教师不足的状况,一是要广泛开展教师培训工作。二是要积极组织教师开展集体备课等教学研讨活动,相互帮助,共同进步。不同的学校还可根据自身条件,通过兼、聘等多种形式,形成一支以专职教师为主体,同时聘请部分长期从事司法实务的兼职教师为补充的高素质的师资队伍。

(二) 结合高职生特点,分阶段培育法律素养

高职的生源素质不容乐观,这是无法回避的事实。针对高职生法律认知的不同状况,学校要有计划、分阶段进行教育,使法律素养培育贯穿于学习生活的全过程,有效实现法律素养培育的持续性。

在不同阶段树立一个明确的工作思路和方向,可以减少盲目性。例如,在不同的年级段,分别安排不同的教育内容,采取不同的教育方式。大一阶段,以教育部统一开设的"思想道德修养与法律基础"课程为主,对学生集中灌输基本的法律知识,由中学零乱的法律知识向系统的法律基础转换。在了解和认识社会主义法律体系的基础上,重点掌握我国宪法和其他部门基本法的主要精神和内容,从而正确行使权利,严格履行义务,依法律己,同时让学生明白提高法律素养的重要性。大二、大三阶段,专业课的比重增大,是学生学习专业技能的重要阶段。学生忙于专业知识的学习,法律知识逐渐淡忘,而这也是培养他们法治精神、树立法律信仰的关键时期。这个阶段要有针对性地在职业指导中添加与学生职业紧密相关的法律内容,为他们毕业后在社会立身做人,以及在从业实践中遇到的具体问题筑好法律防线,强化正确的法律观念,坚定自身法律信仰。

为提高高职生的职业能力,很多院校普遍开展了顶岗实习。现实中当劳动权益受到侵犯时,一部分学生不会合理地使用法律手段来维护自身权益,而是认为社会

太复杂，采取消极方式对待这一问题。这一方面影响顶岗实习的进程，另一方面对今后走向社会产生了恐惧心理，严重地对社会产生了排斥心理。因此，要特别加强顶岗实习期间高职生法律素养的培育。

高职学生心理素质的好坏是导致犯罪的重要因素。因此，在校期间需要加强高职生心理素质的培养，积极开展心理教育活动，及时矫正不良心理和不良行为，促进学生和谐健康发展。高职院校应结合新时期培养人才的总体目标，针对高职生特点，及时调整教育方式，不断创新建设思路，对法律素养的培育进行科学、全面的指导。

（三）突出实践特色，营造校园法律文化

高职生法律素养的培育不能仅仅依靠课堂教学。毕竟课时有限，何况目前课堂教学还没达到应有的教学效果，学生并未将法律知识转化为法律意识。如何弥补课堂教学的不足呢？加大实践教育，营造校园法律文化有助于法律素养的培育。实践教学是"知"与"行"的教学，实践教学强调以学生为中心，注重学生学习的主动性、积极性和创造性。如果没有具体的法律实践，良好的行为养成是不可能的。加大实践教育要突出实践特色，如组织学生社会调查、参观监狱，旁听有关刑事、民事、经济、行政案件的审判活动，开设模拟法庭，参与法庭审理，让学生在面对面地亲临感受和事实分析中更加直观地获得价值判断，使学生在生活中注重观察法律现象，思考法律问题，以此影响学生形成待人的态度和处理有关问题的方法，从而讲法律、讲程序、讲法理、讲证据，树立法律思维方式，形成良好的角色意识和职业责任意识，正确理解哪些行为是合法的，哪些行为是违法的，自己应当怎样做才符合法律规范的要求。

提高法律素养要重视法律文化建设，优化校园法律环境，努力营造有益的法治文明氛围，促进法律知识与法治文明的相互渗透与融合。如何开展校园法律文化建设呢？很多学校进行了积极尝试。其一，建立校外法制教育基地，定期邀请干警来校开展法制知识讲座，大力宣传世界先进的法治文明成果和优良的法的传统，为法律素养培育的规范化提供了保证。其二，开辟法制教育专栏，辅之以标语横幅营造校园普法氛围，利用校园广播播放法制知识，使校园处处见法。其三，开展法制征文、演讲以及以法制宣传为主要内容的黑板报比赛，在竞赛中教导学生遵纪守法，锻炼学生各方面的能力，提高学生的综合素质。

通过形式多样的实践活动和校园法律文化建设，让学生全面、深入地认识到自觉加强法律素养的必要性和紧迫性，达到宣传法治观念，弘扬法律精神，增强法律意识的目的，营造人人知法、守法、用法、护法的良好氛围。

高职生法律素养是现实社会形势的需要，重视法律素养的培育对于高职人才培养质量的提高以及法治实践具有重大的现实意义和深远的历史意义。事实证明：只

有让人生在法制的轨道上运行，才能走出完美的人生。高职院校应坚持以人为本，加强高职生法律素养的培育，以适应依法治国、全面建设小康社会的要求。

第二节 高校提升大学生法律素养路径规划研究

大学生是祖国的未来，作为社会主义建设者和可靠接班人，肩负着推动国家法治建设进程的重任。如何有效提升大学生法治素养，是中国特色社会主义法治化建设的必然选择，也是贯彻落实"依法治国"战略的需要。在全面推进依法治国背景下，如何提升大学生的法律素养，构建完善、规范、科学的学生管理服务制度体系是摆在高校面前的崭新课题[1]。

一、提升大学生法律素养的必要性

提升大学生法律素养是高等教育人才培养的基本要求。我国高等教育对大学生的综合素质发展有较高的要求，综合素质的发展不仅包括对文化程度、专业知识的掌握程度的发展，还包括大学生法治素质的发展。树立宪法至上的观念，把遵守法律规范作为自己行为的首要标准，这是新时代对当代大学生素质结构的新要求，因此，提高大学生法律素养就成了高校立德树人的重要内容。

提升大学生法律素养是依法治校的关键基础。依法治校是为了呼应依法治国，是依法治国的基础，努力实现好依法治校才能更好地依法治国。坚持依法治校就必须要加强校园法治的普及，对学生进行法治教育，让校园的管理体系、教育体系有法有据。对于大学生而言，提升他们的法律素养就意味着对他们的法治意识、法律意识、法治实践进行提升，让他们更能参与到法治建设的各个环节中。依法治校与依法治国、法治建设相关联，因此提升大学生法律素养也就更加能保证依法治校的实现。同样，只有将依法治校进行好，才能更好地提升大学生的法律素养，给他们对法律素养的提升营造一个良好的氛围。

提升大学生法律素养是依法治国的根本保障。只有将法治意识灌输到人民群众中去，使之成为人民群众的信仰，让人民群众投身于法治实践，参与法治建设，才能保障依法治国的实施与实现。而大学生作为依法治国的重要群体，他们拥有独立的思维方式，能够很好地分辨对错，是社会主义事业的接班人。作为国家法治建设的建设者，大学生的自身法治素质基本就体现了未来我国公民的法律素质的层次。所以提升大学生的法律素养就显得尤为重要，只有大学生的法律素养得以提升，才能保障依法治国的战略更好地实施。

---

[1] 白玉平.浅议大学生法律素养的培养[J].沈阳教育学院学报.2006(04).

二、大学生法律素养提升路径与方法的现状

我国现有的提升大学生法律素养的路径主要有两种：一是依靠思想政治教育的法治化，二是开设与法律有关的专业课程。虽然这两条路径能给大学生的法律素养的提升提供一定的帮助，但仍存在一定的局限性。首先，思想政治教育法治化和开设法律专业课程这两者都不是专门为法治教育而建立的课程，只能算是法治教育中的一小部分。例如，思想政治教育法治化也仅仅是在思想政治教育的基础上与之相联系，较为浅显地教授学生一些与法治相关的基础概念等。而开设法律专业课程看似是对大学生法律素养的提升，但也仅仅提升了法律素养中的法律素养。大学开设的法律专业课是传授学生一定的法律知识，使大学生拥有法律意识，能够灵活地知法、懂法、用法，主要是为大学生未来成为一名法律工作者打基础，其根本目的并不在于培养大学生投身于社会主义法治建设和依法治国实践的思想觉悟中。其次，这两种路径过于偏向理论化，在实践环节的设计上相对薄弱。实践是检验真理的唯一标准。这两种路径虽然在一定程度上能提升大学生的法律素养，但容易与我国社会实际相脱节。再者，法律素养的形成和提升更多时候还是体现在参与法治实践和投身社会主义法治建设的过程中。

目前，我国提升大学生法律素养的方法与路径并不能很好地融合。从我国的国情来看，我国目前对大学生的法治教育主要通过对课本的学习以及老师的授业解惑来进行，对其他的路径并未十分重视。虽然也有实践活动，但并不能对其进行很好的指导，而且大学生的实践活动有些并不能体现法治素质，而提升方法中主要强调的就是实践活动本身。因此虽然提升的方法可以有参与社会实践，但我国目前的教育大环境并不能保证其有效实施。另外，依法治校的环境也是在学生拥有一定的法治素质的前提下形成，虽然依法治校可以给学生提供提升其法治素质的优良环境，也可以起示范作用，但是依法治校的环境和大学生法律素养的提升相辅相成，并不能单独地起到示范、熏陶作用。

三、进一步完善大学生法律素养提升的对策

第一，这需要加强高校党组织的建设，发挥党组织在法治建设中的作用。研究制定关于加强和改进高校基层党支部建设的意见，以服务型党组织建设为重点，以实现组织育人为目标，把基层党组织的政治功能和服务功能统一起来，推动基层党建工作重心下移、力量下沉。在完善组织建设的过程中，体现制度设计的科学管理有序，让学生体会到依法治教、依法治校的目标追求和制度导向。这些重要部署对于落实立德树人根本任务、创新推进新形势下大学生思想政治教育，通过党领导下的教育实践把思想政治教育法治化落到实处，尤其对完善现有的大学生法律素养提

现代德育建设与就业规划

升路径具有重要的理论和实践指导意义。

第二，这需要学校更认真地做好教育管理的制度设计，力求体现法治精神，教育引导学生增强法律素养。根据依法行政、依法治教、依法治校的总体要求，聚焦主要矛盾和关键环节，搞好各项规章制度的配套衔接，使各项法律规定和制度在政策取向上彼此呼应、在实施过程中相互促进。建立完善社会主义核心价值观培育践行长效机制，推动社会主义核心价值观有效融入学校课堂教学、社会实践、校园文化之中。"积极探索运用法治思维和方式积极推动破解学校安全、学生权益保护等教育重点、难点问题，以法律制度建设为引领，利用各方面力量，建立以法治为基本原则的学校安全风险防控体系，积极构建在法治框架内妥善解决学校纠纷，保障学生安全和权益的体制机制。"通过这些工作设计，使学生进一步增强法治意识和法律素养。一方面，大学生法律素养的形成本身需要充分发挥政策法律规章制度的导向和约束作用，要通过科学的法治实践推动人生观、世界观、价值观的养成，用有效的制度机制来规范学生的行为，使符合核心价值观的行为受到鼓励，使违背核心价值观的现象受到制约；另一方面，法律素养形成的过程也需要常态化长效化的制度保障，以让工作持续推进，让成效不断深化，进而在全社会特别是高校中营造法治育人的良好格局。

第三，这需要更进一步创新大学生法治实践的形式，注重实践育人，关注社会现实，帮助青年学生在正确认识社会发展和参与社会建设过程中提升法律素养。实践出真知，实践长才干。青年学生的法律素养也需要在了解国情、深入实际、参与实践的过程中，得到提升和完善。法律素养本身既需要知识的普及，也需要实践的灌溉。要在青年学生中广泛开展各类社会实践和公益活动，建设社会、政府、企业、高校、社团组织、家庭共同参与的实践育人机制。通过实践育人基地的建设，使青年学生在参与各种社会实践活动中，获得法治精神的直观感受，特别是在帮助社会弱势群体的法律援助过程中，感受到法治的力量和正义。还要在建立健全大学生志愿服务制度的同时，将志愿服务纳入大学生综合素质评价指标体系。树立法治典型，以道德模范、先进人物的生动事迹，阐释遵纪守法的社会意义。切实加强校园文化建设，注意培育彰显法治精神、体现法治力量的文化品牌。在这些实践活动中尽可能地体现法治精神，设计法制的载体，带给学生对法治精神的深入认识和敬畏，从内心深处自觉形成法治思维。

第四，通过严格依法治校来给大学生法律素养的提升进行示范。学校是大学生积淀知识和实现自我发展的重要平台，也是融入社会的最后一道关卡，在学校所习得的知识储备、思维方式和行为准则相当程度上影响其步入社会的状态。

第五，通过组织学生参与社会活动来提升大学生的法律素养。大学生良好的法律素养的提升，离不开参与法治社会实践。在大学校园可以充分利用各类学生社团在每年的"法制宣传日"开展"法制宣传周"活动，借助丰富多彩的宣传活动吸引大学生的关注，向大学生普及法律知识。就宣传的内容而言，不仅要与大学生的日常学习生活相关，还要与当前社会热点话题相连；就宣传形式而言，不仅仅限于展板宣传，还可以在老师的指导下让学生编排法治小品或话剧。此外，还可以借助专题的假期社会实践，由大学生担当主角，向市民宣传法律知识，在宣传的同时提升自身对依法治国的理解和认识。例如，在假期社会实践中，通过前期的自主学习和案例分析，向市民宣传介绍老年人、妇女、儿童权益保障以及劳动保障等方面的法律法规，在服务他人的同时，提升自己的法治思维和认识，从而更好地肩负起依法治国的使命。通过理论联系实际的社会实践活动，将书本的理论知识和社会现状相结合来提升大学生法律素养。提高大学生的法律素养并不仅仅局限于书本教学，在给学生讲授书本知识的同时，将理论与社会热门的事例、案例相结合，与社会实际相贴切，使学生所学的知识不会与社会相脱轨，同时也可以提高课堂效率和学生对法律素养提升的积极性。通过培养大学生的法律意识、法律思维塑造大学生的法律精神来提升大学生的法治素质。

第五，提高教师的法律素养水平，带动对学生法制素养的提升。大学生的法律素养一方面靠自我实践，一方面也要靠教师的传道授业。而教师在教育的过程中起主导作用，教师法律素养的高低决定了他提升自己学生法律素养能力的高低，一位教师自身的法律素养水平也会影响其学生的法律素养水平。

二、高校大学生法律素养不足的原因

（一）传统文化对大学生法律意识的影响

首先，我国有着几千年的文化历史，传统的等级制、特权思想根深蒂固，自由和民主在普通人眼中很难实现，限制了人们追求平等的思想。其次，儒家的"仁义"思想、中庸的"礼德"思想、"以德服人"的人治理念已经深深地嵌入人们的头脑中，压抑了人们追求自由、平等、权利的意识，同时也阻碍了中国法制化进程。最后，中国传统的人治思想对法律移植产生冲突，虽然中国的法治建设已经打破了封建法律体系，建立了现代化法治体系，但是传统的人治思想和文化对人们的行为规范和法律理念仍起到不小影响，阻碍了现代化、法治化建设的进程。

（二）社会环境对高校学生的影响

随着社会的发展，尤其是"互联网+"时代的到来，大学生能够及时了解各种违法违纪的现象，让学生的思想观念和价值观受到影响，致使大学生对法的感知、信任和敬畏降低，从而影响了大学生法律素养的实效和学生对法律的认可度。

（三）高校对法律知识的普及传播投入不足

受学校对大学生法律知识传授的方法和途径所限，学生很难养成良好的法律思维，部分学生受眼界所限，没有把精力放在学习法律知识上，单纯地认为学习法律知识仅仅是为了应付考试，影响法律学习的效果和法律素养的培育。

（四）高校大学生自身重视程度不够

随着高校教育事业的不断推进，特别是扩招以来，部分学生个人素质有所下降，很多学生忽视法律教育，对提高法律素养认识不足。尤其是在严峻的就业形势下，学生把主要精力放在外语、计算机和专业知识上，忽视对法律知识的学习，认为法律知识仅仅是为了考试需要。这种思想影响了大学生对法律知识的学习效果以及法律素养的培育。

三、提升高校大学生法律素养的途径

（一）优化社会环境，提高社会法律意识

增强大学生的法律意识和法律素养，不仅仅是学校的责任，也是涉及社会、家庭等各层面的系统工程，要提高大学生的法律素养，必须引起全社会的共同关注和广泛参与。要大力宣传法律知识，让公众真正意识到当前社会是"法治社会"而非"人治社会"，进一步增强人们的法律意识；要进一步加强社会主义法治体系建设，完善对权力的监督监管和制约机制，确保执法人员依法办事、公正执法，培养公民良好的法律情感。要对各类贪赃枉法、违法乱纪行为采取零容忍的高压态势，严厉打击，发现一例处理一例，不给违法犯罪留下滋生的土壤。要打造社会、学校、家庭"三位一体"的大学生法治教育网络，使学生潜移默化地接受法治熏陶，从而提高自身的法律素养。

（二）浓厚校园法治文化氛围

为普及学生的法律知识，让更多的学生深入了解法律和法治观念，高校应充分利用多个教育平台和各种新媒体手段，积极开展法律、法治宣传，真正让法治的理念深入人心。要通过组织开展各类专题讲座和主题报告会对法律知识进行普及。举办学生感兴趣的法制栏目，让学生在娱乐中接收法律知识。开展模拟法庭审判活动，指导学生成立各种法律协会，让学生在实践中提高法律素养。开展不同层次、不同种类的法律知识竞赛、法治话题讨论等活动，让学生在潜移默化中提高法治观念，使大学校园形成一种学法、守法、用法的氛围，逐步培养大学生的法律信仰。

（三）加强高校法律教育的投入力度

大学生是社会主义事业的建设者和主力军，他们的法治教育和法律素养状况影响着社会的发展和进步。高校要充分意识到法治教育的必要性，将法治教育放到与德育、专业教育同样重要的地位，加大对教师队伍建设和法律课程设置的投入力度。

首先要建立完善的教师队伍，加强对教师法律知识及法律素养的培训，努力给教师提供外出学习培训的机会，让老师们通过不断的学习培训，不断充电，使自己具备充足的法律知识，以便达到以身示范、依法执教、依法育人的目的。建立合法完善的激励、约束制度，完善优秀人才引进、奖励机制，投入更多的资金和设施，吸引更多优秀的教师加入法律教育中来，提高教师队伍的整体水平。规范以辅导员为主的兼职法治教师，让辅导员在与学生的交往中，充分了解学生学法、用法的情况，有针对性地开展学生法律思维方式的培养。

其次，在课程设置上要大胆创新，增加法律知识相关课程。要想提高大学生的法律意识，仅仅靠《思想道德修养与法律基础》上所学的知识几乎是不可能的。培养大学生的法律意识与法律信仰，使学生养成自觉学法、知法、守法、护法的行为习惯，要求教师在教学过程中以必要的法律知识的传授为中介，加强对大学生法律素养的培养。高校应立足课堂，将公共必修课程与选修课相结合，除了开设《思想道德修养与法律基础》外，可以根据学生所学专业及学生学习兴趣的需要，开设多种多样的法律选修课，使法治教育更能体现学校的特色，贴近大学生的生活，满足大学生的学习需要。

(四) 加强大学生法律意识培养

高校的主体是学生，要提升高校大学生的法律素养就必须提高他们的综合素质，尤其是法律素养和法律意识。只有让学生认识到积累法律知识、提升法律素养的重要性和必要性，他们的态度才会摆正，思想觉悟才会得到提高，才会提高他们对法律素养和法律意识的重视度，必将有效提高高校学生的法律素养。要创造条件，积极鼓励学生认真学习各种法律法规，为培养法律意识打下基础，要增强学生自觉学习法律知识的主动性和积极性，用法律知识来武装自己的头脑，形成学法的热情。要在学法的基础上，达到学以致用，让法律成为维护自身权益的武器，一旦自己遇到事情，能够合理利用法律维护自己的合法权益。

第三节　加强大学生法律素养培育的实践教学模式探析

大学生法律素养的培育需要理论教学和实践教学共同支撑。当前有关法律素养的实践教学各高校实施标准不一，影响了法律素养教学的实效性。

大学生法律素养的教学内容主要包含在思想道德修养与法律基础课程中，教学理念着眼于学生法律素养的培养与提升。"思想道德修养与法律基础"课程法律部分的教学内容除了具有鲜明的理论性和知识性，还具有较强的应用性和实践性。要实现课程教学目标的知行合一，完全依靠理论教学难以实现教学任务。因此，加强实践教学环节的研究，对促进大学生法律素养的培育，使其成为社会建设的中坚力量意义重大。

一、大学生法律素养实践教学的重要性

法律素养是人们通过对法律知识的学习,近而内化为法律情感、法律意志和法律信仰并由此形成的运用法律的能力。法律素养的提高,不仅要系统地学习法律知识,树立法律意识,而且要具备一定的法律实践能力。首先,实践教学是实现受教育者法律素养内化和外化的必要途径。一方面通过学生亲身实践使其亲近、认同法律,将法律规范的基本要求内化为受教育者的认知、情感和信念;另一方面,可以将受教育者将自己的认识、情感和信念外化为具体的行为并最终形成良好的行为习惯。

其次,从课程性质看,思想道德修养与法律基础课程具有鲜明的实践性,这要求教师在教学中对学生除了理论讲授外,还需坚持知与行的统一,这既是课程的出发点,也是归宿。如何通过各种形式的实践教学活动,实现受教育者主体通过实践感受和切身体验,促进社会道德法律基本要求的内化和受教育者主体道德法律意识外化的两大飞跃。

最后,从教学效果看,实践教学是提高大学生法律素养教学实效性的重要途径。当前高校的一些探索实验显示,实践教学能增强学生对具体法律的感知和体验,使学生在活动中深化法律知识、感知法律功能,培养法律情感,提高法律素质。通过法律素养的有效教学,帮助大学生成为既拥有现代的专业知识结构,又具备良好的现代公民的内在素质,使其最终成为与法治国家相适应的现代公民。

二、大学生法律素养实践教学的现状及问题

法律素养实践教学可分为课内实践、校内实践和校外实践三个层次,其形式通常表现为课内案例讨论、辩论;课外的模拟法庭、研究性学习及社会调查、法院旁听等活动。虽然各高校对课程实践教学比较重视,但由于受诸多因素影响,目前法律素养实践教学还存在一些问题,距离学生实际需求还有差距。

(一)课内实践偏离课程教学理念

法律素养教学要求之一就是培养大学生自觉学习法律知识,内化为运用法律知识解决实际问题的能力,外化为合法的社会行为,升华为法律素质。作为即将立足社会的大学生,首先是守法,其次才能说向善,提高道德修养,因为"道德的最底线是合法"。课内实践往往体现为案例讨论、辩论。在案例选取方面,一些教师组织课内实践陷于法律学科,忽视了教学目标培养的是综合素质的社会公民;一些教师仅就说明一个法律问题案例随手拈来,在有限的课时里往往导致最后教学内容没有讲完,学生收效甚微。

(二) 课外实践流于形式，知识结构无序化

开展法律实践教学，需要一个循序渐进的过程，注重知识环节衔接的序列性。法律素养内容涵盖了法理、宪法、民法、刑法等部门法和三大诉讼法、仲裁法等程序内容，如果对内容选取没有重点和标准，就会影响实践环节教学的进行与效果。法律素养课外实践常体现为模拟法庭、研究性学习及法院旁听等活动。模拟法庭等一些课外实践活动必须是在学生具备一定的理论基础和程序知识后方可有效开展，显然一门课不能对所有法学知识进行系统、完整的讲授，这需要教师在精讲、实用上下功夫，这是课外实践成功实施的关键。有限的课时与全面的知识点之间的矛盾造成教师在授课内容选取方面自主性较强，缺乏标准与规范。一些教师在有限的课时内只是简单地将法学基本理论与民法、刑法等部门法罗列一起，内容抽象，枯燥无味，难以调动学生学习的兴趣。

(三) 教师实践教学水平有待提高

目前，很多高校从事法律教学的教师大多都有高学历，是教学的主力军，但由于从大学校门到大学校门，自身缺少职业技能训练，实践经历和社会阅历不深，因此，大多存在不能有效指导学生实践活动的现象。

三、增强大学生法律素养实践教学实效性的思路

(一) 课内实践注重"培养法律素养的公民"的教学理念

首先，"思想道德修养与法律基础"课程法律部分内容授课应以法律素养教育作为实践教学的立足点。大学生如果没有良好的法律素质养成，即使法律知识很丰富，在实践中也可能出现知法犯法或规避法律的事件。课内实践的案例选取标准应围绕课程目标"培养法律素养的公民"为基点，既要注重所选案例的法律性，也要注重案例对做人做事的影响，切忌庸俗。哈佛大学法学院前院长朗代尔曾说过："有效地掌握法律原理的最快最好的途径之一是学习那些饱含这些原理的案例。"经典案例引导学生讨论，重点让学生体会现代公民的守法意识和规则观念，以及对社会热点问题的法律分析及道德思考。如"泸州遗赠案""南京彭宇案"中的道德与法律问题，通过社会现象引导学生思考现象的本质在于道德和法律的冲突，讨论见死不救是否应该纳入法律体系规范人们的行为，正是在这样的追问和选择中，学生才会深入思考法律和道德博弈中的一些深层次的理论问题。

(二) 课外实践注重知识结构的逻辑序列性

正如马克思认为"社会生活在本质上是实践的"。法律素养课外实践主要是培育学生践行法律规范的能力，以及对所学法律观念的理解深化和知识的综合运用，进而形成对法律的信仰。这些实践形式必须是在建立法律意识观念、对部门法律原则、程序基本了解的前提下，才能有效开展。

法制教育的层次目标决定了法制教育的内容也具有层次性，即基本法律知识、思想观念和行为修养层面。通过对社会主义法律体系的简单梳理，使学生逐步从理性认识过渡到法律信仰。"法律必须被信仰，否则它将形同虚设""没有信仰的法律将退化成为僵死的教条"。

通过法律实践，把枯燥的法律理论的学习变成生动的法律知识学习，充分调动学生的积极性，培养其分析、推理、思考相关法律问题，进而促进其法律思维方式的形成。通过这种法律实践的感知和体验，使学生感知法律功能，树立法律信仰，提高法律素养。

（三）提高教师实践教学素质

为了实现法律素养实践教学的实效性，首先教师需认识到位。教师思想上应认识到实践教学是实现教学目标、深化教学改革的需要，而实践环节教学的质量、效果和发展如何关键在教师实践素质能力与积极性。其次，健全学校的制度保障，不仅要通过各种形式培训他们的业务水平，还要增强教师的责任感和使命感，鼓励教师投身实践教学中，积极参加校内外实践教学基地的建设。最后，坚持走出去和请进来政策，学校可以安排教师假期到法院等实践教学基地挂职锻炼，增强其实践素质，同时也经常邀请法院等单位专家学者来参与实践活动，提供共同学习的机会。

当代文明的法律理念乃是通过法律这种机制实现人的自律能力的培养，最终通过法律的他律转化为行为人的自律。大学生正处在从他律向自律转型的过程之中，通过完善法律素养实践教学，更能使其意识到自身行为的社会效果，并为自己的行为担当责任。大学生只有具有责任意识，反向催化其对自身行为的评价意识和自由选择意识，才能最终建立起自律的法律意识和法律素养。

第四节　对提升大学生法律素养的几点思考

法律素养是现代法治社会公民的必备素质，提升大学生的法律素养亦是依法治国的必然要求。当前大学生的法律素养普遍令人担忧，不少高校把法律素养的培育简单化为法律知识的传授，法制教育还存在很多误区。本书认为应该以法律信仰教育为重点，强化大学生法制教育，提升大学生法律素养，以保障依法治国战略方针的顺利实施。

必备的法律素养是立足社会的基本要件，而法制教育则是提升大学生法律素养的重要途径。提高大学生法律素养，不仅关系到大学生自身实力和综合素质的提升，也直接关乎我国法治社会建设进程与和谐社会的构建。

一、当前部分大学生法律素养缺失的表现

(一)法律意识淡薄

大学生缺乏社会生活经验,思想比较单纯,法律意识也相对淡薄。当代大学生大多只关注自己的专业知识,而不关注国家时事政治,对于社会的公平正义等价值理念也是置若罔闻。即便偶尔会关注法律,也只是涉及自身利益的法律问题,带有很强的功利性。

大学生法律意识淡薄表现在以下两个方面:一是没有形成正确的权利义务对等观。法律上的权利义务是对等的,但受传统观念的影响,不少大学生认为制定法律就是为了约束人们的行为,这是"义务本位观"的思想在作怪,缺乏权利意识,没有意识到法律对公民权利的保护。二是法律知识贫乏,缺乏扎实的法律基础知识,了解一点皮毛知识就认为自己掌握了法律,因不知法、不懂法而导致法律认知出现的偏差,势必会影响大学生的行为选择。

(二)法律能力欠缺

法律知识的学习最终要转换为法律能力,即守法、用法、护法的能力。在依法治国的今天,"全民守法"对大学生的法律能力提出了更高、更全面的要求,大学生不但要做到不违法,还要用所学的法律知识维护自己和他人的合法权益,并且要敢于抵制违法犯罪行为。大学生法律能力的欠缺表现在三个方面:一是守法能力较差。守法是对大学生最低的要求,大学生违法犯罪行为的持续上升足以说明大学生缺乏遵纪守法的自觉性。二是用法能力较弱。运用所学法律知识维护合法权益,这是法律能力的较高层次要求,但在具体事件中,他们却不知从何做起。三是护法能力不强。在面对违法犯罪行为时,不少大学生持"事不关己"的心态,缺乏同违法犯罪斗争的勇气,这种心态无形中纵容了违法犯罪行为,助长了社会不良风气。

二、当代大学生法律素养缺失的原因分析

(一)外部环境的负面影响

一方面,受两千多年"人治"思想的影响,民众仅仅把法律当作一种工具,而忽视了法律自身所追求的自由、平等、正义等核心价值,而"义务本位"的观念也在阻碍着大学生正确的价值判断和法律意识的形成。另一方面,市场经济的发展带给国民物质富裕的同时,也产生了一些负面效应,诸如利益分配不公等现象在不断吞噬着大学生对法律仅剩的些许信任。此外,不健全的法制建设和法制环境也是大学生法律意识缺失的重要原因,在实践中,大学生很难参与立法,对法律法规的内容并不知晓,特别是改革开放后,大批法律法规的"快速"颁行,使大学生对我国庞杂的法律体系和法律规范产生了陌生感,导致法律很难被信仰,加之有法不依现

现代德育建设与就业规划

象的存在和司法不公时有发生，法律虚无主义的思想在大学生群体中也有蔓延的势头，消极的失落感极大地制约着大学生学法、用法、守法的积极性。

（二）现行教育体制存在缺陷

虽然当前依法治国被党和政府置于前所未有的战略高度，但大学生的法制教育似乎并没有被真正重视起来，不少高校偏重德育而轻视法制教育。其一，课程设置不合理，高校非法律专业接受法制教育往往局限于"思想道德修养与法律基础"课程，自2006年思想政治课程改革之后，法律基础部分严重缩水，而在有限的课时内，大多老师并没有把法律信仰的教育作为法治教育的核心，而是不遗余力地讲授一些具体的法律规定，并没有实现从知识体系向信仰体系的转换，法律基础课的任务是要大学生体会法律精神，而不是教给他们一件法律工具。其二，大班上课，教学效果差，"思想道德修养与法律基础"作为公共基础课往往是大班授课，一些老师的授课也是"流于形式"，加上学生本身对该课程的重要性也没有正确的认识，课堂授课效果难以保证。其三，部分教师没有法学功底，当前很多高校的法律基础课是由思想政治课教师来授课，他们大多没有系统地学习过法律知识，很难有效地向大学生传递法律精神。

（三）大学生思想不够成熟

首先，不少被家长"溺爱"出来的"90后"大学生心智尚未成熟，抗挫折能力较差，情感容易波动，而高校的心理健康教育并未起到很好的作用。价值的多元化冲击着大学生的头脑，而就业压力的逐年上升也导致大学生心理负荷过重，致使大学生的身心处在矛盾和疲惫的状态，一些与法制观念背道而驰的不良思想则乘虚而入。其次，大多大学生容易感情用事而缺少理性的分析，当他们看到社会上一些不正之风时，就会彻底否定法律的公正性和价值，甚至会夸大法制建设过程中出现的问题，对法律感到茫然而陷入消极的状态。再次，功利化的学习目的也是制约大学生法律素养提高的重要原因，不少大学生认为法律基础知识的学习与将来就业关系不大，不如专业课重要，学习"思想道德修养与法律基础"课程的目的就是能顺利拿到学分而已，这种思想上的轻视自然会影响法制教育的效果。

三、提升大学生法律素养的策略

（一）重视大学生法律信仰的培育

法律信仰是法制教育目标的最高境界，法治的实现需要良好的法治土壤和民众的认同，作为未来民族复兴希望的大学生，其信仰取向将直接影响我国法治建设的兴衰成败。唯有坚定对法律中所蕴含的自由、平等、正义等法治精神的信仰，相信法律的正能量，坚信法律能有效保护公民的合法权益、惩治违法犯罪行为，才能激起大学生学法、守法、护法的积极性，养成良好的法治思维方式。当然，法律信仰的培育是一个长期复杂的系统工程，单靠一个学期有限的法律基础知识的学习就想形成对法律的信仰无疑是痴人说梦。法律信仰也绝不是被灌输出来的，法律条文本身也不足以唤起人们对它的信仰，只有当内心深处的价值评价标准与现实社会中法律的公平正义出现契合时，法律才能被信仰。法律信仰的教育首先就要求大学生要具有正确的价值观念，要树立法律至上的理念。其次，要突出以法律信仰为核心的"法"的原理性教育，把课堂教育改革为一种基于法律信仰培育的知识传播，而不单纯是法律条文的枯燥讲解，要重视法律精神和立法思想的宣传，而不是单纯的普法课。再次，任课教师要善于进行"引导"教育，面对出现的社会负面现象不能采取"回避"的态度，而是要将其作为法制教育的重要内容，通过一定的教学艺术，使大学生更全面地认识和理解法律，最终信仰法律。

（二）改革高校法制教育培养方案

首先，高校要重视大学生法制教育，不能将法制教育与德育混为一谈，试图用思想政治教育代替法制教育，更不能随意缩减法制教育的课时，否则会导致学生质疑法律的重要性，从而降低学法的积极性。其次，对教学内容和教学方式进行优化创新，一方面，把法制教育与德育、心理健康教育、专业课教育结合起来，健全学生的人格；另一方面要改革创新教育方法，多采用具有吸引力的案例、实践、情景教学法，理论联系实际，将学生的"知"与"行"相结合，调动其学法热情。再次，要尽可能多地开设法律选修课程，开展校园法制教育实践活动，以满足不同专业学生的需求，提高更多学生的法律意识。

（三）开展多层次全方位的法制教育

首先，以家庭法制教育为基础。家庭法制教育是大学生法制教育系统工程中最基础的一环，家庭教育的成功与否直接影响大学生健全人格的形成，和谐的家庭氛围、正确的教育理念、科学的教育方式以及家长自身的法律意识都对大学生法律素养的提升起着潜移默化的作用。其次，以高校法制教育为根本。高校法制教育除了课堂教育外，要引导学生营造良好的校园法律文化氛围，开展各种各样的法律实践活动，宣传法律知识，通过理论与实践相结合，提升大学生的法律意识。再次，以社会法制教育为辅助。社会法制教育也是大学生法律素养提升的重要推动力量，政府应主导各种社会力量通过各种途径开展普法教育，健全社会普法教育机制。

（四）净化社会法制环境

首先，净化社会法制环境要坚持正确的舆论导向。电视、广播、报纸等大众媒体要遵守法律原则和道德底线，坚持正确的法制导向，传播正能量。其次，要规范网络行为。如今，网络已俨然成为大学生学习和社交的重要工具，但网络的负面性已被众人所诟病，大学生违法的新闻层出不穷，因此要净化网络舆论环境，培养网民言语责任意识，健全互联网的监督管理，让网络更好地成为大学生法制教育

的载体。再次,净化社会法制环境还要规范执法和司法行为,政府机关要做到严格执法,司法机关要坚持公正司法,以确保法律的权威和正义,充分发挥法律的正能量,营造良好的社会法制环境。

第九章 教师的法律素养

第一节 教师教育法律素养的重要性及其现实意义

在当今教育法制化的时代，教师教育法律素养的重要性体现在：它是现代教师专业化发展的基本内容之一；是教师职业道德建设的前提和基础；是合法实施学校教育管理和保障师生合法权益的重要条件；具有示范作用，能够影响学生的法律素养的养成。提高教师教育法律素养的现实意义体现在：它是依法治校和依法执教的基本要求；是健全学校民主制度的本质要求；是维护学校稳定的现实需要；是构建和谐校园的有力保障[①]。

所谓教师的教育法律素养，是指教师在从事教育工作中认识、掌握和运用教育法律的能力或素质，其通常是通过教师掌握教育法律知识、具备教育法律意识和教育法律行为表现出来的。也就是说，教师的教育法律素养分为三个方面的内容：教师的教育法律知识、教育法律意识和教育法律行为。具体地说，教育法律知识是教师对法律的认知程度，是教师在教育法律学习和实践过程中所获取的教育法律信息，包括教育法律规定（教育法律条文）的知识和教育法学原理的知识。教育法律意识是教师对教育法的现象的主观把握方式，是教师对教育法的理性、情感、意志和信念等各种心理要素的有机综合体，一般由教育法律理想、教育法律情感、教育法律意志、教育法律评价和教育法律信仰等要素整合构建，而其纵深结构又可分为三个层次，即教育法律心理、教育法律观念和教育法律意识形态（教育法律思想体系）。教育法律行为就是教师所实施的、能够发生法律效力、产生一定教育法律效果的行为，根据教师的教育法律行为的表现形式，我们将教育法律行为分解为教师守法行为、用法行为和护法行为。

随着我国教育法制建设的不断发展，依法治教和依法执教的理念深入人心。在当今教育法制化的时代，教师作为教育活动的一个主体，从某种意义上说，已经成为教育活动的一个重要的执法者，在依法执教的过程中，必然承担着重大责任。因此，在新时期，教师的教育法律素养日趋显得重要，提高教师的教育法律素养对教

---

① 谭晓玉.当前我国教育法学研究的价值取向：若干问题与思考[J].清华大学教育研究.2001年01期

育事业的发展有着重要的现实意义。

一、教师教育法律素养的重要性

（一）教师的教育法律素养是现代教师专业化发展的基本内容之一

"教师专业化主要指教师在整个专业生涯中，依托专业组织，通过终身专业训练，习得教育专业知识技能，实施专业自主，表现专业道德，逐步提高自身从教素质，成为一个良好的教育专业工作者的专业成长过程。"从教师专业化的这个定义中，我们可以分析出：无论是"表现专业道德"还是"提高自身从教素质"，在全面推进依法治教和依法执教的今天，教师的教育法律素养都应该成为教师专业化发展的重要内容之一。优秀的教师需要具备广博而深厚的学术知识，但这并不意味着一位学科知识丰富的人，就一定能够成为优秀的教师。"美国学者对教师素质的研究大多偏重于比较客观性的知识与教学能力的分析，对于教师的情操、举止、态度、精神等一般特质的研究，却甚为不足。尤其是有关这些特质的评量，更为缺乏。主要原因之一是这些特质与学生学习成果的关系，很难得到明确的定论。不过这并不表示这些特质不重要，因而日后我们的研究不妨加重这方面的探讨，制定一些专业人员共同认定的行为标准，使教师素质的规范，兼顾到德、智、体、群、美各方面的要求，并使教师职业成为一门专业。"可见，教师应具备的基本素养也是教师专业化发展的一个基本方面，而教师的教育法律素养无疑是教师应具备的基本素养之一，不应片面地来理解教师的专业化发展，不应忽视教师专业化发展的基础方面，而单方面强调教师专业化发展的"专业"因素，教师专业化发展所包含的内容是多方面的。作为教师应具备的基本素养之一，教师的教育法律素养与教师的信息技术素养等一样，是教师专业化发展的基础和保障，是现代教师专业化发展的基本内容之一。

（二）教师的教育法律素养是教师职业道德建设的前提和基础

可以说，广义的道德包括法律，法律是底线的道德，而我们平常所说的道德，是法律之上的规范准则体系。教师职业道德，是从事教师职业的特殊道德要求。它是教师在从事教育活动过程中形成的比较稳定的道德观念、行为规范和道德品质的总和，是调节教师与他人、教师与集体及社会相互关系的行为准则，是一定社会对教师行为的基本要求。而教师的教育法律素养是教师遵守、运用教育法律的能力表现，因此，教师的教育法律素养就相应地成为教师职业道德建设的基础。教师具备较高的教育法律素养，有助于教育法律在教育活动中切实落实到行动上，这对教师职业道德建设是至关重要的，所以教师教育法律素养的高低将直接影响到教师职业道德修养的水平。可以说，教师的教育法律素养是衡量教师职业道德水平的基础要件。而教师的职业道德水平会随着其良好的教育法律素养的形成而日臻完善。

"法律对于广泛应用的最底线道德要求的规定,就是通过制裁相应的违法行为而使'社会的道德底线'不会失守。坚守社会的道德底线,不能靠道德救赎,而要靠法律的强制力量。"在教育工作中,如果我们仅仅强调教师职业道德建设而忽视教师教育法律素养的提高,教师职业道德建设就会因缺少基础性要件而有损教育法律的外在强制性,成为"空中楼阁",教师职业道德建设也就难以达到预期的目的。"如果法律规则与道德要求之间的界限是不明确的或极为模糊不清的,那么法律的确定性和可预见性就必定会受到侵损。"国内很多学者和社会舆论将侮辱学生人格、体罚等问题仅仅归于教师职业道德的层面,显然没有认识到问题的本质,没有认识到这些问题是违反教育法律的行为,是要负教育法律责任的。当然这也有教育法执行方面的原因,也是教师教育法律素养没有得到应有重视的表现,其最终不利于将教育工作纳入法制轨道。

(三) 教师的教育法律素养是合法实施学校教育管理和保障师生合法权益的重要条件

教育是一种培养人的活动,教师在工作中直接面对的就是"接受培养"的学生,教师直接承担微观教育管理任务。而随着国家对教育的介入,教师获得了国家赋予的在教育实践中起支配作用的力量,即国家的教育权力,教师也因此获得了直接针对学生的教育权力。教师权力的行使,有助于使教育过程处于有序状态,有助于教育教学活动的正常进行,从而更好地达到教育目标。在这一过程中,教师权力的行使无疑要受到相应的教育法律的约束,以保障学生的合法权益不受侵害;同时,教师的教育法律素养是保证教师自身合法权益的有利条件。侵犯教师的教育教学自主权、克扣拖欠教师工资、非法恶意解聘教师等教育法律问题,教师们采取忍耐的态度,与教师较低的教育法律素养不无关系。教师只有具备一定的教育法律素养,才能有意识地对教育行政部门和学校管理行为的合法性进行判断,更好地保证自身的合法权益。教育要走上法制化轨道,也需要用教育法律来维系正常的教育教学关系,保护合理的权利和权力要求,使学校的教育管理活动在教育法律的规范下合理进行。这些都对教师的教育法律素养提出了相应的客观要求。

近几年来,教师的惩戒行为问题逐渐成为教育法学者们研究的热点问题。"作为国家教育职能的直接执行者和家长教育权力的委托行使者,教师行使其惩戒权时必须以学生利益为首要考虑,最大限度地发挥学校的教育职能。在注重惩戒教育效果的前提下,教师惩戒行为不应造成学生权利的缺损和被侵害;既不能容忍、姑息个别学生的越轨行为而使多数学生的合法权益得不到应有的实现,也不能在维护多数学生权益的良好意愿下使个别越轨者的合法权益受到侵害或对其身心发展造成不利影响。"由于学校学生管理中具有主体的不对等性、管理活动的强制性和不以学生意志为转移等特征,导致教师在教育教学活动中容易出现教师权力的越权行使,这就对教师的教育法律素养提出了更高的要求。教师只有具备了较高的教育法律素养，才能避免教师权力行使中的越权现象；才能使其行使程度与学生的行为相符；才能在出于教育目的基础上，在法制理念下，完全合法并合理地行使教师权力，更好地保障学生的权益。

（四）教师的教育法律素养具有示范作用，能够影响学生的法律素养的养成

德国哲学家黑格尔说过：教师是学生心目中最完美的偶像。国际21世纪教育委员会报告中也指出："教师的巨大力量在于做出榜样。"可以说，教师的一言一行，一举一动，很大程度上会成为学生模仿的对象，这说明在实施素质教育的今天，教师的作用仍很关键。学生素质的高低固然受家庭、社会环境等诸多因素的影响，但教师的素质是影响学生素质的主要因素。因此，要对学生进行法制教育，增强和提高学生的法律素养，就必须首先在提高教师的法律素养的基础上，进一步提高教师的教育法律素养，从而给学生做出遵守教育法律的典范。如今，对学生的法制教育是素质教育的重要内容，只有教师具备扎实的教育法律知识，在教育教学活动中言传身教，自觉贯彻法治精神和教育法律要求，在日常教育教学和管理活动中贯彻法制理念，才能为学生创设学法守法用法的氛围，从而可以为学生的法律素养的养成起到潜移默化的作用。

二、提高教师教育法律素养的现实意义

（一）提高教师教育法律素养是依法治校和依法执教的基本要求

教育法制静态层面的完备并不意味着法律在现实生活中的实现。从"应然"的教育法到"实然"的教育法需要从"文本中"通过"行动"去实现从教育价值法律化到教育法律价值化的转化过程。一国教育法制的完备与否，不仅要看其制订了多少个教育法律法规、教育法律规范体系是否完备，还要看这些法律规范在实际生活中的运作与结果。教师作为依法治校和依法执教的主体，其教育法律素养的高低直接决定着依法治校和依法执教能否顺利实施，进而影响到学校教育活动的效果。依法治校的普遍实施有赖于教师教育法律素养的提高，尤其是在我国学校的法制观念和依法管理的意识还比较薄弱、依法治校的制度和措施还不健全、具体工作中还存在着诸多问题的情况下，教师的教育法律素养对依法治校的实施起着关键性的作用。只有做到切实提高了教师的教育法律素养，才能更好地完善依法治校的制度建设，才能保证依法治校成为学校的自觉行为，从而有利于全面落实依法治国基本方略，加快建设社会主义法治国家。

同样，教师的教育法律素养也是依法执教的基础，教师教育法律素养的高低也决定着其依法执教的水平。教师作为教育活动的一个主体，教师是履行教育教学职责的专业人员，承担着教书育人，全面提高民族素质的使命，而依法执教是现代社

会逐步走向法制化的必然趋势。而教师这种责任的完全履行，相应地取决于教师教育法律素养的提高。教师的教育法律素养对依法执教的各方面都有积极的作用，如有助于教师树立教育责任意识、维护学生的合法权益以及处理学校的各种关系等。教师如果没有较高的教育法律素养作为支撑，依法执教就会很难实现，就会影响我国教育事业的法制化进程。因此，提高教师教育法律素养是依法治校和依法执教的基本要求。

(二) 提高教师教育法律素养是健全学校民主制度的本质要求

民主是法制的基础和价值体现，法制是民主的保障。为了保障民主制度的有效实施，就必须提高人民的法律素养。因此，提高教师的教育法律素养是健全学校民主制度的本质要求。在实践中，对学校的一些重大问题做决策时，由于教师缺乏一定的教育法律素养，导致其缺乏民主制度意识，起作用的只是少数学校领导，甚至只是个别领导，师生往往缺乏民主参与的权利、缺少民主协商的机会，而只有执行决策的义务，这既不符合学校法制的基本要求，也不符合学校民主制度的基本要求。教师如果具备较高的教育法律素养，相应地，就能督促校方建立起较为完善的学校法律制度，进而促进学校民主制度的健全。比如，学校申诉制度的建立为教师和学生权益提供了救济的可能，加强了学校与教师、学校与学生之间的沟通，保障了教师和学生的民主权利和合法权益，推进了学校依法民主管理的进程，从而有利于健全学校的民主制度。

(三) 提高教师教育法律素养是维护学校稳定的现实需要

法律通过明确的权利义务划分，可以规范一定的社会生活秩序，这是法律的作用之一，从而可以维护社会的稳定。当然，在学校组织中，教育法律发挥着维护学校的良好秩序和保障学校稳定的重要作用，这就意味着教师在维护学校稳定大局中肩负着重要责任。教师教育法律素养的高低，直接关系到其能否公正切实地维护学校和学生的根本利益，减少和消除学校的不安定因素；直接关系到其能否正确处理好学校各种矛盾纠纷，维护学校稳定。因此，教师要不断提高自身的教育法律素养，不仅可以增强遵纪守法、合理公正的自觉性，而且能够学会运用教育法律正确解决学校法律问题、化解学校法律纠纷、处理学校改革发展过程中产生的各种矛盾和问题，正确理顺学校、教师和学生的法律关系，依法协调和处理各种利益关系，并教导学生以理性、合法的方式表达利益要求，从而可以间接发挥法制宣传的作用，以维护学校的安定和团结，进而为维护社会的稳定打下坚实的基础。

(四) 提高教师教育法律素养是构建和谐校园的有力保障

构建和谐校园是构建社会主义和谐社会的重要组成部分，而且是构建和谐社会的基础性工程。因此，和谐校园的基本特征也同样表现为民主法治、公平正义、诚信友爱、充满活力、安定有序、师生之间和谐相处。因为民主法治是构建和谐社会的基础构件和重要保证，而法治又是民主的保障，所以构建和谐校园的任一方面，提高教师的教育法律素养都会起到保障作用。如前文所述，提高教师教育法律素养是依法治校和依法执教的基本要求，是健全学校民主制度的本质要求，是维护学校稳定的现实需要。所以，提高教师教育法律素养是实现学校民主法治和安定有序的基础。其次，实现教育的公平、公正是教育法所追求的基本的价值目标之一，"正义是教育法制建设最基本、最核心、最普遍的价值原则"。而且"诚信"作为法的原则，是法律规范的有机组成部分，法律又可以培养人们内心的宽容、谦让、互助友爱和规范人们的行为（教育法律当然也不例外），而教育法律理念的贯彻关键在于教师，因此，教育法制建设的价值、和谐校园公平正义和诚信友爱的充分实现，都有赖于教师教育法律素养的提高。最后，只有教师具备较高的教育法律素养，才能使教育法律发挥其通过确认和维护学生的基本权益，调动学生的积极性和主动性，发挥创造才能，形成鼓励师生创新的良好氛围，营造出充满活力的校园环境，在明确权利义务的基础上，师生之间和谐相处。在教育法治的新时期，着力提高教师的教育法律素养势在必行。因此，提高教师的教育法律素养应强调以下几个方面：继续加大教育立法力度，进一步提高教育立法技术，发挥地方教育立法的重要作用；着重加强教育法的实施与监督，切实发挥教育督导的重要作用；继续深入教育法学的研究，培养高质量教育法学人才；实施教师教育法律一体化培训，开设教育法学类课程；营造依法治校和学习教育法律的环境氛围，加大教育法律的宣传力度等，来充分全面提高教师的教育法律素养，使我国的教育法制建设更快更好地发展，为构建和谐校园打下坚实的基础。

第二节　中小学教师教育法律素养的现状分析

　　教师作为重要的教育法律关系主体，其教育法律素养关系到教育教学活动能否依法治教。在依法治国的大背景下，依法治教是一种必然。教育法律关系主体知法、学法、懂法、守法、维法、护法是依法治教的基础，教师是教育教学活动的主要实施者，作为重要的教育法律关系主体，其教育法律素养对依法治教具有重要的意义。那么教师的教育法律素养的情况如何呢？本书就此问题对我国辽宁鞍山地区的中小学教师做了一份抽样调查，对该地区178名中小学教师教育法律素养的现状进行了问卷调查，收回有效问卷150份，有效率为84%。同时，与被调查学校的部分教师和学生进行了访谈。通过对鞍山市及周边地区的中小学教师教育法律意识问卷调查统计，分析了中小学教师教育法律素养的现状及其影响因素，并提出了提高中小学教师教育法律素养的策略和补救措施。

一、基本状况

(一) 中小学教师教育法律意识诸方面发展不平衡

对鞍山市及其周边地区的中小学教师教育法律意识问卷调查统计显示，中小学教师教育法律知识的掌握准确率平均仅为31%，中小学教师的教育法律信念准确率平均仅为41%，而教育法律评价准确率平均为91%。在这里，教育法律知识是指人们对教育法律法规有关基础理论知识的了解、掌握的认识程度；教育法律信念是人们在教育实践中，认为哪些行为合法并坚定不移地去实施，哪些行为违法并坚决勇敢地去制止的观点与信念；教育法律评价是人们根据教育法律法规对教育行为是否合法所作的判断，也包括对自身教育行为所作的判断。从以上的数字我们可以看出，中小学教师教育法律意识诸方面发展存在严重的不平衡。

(二) 中小学教师的教育法律法规基础知识较为欠缺

本书以教育教学中的一些违法事件为问题，要求教师谈谈对这些事件的看法，60%的教师认为只有程度严重、影响极其恶劣的教师行为才是违法乱纪行为，其余的只能算是教师职业道德或教师素质问题。当要求其回答"教育法的渊源有哪些""我国教育基本法是什么""教师具有的权利、义务有哪些""学生的权利、义务有哪些"等问题时，80%的教师回答不出或回答不准确，许多教师不知道教师自身的权利、义务，甚至把权利和义务相混淆。

(三) 中小学教师教育法律意识与行为脱节

自1993年年底以来，拖欠教师工资的报道频频见诸报端，成为全社会关注的焦点。《中华人民共和国教师法》的颁布为解决拖欠教师工资问题提供了法律依据，但事实表明，许多教师虽知自己的工资被拖欠不合理、不合法，却没有采取维护自己权利的行为。另外，对发生在自己周围的诸多违法事件也熟视无睹、无所作为。

二、原因分析

(一) 缺乏对教育法律体系的全面认识

中小学教师对我国当前教育法知识的认知，基本停留在教育法律层面，即对教育基本法与单行法的认识层面，说明教师的知法意识薄弱。如果教师在思想观念上不关注或忽视教育法的存在，那么在日常的教育教学工作中，教师所谓的依法治教，可能在很大程度上仅仅是依照学校的规章制度执教，至于学校的规章制度是否符合相关法的精神，也许很少去思考。

(二) 缺少正规学习教育法律知识的途径

虽然有很多教师从教以来多次参加相关教育法律法规知识学习的次数，但是从对教师学习教育法律法规的途径与方式看，学校、教育机构组织的正规课堂学习并不是教师了解、掌握教育法知识的主要途径,通过学校、教育机构组织的正规学习的途径所占的比例并不高,不少的教师学习教育法律法规是以个人自学的非正式形式进行的,途径则多是通过电视、广播等媒体的宣传。由此可知,学校、教育机构、教育主管部门组织教师学习教育法,形式主要是听讲座、看录像,或者要求教师自学,即学校、教育机构、教育主管部门组织教师学习教育法的形式更多的是非正式的形式,而非正规课程学习的形式。

在没有任务和外来压力的情形下,光依靠教师的自觉和热情学习教育法,其效果并不理想。而且教师从各种不同的非正规途径获得的教育法的知识很大程度上可能是零星的、不完整的、不系统的。以零星的、不完整的理论指导教育实践,其结果是收效甚微的。其实,在中小学里,绝大多数的教师已经意识到了依法治教的重要性,并积极努力去学习教育法的知识,但是教育行政部门、学校、教育机构等在组织教师学习教育法律知识的工作方面还需要进一步完善提高。

(三)理解和掌握教育法律知识的程度不够

在正确理解、牢固掌握教育法知识方面,大多数教师表示对教师的权利与义务非常了解,但只有极少数教师对哪一部法律具体规定学生的权利与义务回答正确。这些现象都说明,教师对自身的权益和对学生的权益的认知情况很欠缺。说明中小学教师对教育法的知识一知半解,掌握得并不牢固,并不能够真正把握教育法的精神。

三、解决策略

(一)加强教育立法,明确提高教师教育法律素养的规定

一是及时修订已有的教育法律法规。现今随着时代发展和社会需要,要求必须依法治校、治教,而且法律法规的制定与修订也应该与时俱进。对改革开放早期制定的一批法律法规以及长期以暂行条例、暂行规定名义发布的法规、规章,应抓紧审核并修订。在已出台的有关教育法律中,对教师的教育法律素养没有明确规定,仅仅提到了教师要遵守宪法、法律,而教师的法律素养、水平应达到什么程度等没有提及。因此,需要迫切修订相关教育法律,明确提高教师教育法律素养的条款。

二是尽快制定与"母法"相配套的"子法"。我国虽然颁布的有《教师法》《中小学教师继续教育规定》等,但其中有些规定是比较原则和笼统的,需要各级政府特别是教育行政部门结合当地实际,及时补充制定,尽快出台与之相适应的实施办法或细则,使教师与教育管理人员面对教育中出现的各种问题,在具体操作时有法可依,防止在实际工作中以行政权力代替法律的现象出现。

三是加速地方教育立法。在不抵触全国性教育法律、教育行政法规的前提下,鼓励地方人大、政府制定更多地地方性教育法规或政府教育规章,使教育法律法规

的实施更切合当地实际。学校要依据法律法规制定和完善学校章程，经主管教育行政部门审核后，作为学校办学活动的重要依据。

（二）采取有效措施，切实提高教师教育法律素养

一是在师范院校，开设《教育法学》课。《教育法学》的教学目的是培养学生懂得从事教育工作所应当掌握的教育法律、法规和教育规章，提高教育法律意识，树立依法治教、依法治校的观念。师范院校在所有的师范教育专业开设《教育法学》课程，是加强教育法制建设的需要，是教育行政干部依法行政的需要，是学校领导干部依法治校的需要，是广大教师教书育人的需要，也是维护学校、教师和学生合法权益的需要。

二是综合院校学生或其他中国公民要获得中小学教师资格必须学习教育法律知识。目前，并非只有师范院校的毕业生才能担任教师工作。无论是综合院校的学生还是其他中国公民，在教育法律知识方面都知之甚少，因此，综合院校的学生或有心从事教育事业的中国公民在获得中小学教师资格之前一定要学习教育法律知识，增强教育法律意识。

三是校内外进行多种形式的教育法律知识教育。学校是重要的社会组织，依法治校、依法治教是落实依法治国基本方略的具体实践。在学校内可充分利用班会、校会、晨会、团队会、国旗下讲话等方式对师生共同进行普法宣传；课余可以开展图片展览、以案说法、法律知识竞赛、法律考试等多种形式的普法活动；校外的可以通过德育基地活动、看法制专刊、法律专访、去法院旁观、阅览有关教育法律法规等多种个别性的自学方式；作为中小学的领导和教师，还应通过岗前培训、岗位培训、进修等方式认真学习以《宪法》为核心的基本法律，重点学习《义务教育法》《教师法》《职业教育法》《未成年人保护法》等教育法律法规。

（三）加强教育执法和监督，确保教师教育法律素养提高

在完善教育立法、提高教师教育法律素养的同时，更要加强对教育执法的监督，也就是要加强教育法的实施。而我国目前在中小学教师中出现的违反教育法规的行为有一些不是因为不懂法，而主要是教育法规的实施不力，即有法不依、执法不严、违法不究的现象还很普遍。

要健全对教育法律法规实施的监督制度、惩罚制度。应加强各级人大对教育法律执行情况的监督检查，同时要充分发挥教育督导活动对教育法律实施的检查、监督、评价、指导的作用。教育督导在现代各国的教育行政中受到相当的重视并占有重要地位，一些教育发达国家都建立了系统、健全的教育督导组织机构，这些组织机构在推动各国教育事业的发展中起重要作用。而我国尚无独立的教育监督系统，教育决策、执行、监督混合在一起，决策执行系统自己评价自己，常常报喜不报忧，最终导致决策与执行缺乏科学依据。所以根据我国的现状与国外经验，建立起与决

现代德育建设与就业规划

策执行系统并行的相对独立的检查监督系统,是提高教育管理效率与效益,推动教育发展的重要方面,也只有这样才能使教育法律法规落到实处。

第三节 中小学教师的法律素养及其培养

目前,部分中小学教师的法律素养仍处于较低的水平。这有社会历史方面的原因,也和对教师的法律教育的缺失有关。改变这种状况,既要进一步加强立法和全民普法,更要倡导教师学法、懂法,同时把教师应具备的法律知识纳入师范教育的课程计划。

教师作为人类灵魂的工程师,是学生增长知识和思想进步的导师。教师不仅要教给学生知识,更承担着使学生身心健康成长、维护学生合法权益的责任,这就要求教师不仅要有广博的专业知识,还要具有对学生的父母般的关心与爱护和朋友般的关心与尊重,维护学生的合法权益。尤其是在教育日趋走向法制化的今天,教师更应该提高自己的法律素养,树立依法执教的意识,自觉维护教育法律法规。

一、当前中小学教师法律素养的现状分析

20世纪80年代以来,全国人民代表大会陆续颁布了《教育法》《义务教育法》《职业教育法》《高等教育法》《未成年人保护法》等重要的教育法律,从而形成了我国教育法律法规的基本框架。处于教育教学活动中心位置的教师,自然属于教育法律法规关涉的重点对象。在目前的教育教学实践中,本来应该熟知教育法律的教师,其法律素质却不尽如人意。

根据问卷调查统计,目前中小学教师的教育法律意识极不平衡,相当一部分中小学教师的教育法律法规基础知识较为欠缺,其教育教学行为明显与教育法规要求脱节。

在有关教师法律素养的采访中,当要求教师回答"我国教育的基本法是什么""教师具有的权利义务有哪些""学生的权利义务有哪些"等问题时左右的教师回答不出或回答不准确许多教师不知道教师自身的权利义务甚至混淆权利和义务。由于部分教师对教育法律法规基础知识缺乏,在具体的教育教学活动中,他们一方面不断地侵犯学生的合法权益。

近年来,教育法律纠纷在各种媒体上屡见不鲜,纠纷的症结就在于教育工作者法律意识的淡漠和学生逐渐增强的权利义务认知之间的冲突,以及关于学生权利的法律规定与对学生进行管理的不合理现状之间的冲突,焦点是学生的权利是否能得到尊重或被侵害。党和政府十分关心和高度重视青少年的成长,出台的《未成年人保护法》《预防未成年人犯罪法》等法律法规都足以说明对其的重视。但是这些法律

法规在实施过程中被大打折扣，有个别中小学教师甚至出现体罚学生的现象。值得重视的是，还有很多教师把如罚抄过量作业、放学不让立刻回家或讽刺挖苦等变相体罚行为列入体罚之列，尤其是对罚抄过量作业更是乐此不疲。再者，有些中小学教师对于经常违纪、顶撞老师、殴打同学的"小霸王"学生，虽然不直接开除其学籍，却实行的是"劝退"，即逼其退学，这实际上就是变相的开除。更有甚者，一些教师片面追求升学率，将差生赶出校门，剥夺了所谓"差生"的接受义务教育的权利。其实，罚教行为，无论是直接体罚还是精神折磨，都是封建家长专制思想遗毒的反映，是教师法律素养低的最直接的表现。随着家长、学生的法律意识的逐渐觉醒及社会对体罚的不断关注，现在体罚现象虽然有所收敛，但教师侵害学生权益、变相体罚学生的行为仍然时有发生。

教师体罚或变相体罚学生的现象屡禁不止，教师漠视自身合法权益而受到侵害的事件也屡屡发生，如教师被殴打、拖欠教师工资、无故开除教师等。尤其在民办学校，这种情况更为严重。拖欠教师工资多年以来一直是社会关注的焦点。《中华人民共和国教师法》的颁布，更为解决拖欠教师工资问题提供了法律依据。但现实调查显示，目前仍有个别地方的乡镇中学存在着拖欠教师工资的现象。对教师来说，他们虽然也知道自己的工资被拖欠不合理、不合法，但一般情况下却不能拿起法律的武器以维护自己的合法权益。再如《中华人民共和国教师法》第7条明确规定，教师有进修或者以其他方式参与学习与培训的权利，但据了解，某些学校虽不明令禁止教师进修，但却另外规定，教师在进修期间只能拿到30%的工资。以上种种现象，表明了部分教师的法律意识的淡薄，也反映了部分教师法律素养的缺失。因此，作为教师，既要杜绝侵害学生合法权益的事件发生，同时也绝不能忽视对自身正当权益的维护。

二、造成中小学教师法律素养欠缺的原因

（一）传统观念的影响

在我国的传统文化中一直强调"师道尊严"。例如，古代就有"天、地、君、亲、师"并列的说法，还有"一日为师、终身为父"的训诫。在这种思想的影响下，打板子、罚跪等曾被视为教育成功的法宝。这种观念沿袭下来，就表现为现在学校中教师体罚或变相体罚学生的行为。教师们认为，他们对学生权益的侵害都是对学生的"爱"与负责任的表现，在"爱"的光环的笼罩下，他们所做的一切都显得合情合理甚至是理所当然的，学生长期在这种环境的影响下也形成了对此类事件的漠然心理。

（二）家长的"授权"

由于许多家长对孩子寄予了太多的希望，因此他们对教师体罚学生的现象不仅

熟视无睹，甚至也视之为理所当然。一个尽人皆知的例证就是，时至今日，在一些地方，尤其是在农村，家长在给孩子报名上学时，总忘不了郑重地向老师交代：孩子就交给您了，要是不听话，该打就打，该骂就骂，我绝不护犊子。这时，如果教师回答：你放心，要是他（她）真不听话，肯定少不了挨揍。家长听了，一准喜气洋洋；如果老师回答：孩子调皮也正常，教育教育就好了，打骂不顶事。家长不但不高兴，还会怀疑老师的爱心和责任心。这其实是对教师的由尊重、期望转变而来的一种纵容，是给教师体罚学生的一种"授权"，也正因为家长的这种"授权"，才助长了个别教师在教育教学中无所顾忌地侵犯学生的合法权益。

（三）经济利益的驱使

在市场经济条件下，由于经济利益的驱使，有些人为了获得金钱而违法乱纪，有些人则为了违法乱纪而利用金钱。这种不良现象也不可避免地影响到教师。本书在与部分教师的访谈中，曾就"作为任课老师，有无对家长提出过教学以外的要求"这个问题询问过一些教师，许多教师都表示没有提出过，但有暗示过学生或家长。而在对学生的访谈中，有65%的学生反映，教师曾直接或间接地向他们索要过财物，有的班主任老师还利用职务之便，以管理班级的名义大肆罚款来惩罚学生，个别人甚至要求学生让其家长向自己的银行卡里存款。如果说以上只是教师的个人行为的话，那么学校向学生出售各种学习资料、收取各种练习费、试卷费则已成为公开和正当的了。从学生家长方面来讲，金钱在学生家长那里似乎也最先得到认可，在望子成龙的殷殷期望中，家长对教师展开"物质"攻势。例如，找教师补课，请老师吃饭等现象已相当普遍。在家长眼中，他们满足老师的需求越多，孩子可能得到老师的关爱也就会越多。而学生家长对教师的这种"物质"攻势也表现出家长对教育违法行为存在着包容的态度，从而助长了一些教师侵犯学生权益事件的发生。

（四）法律教育的缺失

教育法制化是现代教育的重要特征，但在目前我国的中小学教育中，一方面倡导着实现依法治教，另一方面却仍存在着法律教育的严重缺失。首先，是对在岗教师的法律教育存在空白。在中小学校中"升学率"已成了唯一目标，学生埋头苦读，教师们更是呕心沥血。家长们要向教师要成绩，学校也向教师要成绩，教师终日为怎样使学生拿到高分而全力以赴。学校根本无暇进行教师法律素质的培养，教师自身更是如此。其次，我国的中小学教师不论是源于师范院校还是非师范院校，尽管他们在学校时均接受过《法律基础》或《法学概论》一类课程的教育，但这对从事教师职业来说还远远不够。就高等师范院校来说，高师院校是培养教师的摇篮，师范院校对于提高教师队伍的整体素质、保障教育质量等具有先导性和决定性的作用。但在对未来教师的法律素养的培养方面，师范院校却同其他高校一样，都强行划一地只开设一门《法律基础》课来应付"法制教育",而且这种"法制教育"是在教师忙于赶进度、学生疲于应付的过程中完成的,其效果是不能高估的。教师的职业要求教师必须详细了解我国教育法赋予学生的基本权利及教师和学生之间的法律关系应如何规范,所以无论是从法律的理念还是从实际操作上来看,当前我国教师所接受的法律教育都是不够的,教师法律素养的缺失,是实践中侵权事件频频发生的一个重要原因。

三、教师法律素养的培养途径

教师法律素养低所造成的危害极大,要遏制这些危害的继续发生,并从根本上解决这一问题,应该从以下四个方面入手。

(一)从国家的角度说,应该加强教育立法

要想提高教师的法律素养,首先必须有完备的教育立法。只有让教师们有法可依,才能对其教育教学行为进行强有力的约束,并且也可以对其正当权益加以维护和保障,从而使教育事业健康发展。迄今为止,在我国社会主义民主法制建设理论的指导下,我们已经颁布了一系列的教育法律法规,可以说我国已经走上了一个"依法治教"的轨道。但是,由于教育法律法规实施细则的滞后,也带来了教育上的一些被动局面。因此,对于一些比较原则、笼统的规定应该及时予以修订,出台具体的实施办法或细则,增加提高教师教育法律素养的条款,以真正让教师在教育教学活动中有法可依。

(二)从社会的角度说,应该加速全民普法

教育作为一种社会现象,不能脱离社会孤立存在,所以教师的法律素养较低不能不说是社会的产物。当今社会上的一些不良风气的确在一点点地侵蚀着教师们的良知,在一次次地对教师法律底线的撞击中,部分教师已经很淡薄的法律观念也被撬开了缺口。所以,提高教师的法律素养,需要社会的参与和支持,应该在全社会开展普法活动,使教师的教育法律素养在社会的参与和影响下有所提高。全社会处处以法律为准绳,以法律为屏障,开展普法教育,构建和谐社会,这样一来,作为社会一分子的教师,潜移默化中其法律素养也会相应地有所提高。作为学生家长,其法律知识得到丰富,也会避免对教师违法行为的容忍甚至纵容。作为青少年学生,对自己的权利和义务有所了解,就可以增强对教师的违法行为说"不"的勇气。作为社会民众,其法律意识的增强会形成一种正确而强大的社会舆论,进而使教师也受到感染和影响,使教师的法律素养进一步提高。

(三)从学校的角度说,应该倡导教师学法懂法

造成部分教师法律素养低的原因之一是教师法律知识的缺乏,而要想让法律走进校园,实现依法治教,就应该使教师学法、懂法。青少年在学校接受教育,与教

师接触的时间最长,受教师的影响也最大。只有让教师具有良好的法律素养时,教师才能培养出具有法制观念和法律意识的合格人才。所以,要重视对整个教师队伍的普法教育,使广大教师在学法、守法、用法等各个方面都能为人师表。对于即将上岗的准教师,要进行岗前培训,加强准教师们对教育法律知识的学习,使其提高教育法律意识,强化法制观念。要把对教师法律知识的考核作为教师资格认定的重要条件,严禁聘用不具备教育教学基本法律常识的人员担任教师。对于在岗教师,要进行岗位培训,以提高他们的法律意识和法制观念,让每个教师都认识到不懂法律、不依法执教就是不合格的教师,使之在日常工作、学习中自觉地加强对法律知识的学习,并在每年暑期进行师德培训,将《教育法》《教师法》《未成年人保护法》等与其他有关教育的法律法规作为师资培训必修的内容。此外,学校还应定期邀请有关法律专家到学校与教师交流法律知识,帮助教师解决教育教学工作中的法律问题。相关部门还应对教师的法律知识掌握的情况进行检查,组织教师进行法律知识考试,使教师真正成为知法、守法的先锋。

(四)改革师范教育课程

应把教师所应具备的职业法律知识纳入师范教育本科的课程计划,使所培养的教师具有依法施教的意识。在当前的本科课程设置中,师范类的学生应当学习专门的教育法制的内容,通过教育法制课程的学习,使未来的教师明白教师和学生各自的权利和义务,以培养具有良好法律素养的教师。具体来讲,课程的设置应包括如下内容:①法理学知识。通过这一部分内容的系统学习,使教师具备尊重学生人权的意识,树立法律至上的观念。②宪法知识。我国宪法中规定了公民应享有的基本权利,如公民的人格尊严权、人身健康权、通信秘密权、受教育权,等等。宪法是制定其他一切法律的基础,也是保护公民权利的宣言书。③刑法相关内容。如果教师严重侵犯学生的合法权益,有可能会触犯刑法,如故意伤害罪、侮辱罪、诽谤罪等。④教育法的内容。教育法所包含的内容既有涉及教师权益的,也有涉及学生权益的。作为教师,应该对这些内容有全面的了解。此外,还应设置其他一些法律法规课程,如《未成年人保护法》等相关课程。通过对这些法律法规的学习,可使教师明白自己和学生在教育关系中的权利和义务,特别是明白学生作为公民所应享有的权利,以及学校和教师在保护未成年人健康成长、预防未成年人犯罪方面应肩负的责任。

总之,在教师必备的素质中,法律素养应当是很重要的。而法律素养作为一种素质,它的形成并非一朝一夕之功,而是一个循序渐进的过程。它的形成,不仅需要有优良的法制环境,还需要有制度化的法律知识的积累和法律意识培养的途径,更需要科学有效的法制教育的实现机制,等等。

第九章 教师的法律素养

第四节 中小学教师法律素养在法治教育中的师表作用及其实现

中小学校法治教育的新形势对教师的法律素养，特别是其法治教育能力提出了更高的要求。教师劳动的示范性特点使教师的法律素养在法治教育中具有"师表"作用。教师要提升对教育法律现象的高度敏感力，正确理解法治与德治的关系；遵守教育法律规范，坚守教师职业道德底线；善于依法行使教育权，教育和引导学生；依法制订学生管理制度，日常管理体现法治精神。教师要通过自身依法执教行为，向学生传达法治理念、法治思维和法治方法的要求。为进一步提高教师法律素养，增强学校法治教育的实效，教师还应具备营造法治文化氛围的能力。

近年来，在国家法治化建设中，从法制到法治提法的变化，表明其重心已由静态的法律规制建设转向动态的法律实施落实，标志着我国法治化建设上了一个新的台阶。这意味着有关法律的教育不再仅仅是法律知识教育，而是要注重执法与守法能力的教育。这也使学校法治教育不能再局限于一门课程，而应该落实于学校生活之中，"将法治教育纳入素质教育体系，融入校园生活，使学校法治教育常态化，成为教育生活的内在结构"。由此也必然对教师的法律素养，特别是法治教育能力提出了更高的要求。

一、中小学教师的法律素养在法治教育中具有师表作用

学校不仅具有各种科学知识的传承功能，同样承担着包括法律文化在内的各种社会思想文化的传扬任务。教师的基本职责在于教书育人，而教书育人的基本途径一是言传、二是身教。教师劳动的示范性特点决定了他们对待学生的态度和言行对学生有着潜移默化的影响。据《2016年全国教育事业发展统计公报》，我国幼儿园和各类中小学有教职工1576.811万人，其中专任教师人数高达1440.182万人，他们影响着数以亿计的中小学生的发展。

(一)新时代背景下要求教师提升自身法律素养

对于教师的从业素养，通常较为重视的是对专业知识和教育教学技能的掌握方面，在教育机构组织的各种各样的教师培训中，无不将提高教师的授课能力作为重点，甚至是唯一目标。必须承认，从某种意义上说，教师的授课能力的确与教育教学质量有着密切的关系。但是，当今学校教育反映出来的种种弊端，也使我们认识到教育过程并不仅仅是一个技术操作过程，而是人与人的交往过程。这个过程是复杂的，主体间交织着知识、情感、人格、利益等各种因素的复杂影响。教师作为这个过程的"主导者"，要想从容应对这一新情况的挑战，必须不断提升自身的各种人文素养，特别是法律素养。教师在教育过程中知法、懂法、守法的执教行为使年轻一代在成长过程中受到法治的熏陶，对于其养成依法办事的观念和习惯，成为未

现代德育建设与就业规划

来法治社会的新一代守法公民具有极为重要的作用。

教师法律素养在此是指一个人为了从事教师职业，经过一定后天的学习和培养，所获得的关于教师职业法规知识、能力以及在此过程中形成的相应思想观念、意识、态度等，也可以称为法律素质。教师职业法律素养具有社会性、习得性特征。在我国加快法治国家建设的时代背景下，教师提升自身法律素养，不仅是时代要求使然，也是其正确行使职业权力的基础，更是其维护自身权利和学生权利的需要。教育部在2011年印发的《教师教育课程标准（试行）》中，分别对幼儿园、小学和中学教师的法治课程目标作出了规定。

通过现实中的许多案例我们可以看到，教师能否依法执教、依法维护自己的权益，既有认识上（怎么看）的问题，也有实践方面（怎么做）的问题。而认识问题又以知识和概念为基础。因此，教师应具备的教育法律素养结构，包括教育法规知识、教育法律意识和教育法规实践操作能力等三个基本方面。在此基础上，为适应学校开展法治教育的需要，还应具备一定的法治文化氛围营造能力。知识总是以一定体系存在的，且国家的各个法律部门以一个体系的形式存在，各个法律部门之间互相联系、互相配合，共同发挥作用，教育法规与国家的其他法律部门必然存在密切联系。这使教师所应具有的法律知识是具有层次结构的，且不局限于对教育法规的了解和掌握。一般说来，包括公民基本法律常识、职业法律知识和青少年儿童法律知识等几个部分。

（二）教师违法行为对学生产生负面侵权"示范"

由于我国教育法治建设的起步较晚，长期以来人们习惯于行政命令式的管理方式，法治观念还处于在全社会普及的过程中，教师权益受到侵害或者教师侵害学生权益的情况仍不少见。在现实中，我们常常看到，有些"优秀教师"也会体罚学生，甚至比较严重。

为什么有的优秀教师会体罚学生？有的优秀教师因为太想让学生好好学习而体罚学生。从教师打学生的动机分析，几乎都出于对学生好的强烈责任心，有时教师言语劝说不了，就动用了体罚等方式。其实，这所反映出来的还是教师的教育法律意识淡薄，不能做到严格依法执教，不仅对学生的身心造成明显伤害，也是对学生的一次负面侵权"示范"。

（三）教师依法执教的行为是以身作则的法治教育

教师在依法执教过程中表现出的教育法规实践操作能力，特别是其遵守教育法规的习惯无疑将起到最好的"师表"作用。教师在熟悉和掌握教育法规及国家其他法律的基础之上，不仅能够做到自觉遵守法律法规，而且能够依法维护自己或学生的合法权益。这种能力一方面表现为能准确判断对方是否侵犯自己或学生的权益以及侵犯什么权益，另一方面表现为能采用合法的手段来维护自己或学生的权益。教

师对所侵犯的合法权利的准确判断，为其选择合法手段维护自己或学生权利提供了依据。教师的依法执教行为会成为具有模仿特性并在模仿中学习的中小学生的典型范本。

教师依法执教的行为是一种理智的行为，而理智的行动离不开理论的指导。教师能否自觉依法执教，往往取决于其是否具备依法执教的信息。只有系统地学习有关教育政策法规知识，并能理论联系实际地深刻认识其意义，才可能比较牢固地树立依法执教的信念，并用以指导自身的行为。

二、中小学教师通过依法执教的行为实现"师表"作用

为在法治教育中实现"师表"作用，中小学校教师要通过将法治理念与法治思维贯穿于班级管理及教学管理之中，给学生传达法治理念。要做到这一点，教师必须具有强烈的教育法律意识和对教育法律现象的高度敏感性，正确理解法治与德治的关系，坚守教师职业道德底线，依法行使教育权，善于运用法治的理念、思维和方法管理学生。

（一）提高对教育法律现象的敏感力，把握教育法律规制与教师职业道德的关系

教育法律意识是人们关于教育法规的思想、观点或观念的总称。它是社会意识的一种，也是人们对依法治教的客观现实的反映。但由于意识具有能动性的特征，教育法律意识并不是仅仅消极被动地反映客观现实，它会反过来作用于依法治教的客观现实，推动依法治教的管理模式与行为的发展，对教师依法执教的行为具有支配性的作用。这要求教师能在正确认识教育法规的作用与意义的基础上树立正确的权利义务观，并产生依法治教的意识。

要提高对教育法律现象的敏感力，形成牢固的法治理念、法治信仰和法治思维，教师必须正确把握教育法律规制与教师职业道德的关系。在传统义务本位的德治体制下，对教师的职业要求主要是以职业道德形式提出的。但是，随着社会的发展，社会治理体制逐步向以权利为本位的法治体制转变，一部分以道德形式表达的行为规范就会转化为以法律形式表达的行为规范。可以说，教师基本职业道德的法律化是教师职业要求的发展趋势。

但是，也要看到，法律与道德有着密切的联系，可以说很多法律规则都是由道德规则转化而来的。在教育领域，由于教育规律的特性，教育法律与教育道德的关系更为密切。《中华人民共和国教师法》将"遵守宪法、法律和职业道德，为人师表"列为教师应当履行的义务之一；《中小学教师职业道德规范（2008年修订）》也将"爱国守法"作为教师职业道德的一个重要方面。由此可见，教育法律要求与教育道德要求是相互渗透的。树立教育法律意识，做到自觉依法执教，既是国家法律的要

现代德育建设与就业规划

求，也是教师职业道德的要求。教育工作者如果缺乏必要的法律知识，没有正确的权利义务观和自我约束的道德水准，就难以做到依法约束自己的行为。

(二)遵守教育法律规范，守住教师职业道德底线

从内容上看，教育法律规范是教师职业道德要求的底线，是教师不能违背的最基本要求。教师职业道德规范是一般化的原则，对教师的行为起到引导作用，教师具有自由操作的弹性空间，当然也会具有不可逾越的边界。但是这个边界仅靠职业道德守护会变得不够确定，因为其作用的实现对主体的主观认识与态度具有较高的依赖程度，只有转化成为外在的法律责任要求，其作用的实现才具有比较切实的保障。因此，教育法律与教育道德在调节教育行为过程中具有互补作用。教育法律规范与教师职业道德规范只有结合起来，共同调节教育工作者的执教行为，做到既能事前积极预防违法，又能事后客观追究责任，弥补权利受到侵害的损失，才能促使各种教育利益关系更加和谐。

由于教育法律规范与教育道德规范相互交叉，而且我国有深厚的"以德治教"的传统，因此在很多情况下，当发生教育纠纷时，或者明显是学校教师的教育、管理学生的手段不当时，常常仅仅被看作是违"师德"的行为。诚然，这些行为首先是违反师德的，但是通过前述我们对教育道德规范和教育法律规范的分析可以看到，教育法律要求往往是教育道德要求的底线，即教育法律规范将软性的教育道德最低要求转化成了刚性的要求，成为不可逾越的最低界限。一旦逾越就会产生相应的法律责任，这使教育法律规范与教育道德规范有了显著的区别。因而，我们必须转变观念，通过对法律知识的系统学习和研究，提高对教育法律现象的敏感度，这样才能适应法治管理模式和手段的要求。

(三)善于依法运用教育权，教育和引导学生发展

教师要善于依法运用自己的教育权。由于教育教学活动主要是一种精神活动，要求教师在这一活动中能够针对具体情况发挥创造性，在很多情况下，教育法律规范对教师行为的约束带有一定原则性。这使教师劳动具有自主性的特点，在这种情况下，对教师的守法自觉性提出了更高的要求。原则意味着具有一定的灵活性，教师要能在原则允许的灵活幅度范围内充分发挥自己的创造性，而不能违背原则另搞一套，也不能超过原则允许的幅度之外。教师只有较好地掌握原则的精神，明确合法与违法的界限，才能恰如其分地行使自己的职业权利。如教师拥有指导与评价学生的学习和发展，评定学生学业成绩的权利。这一权利的行使，要求教师以公正的态度进行，对学生做出实事求是的评价，这样才能起到教育和引导学生发展的作用。这也是《教师法》确立教师这项权利的目的。如果违背这一目的来行使这项权利，或把它变成树立个人权威的"法宝"，或以它来进行某种"交易"，或以漫不经心、不负责任的态度来行使这项权利，就超出了《教师法》对这项权利行使的保护

范围。同时，在此未对"指导""评价"的方式做出具体规定，教师具有一定的选择权与决定权。教师在选择或决定指导和评价的具体方式时必须符合上述目的。

(四)依法制定学生管理制度，日常管理中体现法治精神

学校在各项事务的管理中要体现法治精神，依法建立完善的学生管理制度及其违纪惩处和权利救济制度是学生获得法治洗礼的重要基础因素之一。通过对美国学校的相关制度研究发现，依法制定并严格执行学生管理制度，特别是学生惩戒方面直接借鉴了司法程序，将学校规章制度的制定执行与法律相联系，不仅使学生认识到要为自己的错误行为承担责任，更从中学习法律知识，树立法治观念，懂得守法的重要性。

教师，特别是班主任在日常学生管理中要体现法治精神。学校教育的实施离不开教师，教师是直接对学生进行"传道授业解惑"的执教者。教师通过自己的教育与管理行为对学生言传身教，使学生耳濡目染，形成相应的理念与行为方式。如果广大任课教师和班主任能在日常教学和学生管理中体现法治精神，必然会对学生产生难以磨灭的法治熏陶。

教师要提高教育法律意识，增强对教育法律现象的敏感度，就应该对教育实践中发生的一些案例展开研究，结合相关教育政策法律规定，分析其发生的原因与结果，并进行身临其境的换位体验，思考自己如果遇到这种境况会怎么做、应该怎么做，久而久之，必然会取得成效。

三、新时代法治教育背景下要培养教师营造法治文化氛围的能力

由于当前对年轻一代实施法治教育的任务主要是由学校来承担的，学校法治文化氛围是法治教育的基本条件之一，因而作为学校教育主要实施者的教师还应具备营造法治文化氛围的能力，以增强学校法治教育的实效。学校形成的法治文化氛围也将对学生起到"润物细无声"的作用，并将使他们在法治社会受益终身。为此，教师要能主动地、有意识地在教育教学和班级管理中营造法治文化氛围。

(一)教师要善于在学科教学中融入法治教育

诚然，学校以教学为主，课堂教学仍是法治教育的主战场。学校法治教育可以有单独的教材，但是法治教育不能是孤立的教育，必须与学科教育相结合，还原法治在社会生活中的本来意义，这样才更易于被学生理解与接受。现实表明，当前法治教育效率不高的原因之一，是教材编写考虑不同学生的身心发展特点不够，内容缺乏可接受性，而教师对法治素养的形成规律不够了解，在教学中将法治教育等同于法制知识教育或者思想道德教育。因此，对各学段学科教材开展研究，探讨在其他课程中融入法治教育的可能性与可行性，拓展法治教育的路径，使法治教育教材内容与学科教材中的法治因素形成呼应，也是增强法治教育效率的重要策略。为

此，教师要善于在教材中发掘法治教育因素，在知识教学中融入法治教育。教师要对中小学教材进行研究，找到法治教育通过教学途径融入的切入点，不仅将法治体现于现实生活之中，而且易于教师把握法治教育的知识点和方法，着重培养学生参与法治社会生活的能力。

(二)教师要善于在学生日常学习生活中渗透法治教育

法律文化的营造，并非放置几块法律知识宣传板报、做几场法治专题报告、开几次法治主题班会、搞几次法治主题文艺会演那么简单。现代法律对人类行为的影响，不再仅仅是一种外围的存在，而是已经深入人类社会生活的各个方面，凡是存在利益关系的地方，几乎都可以感受到法律的触角。而学生的校园生活恰恰又是为其未来参与社会生活所作的准备。因此，法律文化应当渗透到学生的日常生活之中，让学生学会运用法律规则来处理与同学之间的利益关系，使学生未来的社会法治生活在校园生活中得以预演。如在学生之间发生矛盾时，不仅要教育学生宽容忍让，还要让学生学会如何解决矛盾，包括采用一些类似法律的方法，如通过纠纷双方信任的中间人进行调解，通过班委会进行仲裁，必要时还可进行举证、质证、辩论等法律程序，引导学生将所学到的法律知识与现实生活相联系，使学生感受法律规则的作用和意义，进而产生法律意识和信念，形成法律思维。

教师要具备营造法治文化氛围的能力，需要系统学习法律理论知识，熟悉相关的法律，并广泛了解法治新闻，思考法律问题，对一些有助于提高自身教育法律意识的资料进行积累，在学习过程中进行理论联系实际的分析。经过一段时间的学习和积累，自身营造法治文化氛围的能力必然会有所提高。

第五节　教师法律素养的养成

做一个教师，不仅要有专业知识和专业能力，而且还要有较高的法律素养。教师的法律素养的养成应从以下三个方面着手：一是应确立依法治教的观念，二是做一名有理性的教师，三是要处理好权利与义务、道德底线与上线以及当前和长远的关系。

一个教师通常要面对几十个学生。这样，他一方面要对学生群体进行有效的教育和管理，另一方面还要尊重每一个学生的公民权利，即不得在对学生的教育和管理过程中侵犯学生的合法权益。当教师对学生的管教权与学生的公民权相冲突的时候，教师就应仔细地进行权衡并做出恰当的处置。因此，作为一个教师，不仅要有专业知识和专业的能力，还要有较高的法律素养。教师的法律素养的养成要从以下三个方面着手。

一、确立依法治教的观念

观念或信念，它既不能靠某个教师个人来实现，但也离不开每一个教师个体的努力。这句话看似永远正确的废话，但是看了下面的例子以后，作为一个教师，他可能就会有新的感悟。一位父亲带着 7 岁的儿子在沙滩上散步。海潮潮起潮落，不断地拍打着海岸。当儿子发现有许多的鱼儿随着涨潮来到岸边，但落潮以后又无法回到大海，只能在沙滩上艰难地扑腾时，便对父亲说："爸爸，我们把这些可怜的鱼儿放回到大海中去吧，不然它们会渴死的。"父亲回答道："傻孩子，这么多的鱼儿，我们两个人怎么能救得过来呢？再说了，我们救与不救，谁会在乎呢？"儿子对父亲的回答并没有再说什么，而是俯下身子，轻轻地捧起一条小鱼然后才再对父亲说："爸爸，这条小鱼它在乎。"说完就把小鱼放回到大海去，接着就又捧起另一条小鱼，对父亲说："爸爸，这条小鱼在乎。"就这样，在很短的时间内，儿子就将十几条小鱼重新放回到大海去。此时，父亲也被儿子的举动所感动，也像儿子一样，俯下身子，轻轻地捧起一条条小鱼，把它们放回到大海……

类似的现象在我们的学校中也不乏其例。在我们的学校里，我们有些教师常常会说：在我带的班级中，有各种各样"问题"的学生不少，这靠我一个人能拯救过来吗？再说了，我拯救与否，又有谁会在乎呢？我拯救的结果还可能是吃力不讨好。但是，看了上面的故事以后，我们的教师则可能会有所思。的确，作为一个教师，我们可能无法拯救学校里所有"有问题"的学生，甚至无法拯救所带班级里所有"有问题"的学生。但是，凭借着我们的努力和执着，我们能拯救一个就是一个。我们对"问题"学生的拯救或转化的行为，可能真的没有太多的人会在乎，但被我们拯救的学生会在乎的，他们会一辈子都记得我们的。对优秀的学生来说，教师对他再好，他可能也未必会在乎，因为他认为他优秀，教师对他好是应该的。但是，对于那些所谓的"问题"学生，所谓的"后进生"，我们若能给他们一定的关爱，或者拯救，结果则会大不相同，因为他们缺少爱，他们需要爱。对他们来说，也许我们的一个小小的举动，就会改变他们的一生。教师只有确立起依法治教的观念，才能将"隐含于教师的专业能力和实践性智慧"之中的师德，在其教育教学中不断地展现出来，"教师才能逐渐积累而形成自己的富有个性的对教育的见解与创意"。从某种意义上说，教师的工作是个"良心活"，因为再怎么严密的评价体系也不可能评价出教师努力与付出的全部。但教师应明白，让学生满意应是自己的不懈追求，让自己满意更是一种崇高。

二、做一名有理性的教师

如同一般的法律法规都有其局限性一样，教育的法律法规也有其局限性。第

现代德育建设与就业规划

一,教育的法律法规也不是万能的。教育的法律法规不是调整教育中的各种关系的唯一手段,它不可能超出社会发展的需要,并且也会受到社会上其他法律规范以及社会条件和环境的制约。第二,教育的法律法规对教育变革的适应性也是有限的,教育法律法规的稳定性与现实生活的具体性和变化性之间会存在一定的矛盾。第三,教育的法律法规所要确认的事实往往是无法确定的,即通常我们所说的举证难。以教师为例,许多教师在日常对班级的管理中都会有许多好的、合乎法律要求的做法,但由于他们平时做的时候没有注意留下物质性的痕迹(没有采取证据的搜集或保存措施),所以就会导致在纠纷发生时,教师的一些主张往往得不到法律的认可。第四,教育的法律法规的适用范围也是有限的。比如,在涉及人的思想、意识、个人隐私或信仰等方面的事务时,教育的法律法规就很难发挥其作用。法律关注的是人们的外在的行为,它对于人们的内心世界往往无能为力,所以只能交由道德去调整。综上所述,我们就可以得出一个结论:在当今社会,离开法律法规是万万不行的,但法律法规也不是万能的。鉴于此,作为一个教师,要理性地看待法律法规,要了解法律法规的局限性,做一个有理性的教师,从而将以法治教与以德治教、以法服人与以理服人结合起来。

三、处理好三对关系

首先是处理好权利与义务的关系。从权利与义务关系的视角看,我们可将教师的境界分为三个层次。第一层次:不做自己不该做的——这是对别人的权利的尊重;第二层次:做自己应该做的——这是履行自己的义务;第三层次:做自己还能做的——这是对自己的义务的一种拓展。在通常情况下,即使是第一层次,有些教师往往也难以完全做到。比如,在参加会议时,教师是否能做到不做自己不该做的呢?具体说,男教师是否能做到在公众场所或者在有女教师在场的办公室里不抽烟呢?或者,再降低要求,抽烟时是否可以征求一下在场的女教师的意见呢?如此等等。人对权利的拥有是以他必须履行相应的义务为条件的,这一基本原则是权利与义务关系的核心。由于在现实社会中确定权利与义务关系体系的迫切性,特别是由于道德对人的权利与义务要求的特殊性,所以它也要求主体在处理权利与义务的关系时应更加注意自己对自己应尽义务的践履。

其次是处理好道德底线与上线的关系。张人杰教授在批判德育目标的单纯统一观的基础上,提出了他的关于德育目标的层次性的构想,认为在社会转型期,我们的关于伦理道德价值观的确立可以分为四个层次,即"应该提倡的""必须做到的""允许存在的"和"坚决反对的"。学校德育目标的确定,主要应是"必须做到的"和"坚决反对的"这两个层次的目标。北京大学赵敦华教授根据希腊神话,进一步将学校的德育目标细分为下面不同的层次:在理想的黄金时代,己之所欲,先施于人——应该提倡的,即先人后己,公而忘私,也就是你想别人怎样对待你,那么你就先怎样对待别人,这样人类就能友善相处,共同发展;在白银时代,己所不欲,勿施于人——必须做到的,即你不想受到伤害,你就不要伤害别人,也就是要做到洁身自好,这样人类便可以平和共处;在青铜时代,人施诸己,己也施于人——允许存在的,即以别人对待自己的行为方式来决定自己对待别人的行为方式,以德报德,以怨报怨,这时人类将处于战争与和平共存的状态之下;在黑铁时代,己所不欲,先施于人——这是我们要坚决反对的,即不能为未自己可能受到伤害,就先下手为强,就先打击或消灭潜在的对手,从而使自己摆脱可能受人攻击所带来的被动,否则人类将战争不断,冲突不断。

根据前面的论述,我们可将教师的道德境界分为四个层次。第一层次:己所不欲,先施于人,即我们通常所说的损人利己——这是我们所要坚决反对的;第二层次:人施于己,己也施于人,即我们通常所说的以德报德、以怨报怨——这是允许存在的;第三层次:己所不欲,勿施于人,即我们通常所说的利己不损人——这应该是教师做人的底线,也是对教师的道德要求的底线;第四层次:己之所欲,先施于人,即我们通常所说的舍己为人——这是教师的道德品格的一种高的境界,是许多教师都应该做到并且也能做到的。

最后是处理好当前和长远的关系,处理好想要做的和现在所能做的之间的关系,树立正确的"政绩观"。作为教师,我们想要做的事情可能很多,但我们现在能做的毕竟是有限的。对此,我们必须要有清楚的认识,必须从我们现在能够做的事情着手去做,日积月累,以便最终达到我们想要达到的目标。这样,就要处理好学生现在的发展和未来的发展之间的关系,即立足当前和着眼长远。学生的成长是一个长期的、复杂的和动态发展的过程。教育部2009年颁发的《中小学班主任工作规定》中强调,班主任要努力使自己成为中小学学生的人生导师。作为学生人生的导师,教师的眼光不能只放在一年、三年或九年义务教育阶段,而要对学生的一生负责。在有些问题上,在学生求学的某一阶段是个问题,但若将它放在学生成长的过程中来看,则可能就不是问题,或者说不是教师目前所认为的严重的问题。反之亦然。

法律与法规的生命在于实施与执行,教育的法律法规也不例外,有关教育的法律与法规的立法效果如何,需要通过有效的实施来体现。有效地实施有关教育的法律与法规,从宏观层面讲,需要通过国家或政府层面的有法必依、执法必严、违法必究的措施来落实;从微观层面讲,则要通过每一位教师在学校、在课堂上所表现出来的法律素养来体现。这是因为,对于某个家庭或对于某个学生个体而言,他们所能感受到的法律的公平与正义等,是由发生在他们身边的几乎每天都在经历着的小事中体现出来的。所以说,在学校、在课堂上等微观领域所涉及的对教育的法律与法规执行的状况如何，往往就是国家的关于教育的法律与法规是否得到了遵守的最好的说明。基于此，教师的法律素养就显得尤为重要。

第六节 培养高校青年教师法律素养的必要性

教育是一种人的培养活动，教师的法律素养是现今和谐社会中构建和谐校园的有力保障，通过高校的相关法律教育，使大学生具备一定的法律素养和较强的文明法治意识，这对于深入贯彻实施依法治国的基本方略，推动我国法制化进程、建设社会主义和谐社会，提高全民的法律意识及法律素养，都将产生非常积极而深远的影响。而青年教师的总人数现已经占到高校教师50%左右，他们承担的教学、科研、管理及服务等总工作量高达60%。因此，高校青年教师的法律素养的培养对于推进社会的法制化显得尤为必要。

党的十八大以来，中国共产党站在新的历史起点上。全面推进依法治国，是着眼于实现中华民族伟大复兴中国梦、实现党和国家长治久安的重大战略，是"四个全面"战略布局的重要组成部分。党的十九大报告在十八大报告"全面推进依法治国"的基础上，进一步要求"坚持全面依法治国"，这既表明了法治道路的长期性和艰巨性，也向全党迈入法治道路提出了更高的要求。全面依法治国是中国特色社会主义的本质要求和重要保障。坚持全面依法治国，必须坚定不移走中国特色社会主义法治道路，要坚持党的领导，坚持中国特色社会主义制度，坚持中国特色社会主义法治理论。

一、培养青年教师的法律素养是依法治校和依法执教的基本要求

只有在中国共产党的领导下依法治国、厉行法治，才能够充分地实现人民真正的当家作主，国家和社会生活的法治化才能够稳步有序地向前推进。而依法执政既要求我党依据宪法来治国理政，也要求我党依据党内相关法规管党治党。十九大会议上还明确了全面深入推进依法治国的重大任务就是：要完善以宪法为核心的具有中国特色社会主义的法律体系，要加强宪法的实施；深入推进依法行政，进一步加快建设完善法治政府；保证司法公正和高度的司法公信力；增强全国公民的法治观念，推进法治社会建设；同时加强法治工作的队伍建设；加强和改进我党对全面深入推进依法治国的领导。

实际上，从1998年颁布的《中华人民共和国高等教育法》开始，就明确标志着高校大学生的管理在国家基本的法律层面上得以确立，高校对大学生的管理从"人治"一步一步地向"法治"转变。而实行依法治校，其实就是要按照教育法律法规的相关原则与规定，开展大学生的教育、教学和管理活动，尊重大学生的人格，维

护大学生的合法权益，形成符合法治精神的教书育人环境。现如今只有高校青年教师这支主力军具备了扎实的教育法律基本知识，在管理的过程中，自觉守法、依法和依校规、校纪开展工作，深入贯彻法治观念，有助于缓解和化解高校与大学生之间的矛盾，防范法律纠纷和风险，才能够为大学生营造出较好的学法守法和用法的法律氛围，从而为学生的法律素养的养成起到潜移默化的作用。

高校青年教师作为高校依法执教、依法治校的主力军，他们法律素养的高低就在一定层面上决定了依法执教、依法治校是否可以顺利地实施，从而进一步对高校教育活动的成效产生相应影响。高校青年教师的法律素养是高校中依法执教的基础，他们法律素养的高低势必决定着他们依法执教的水准。教师是履行教书育人职责的专业性人才，承担着教育及全面提高公民素质的使命，而依法执教则是这个社会逐渐走向法制化的必然趋势。高校青年教师作为教育活动中的主力军，在当今这个教育法制化的时代，从一定意义上说，已经成为整个教育教学活动过程的一个非常重要的执法者，在依法执教的过程当中，实际承担着非常重大的责任。高校青年教师这种责任的履行，也一定程度上取决于其法律素养的提高，他们的法律素养对依法执教的很多方面都有积极推进的作用，比如有助于高校的青年教师正确树立教育的责任意识、自觉地维护学生们的合法权益，以及处理高校中的各种关系，等等。高校青年教师若是没有较高的法律素养作为支撑，依法执教就会变得很难实现。依法执教实现不了，则势必会对我国教育事业法制化的进程产生影响。同样，依法治校的普及实施也有赖于青年教师法律素养的提高。尤其是在现在这个时代，我国很多高校法制观念和依法管理的意识相对不强，依法治校的相关制度及相关措施还不够健全，在具体的教育管理工作中还存在着种种问题，所以高校青年教师法律素养的培养与提高，在一定程度上对高校实施依法治校起着关键性甚至决定性的作用。为了更好地完善依法治校有关制度的建设，使依法治校成为高校的一种自觉行为，我们要积极推进高校青年教师法律素养的培养，从而也有利于全面贯彻落实国家依法治国的基本方略，为加快建设社会主义法治国家出一份力。综上所述，提高高校青年教师教育法律素养是依法执教、依法治校的基本要求。

二、培养高校青年教师的法律素养是建立健全学校民主制度的本质要求

民主是依法治国、建设法治国家坚实的基础。依法治国、建设法治国家又是实现民主政治最根本的保障。邓小平同志在20世纪70年代就提出了依法治国、建设法治国家的治国方略。"为了保障人民民主，必须加强法制。必须使民主制度化、法律化。使这种制度及法律不因领导人的改变而改变，不因领导人的看法和注意力的改变而改变。"这就是邓小平同志提出的有关我们国家社会主义民主法制建设工

作的基本思想。民主是法制的基础以及价值体现，法制则是民主的基本性保障。为了保障民主制度能够有效实施，提高人民的法律素养势在必行。因此，提高教师尤其是高校青年教师的法律素养就成为建立健全学校民主制度的本质要求。在高校的管理实践中，在对学校的一些重大问题讨论和决策时，由于青年教师相应法律素养的不足，导致其民主意识不够，起决定性作用的只有少数的学校领导，甚至只是个别的校领导，大多数老师和大学生丧失了他们民主参与的权利，也缺少了民主协商的种种机会，最后只剩下执行上级决策的义务，这既不符合高校法制化的基本要求，同时也不符合高校民主制度的基本要求。自此看来，高校青年教师若是能够具备较高的法律素养，那么相应地，就能对高校建立起较为完善合理的法律制度起到监督和促进的作用，同时也促进了高校相关民主制度的建立与健全。例如，高校申诉制度的建立，就可以为部分教职工和大学生权益提供相关救济，一定层面上加强了高校与青年教师、高校与大学生之间的沟通，保障了高校青年教师和大学生的民主权利及合法权益，推进学校依法民主管理进一步发展，从而也有利于建立健全学校的民主制度。

三、培养高校青年教师法律素养是维护学校稳定、构建和谐校园的有力保障

1998年《中华人民共和国高等教育法》公布后，我国又陆续颁布了一些关于高校和学生管理的法律法规，从而使得高校与大学生之间的法律关系发生了尤为明显的变化。此前，高校与大学生之间的法律关系是行政法律关系，以权利服从为基本原则，随着我国高等教育体制的改革与变迁，尤其是高等教育从免费逐渐变为收费后，高校与大学生之间的法律关系分为了两类，除了上述行政法律关系之外，还增加了民事法律关系，以平等有偿为基本原则。高校与大学生的法律关系走向复杂化，这势必对高校青年教师从思想政治教育、学生管理工作、引导学生发展等方面，提出更高的法律素养要求。

在高校这个大组织中，教育的法律法规在维护着高校的良好秩序和保障着高校的稳定。这就意味着高校青年教师在维护学校的稳定大局中肩负着非常重要的责任。高校青年教师法律素养的高低与否直接关系到其是否能切实公正地维护高校和大学生的根本利益，在一定程度上减少并且消除高校的一些不安定的因素。高校青年教师法律素养的高低与否还直接关系到其能否正确处理好高校中的种种纠纷与矛盾，维护高校的稳定。故高校青年教师要切实地提高自身法律素养，因为这不仅仅可以增强遵纪守法、公正合理的自觉性，同时还能够运用教育法律法规来正确地解决高校中产生的一些相关法律问题，化解学校发生的种种法律纠纷，处理好高校在快步改革与发展过程中产生的种种矛盾和问题，正确地梳理高校、教师和大学生

之间的法律关系，依照法律来协调及处理种种利益关系，并教导大学生以理性、合法的方式来表达自己的利益要求。高校青年教师法律素养得到培养和提高，同时也达到间接发挥宣传法制教育的作用，进一步维护了学校的安定和团结，也进而为维护整个社会的稳定打下敦实的基础。

社会主义和谐社会的构建要求加强高校大学生思想道德与法律素养培养，在高校这一大环境当中，势必要构建起和谐校园。目前来看，中国经济社会的发展正处在非常关键的时期。随着我们国家经济体制以及其他各项改革的深入发展推进，社会急剧的变迁，引起了经济社会生活的大变动，而国家相关法律、政策及管理的完善还需要一个漫长的过程。这种多种经济成分的共同发展、多种利益群体的同时出现，反映到意识形态领域，就转化为多种思想观念相互碰撞，社会成员逐渐出现思想困惑或混乱，各式各样的世界观、价值观和精神文化需求，高校的青年教师，刚刚步入社会参加工作，更加容易受到形形色色的社会影响，从而产生心理危机。构建和谐社会、和谐校园正是为了避免可能出现的社会经济问题，要化解形形色色的矛盾和问题，使全社会凝聚成为一股合力，为实现我国经济与社会的协调发展做出努力。和谐社会从本质上讲是一个多层次多方面的价值系统，又是各价值和谐共存的状态。多层次多方面价值系统和价值追求要求提高高校学生思想道德与法律素养的培养，前提就是必须提高高校青年教师的思想道德与法律素养。

第七节　关于提高高校青年教师法律素养的路径探索

法律其实如同道德一般，取决于个人对法律的内在化，高校青年教师法律素养的培养离不开整个社会这个大环境，当然也不会脱离生活在高校这一单独的空间而自发形成。有序的法治校园与良好的法治大环境处在同等重要的地位，高校青年教师只有在对法律知识能熟练掌握的基础上，不断加强本身对法律价值的认同，并且在日常生活实践中践行法律的相关规定，使国家的教育法律规范成为广大师生的自觉的价值尺度及有效的行为准则，并能够勇敢而坚决同违法行为做斗争，维护我们国家法律的权威，其法律素养才能最终达到预期的高度。

一、从国家的角度看

国家要想有效地提高青年教师的法律素养，首先必须有完善的教育立法。只有让高校青年教师们有法可依，才能够对其正当权益加以维护和保障，也才能够对他们的教育教学行为进行有效、强有力的约束，从而使教育事业向着健康的方向发展。

可以说，我们国家已经逐渐步入了一个"依法治教"的轨道，高等教育的有法可依,也标志着我们国家的高等教育已经走上了一个法制化的新阶段。教育法律法规中一些比较宽泛、比较笼统的法律规定应该尽快地予以修订,尽快出台具体的实施办法或细则,各级教育行政部门要进一步切实更新观念,转换职能,建立健全相关的制度,大力加强高等教育的行政执法与监督的力度,更好更强更有效地落实高等教育法律法规,为高等教育的法制建设和高校青年教师法律素养的培养创造出一个良性的运行机制,还要营造法律舆论的氛围。

另外,国家司法机关也要严格地依法行使独立的审判权和检察权,维护司法的公正,保护国家公民及法人的合法利益。要培养高校青年教师对法律的信任感,青年教师其实对于司法的公平公正有着非常强烈的要求,他们都很希望在发生案件诉讼时,通过国家相关的法律规范,来实现立法者的价值观念判断,为全体社会民众维持"正义",真正做到保障国家公民的合法权利。国家司法的公正与国家公民权利的充分实现和政府权力的有效监督是互相影响的,只有当高校青年教师相信法律是公正的、是保护无辜者及其权利的时候,他们才能做到真正地尊重和信任法律。

二、从社会的角度看

第一,加速全民普法,以正社会风气。高等教育作为一个国家的一种社会现象,是不能够脱离社会而孤立存在的,而高校青年教师法律素养较低,其实不得不说是当今社会的产物。当今整个社会上的一些不良风气在不断侵蚀着青年教师们的良知,在不断地撞击青年教师的法律底线,高校青年教师本身已经很淡薄的法律观念、法律意识也就这样被敲开了缺口。所以,要想真正提高高校青年教师的法律素养,就要整个社会来参与以及支持,就必须在全社会开展一系列多样化的普法活动,这样才能使高校青年教师的教育法律素养在整个社会的参与以及影响下自然而然地有所提高。

第二,要努力优化法律环境,做到有法必依,切实地维护法律的尊严。要积极优化高校青年教师法律素养培养的外部法律环境,法律素养的养成并不是封闭而单向的,而是开放的、交互式的。高校青年教师法律素养的养成与整个社会的外部法律环境有着至关重要的关联。

第三,要营造法律舆论的氛围。事实上,法律不仅有现实效力和法律效力,还有道德效力,如果法律与国家公民的法律信任度是一致的,法的道德效力就可以加强我们国家现行法律的实效性。所以从社会的角度来看,必须大力加强社会主义公民的道德教育,真正做到在社会导向和宣传上弘扬正气,逐渐构建起社会主义核心价值观。大家要勇于、敢于揭露这个社会的丑恶现象,在整个社会形成一种"守法光荣,违法可耻"的社会舆论环境和导向,创建出一个有利于强化高校青年教师现代法律意识的有力外部环境。

三、从学校的角度看

第一,要加快青年教师学法。造成高校青年教师法律素养较低的原因之一便是青年教师自身素养的制约,而要想达到法律走进校园、依法治教的目的,就必须使青年教师学法、懂法。大学生到高校接受高等教育,与教师接触的时间长,受青年教师的影响也大。只有让青年教师本身具有良好的法律素养,才能够为国家培养出具有较强法制观念和法律意识的合格人才。所以,学校要更加重视整个青年教师队伍的普法教育,使学校广大的青年教师在学法、守法、用法等种种方面都能做到为人师表。

第二,学校要营造出良好的校园法制环境,强化广大师生员工对法律的认同度。"有法可依、有法必依、执法必严、违法必究"作为我们国家社会主义法律所适用的基本原则,同时也是学校依法治校的一项重要原则。高等学校作为为国家培养四有人才的阵地,能够做到照章治校和依法治校,就直接影响到大学生法治观念的形成,影响到大学生法律素养的培养。

第三,学校可以通过开展多种多样的普法活动来浓厚法律的学习氛围。一方面,学校可以邀请地方法官、检察官、律师以及立法工作者到学校举办一些介绍和宣传法律知识的人文讲座,介绍当今社会现实中的一些法律热点问题,增强青年教师以及大学生对社会的一些法律问题的关注度,了解相关的法律动态以及今后的发展趋势;也可以多准备一些喜闻乐见、符合青年教师以及大学生心理的普法活动。法律其实是一门实践性非常强的学科,其应用性强的特点也决定了青年教师法律素养的提高不是仅仅靠相关课堂的教学就能实现,它必须要建立在青年教师对法律的认可基础上。

第四,学校要将法律素养考核纳入教师选拔体系。要建设高质量的青年教师队伍,首先就要严格教师资格考试制度。教师资格考试是国家规定的从事教育教学工作的专业人员所必须具备的思想品德、学识和业务能力的基本要求,是学校录用青年教师的主要依据。因此,为了保证高校的青年教师是具有法律素养的人员,与教育相关的法律知识考核必须纳入教师资格考试的内容当中。

四、从青年教师自身的角度看

第一,要自觉地维护国家相关的教育法律法规,作为高校青年教师更要自觉树立起依法治教的自觉意识。在教育逐步向法制化前进的当今,每一位青年教师都应有相应的责任,那就是增强自身法律意识、维护国家的法律法规。高校青年教师要真正地知法、懂法,真正做到守法、用法,只有仔细认真地学习和深入领会我们国家的相关教育法律法规,才能够辨别到底什么是合法、什么又是违法,才能最终成为一个依法、守法的好人民教师，也才不会在自己的教学过程中存在违法违规的行为。随着国家法制的进一步健全与完善，在未来高校青年教师必备的素质中，法律素养应该要排在第一位。

第二，青年教师要增强自身守法意识，提高用法的能力，树立起护法的观念。很多青年老师在缺乏相关监督机制的状态下会表现出为了一己私欲而不愿守法的一面，在我们国家比较典型的例子就是在没有交警时不遵守交通法规，随意横穿马路等；高校青年教师犯罪率的上升和犯罪形式的多元化凸显出了这一群体当中存在的心理问题和过度追求利益的现象；而在工作、日常生活中权力受到侵害却不会用法律的方式来自救则反映出青年教师用法能力的薄弱；多数青年教师缺乏勇气，缺乏一种与不法行为做斗争的决心和毅力。所以本书认为需要重点关注的是青年教师用法能力的培养，只有这样才能达到切实提高青年教师的法律素养的目的。

第三，青年教师要加强自身的理论学习，掌握必要的法律常识和知识。比如《中华人民共和国治安管理处罚法》，刑法其中包括伤害罪、盗窃罪的相关知识；民商法其中的知识产权法、合同法等跟自己权益有关的知识。高校青年教师除了在高校校园内进行教书育人的活动，与高校发生关联，同时也在校外进行活动，与整个社会都发生着关联。因此高校青年教师有必要去了解相关的法律，一方面是自己做到遵纪守法，同时也达到引导大学生遵纪守法的目的，并且能够指导大学生依照法律来处理诸多纠纷及问题。另外高校青年教师要通过"教学相长"，与学生互动等方式，既教书育人，同时也从学生身上吸取知识、学习经验，教和学两方面互相影响和促进，和学生共同培养和提高法律素养。

第四，青年教师要深入社会，亲身参与各类司法实践活动。高校的法学青年教师如果能够被选拔为人民陪审员，就可以直接参与司法案件的审判工作，在这个陪审过程中了解人民法院审理案件的相关程序，对案件证据的提出、采纳、案件事实的认定、案件裁判结论的形成等主要关键环节的运作过程有更直观和深刻的认识，这可以使得青年教师在较短的时间内积累较为丰富的实践经验。同时，青年教师可以积极申请加入"双千计划"，到检察院、法院等司法机关中去挂职锻炼，在查阅案件卷宗、调查及取证、参与司法庭审、案件的评查等过程中见识中国司法的"真面目"。

第五，青年教师要多多关注社会上的热点法律问题并加以深入的思考。随着我国社会的日益多元化和科技的不断更新与进步，法制领域的三点问题（热点、难点、疑点）变得尤为突出，且迅速为全社会公众所知。高校青年教师可以将电视、网络等媒体上报道的不同类型的法律事件作为自己关注的热点，实时地检验下自己的法律理论知识是否能有效地解决实际问题，并且不断进行归纳总结和反思，以达到开阔视野、拓宽思路的目的。

第十章 教育管理与教师培训研究

第一节 教育管理建设

在当前的教育管理中存在着将"教""育""管"三个相关概念混为一谈的现象，同时还不同程度地忽视了教育管理的革新，以及"统一"意识的深化和强化，使教育管理的水平不能够在普遍意义上得到深化和提高，甚至有些地区会出现教育管理滑坡和倒退的现象。因此，对于今天的教育工作者而言，提高教学管理的综合能力，强化教学与育人的高度，就显得尤为迫切。以下通过教师团队构建，教师团队教育管理能力的提高；强化教育管理改革；深化认识"统一"在教育管理中的指导意义三个角度对此问题进行探讨。

一、如何构建合格的教师管理团队

教育的发展永远离不开教师团队的建设。这是毋庸置疑的。而教师队伍建设又必须围绕着教育和管理来进行，因此我们首先要明确教育管理的基本含义。所谓"教"，即是指教师在知识文化上对学生的灌输和指导，所谓"育"，即是指在道德觉悟上的育人，所谓"管"，即是指在教育过程中，为保证教育工作的有效性而对学生进行的约束和理顺。在此我们首先要强调的是育人。在教学管理当中，教师团队首先要高度加强育人的力度，从而实现"教"的意义。作为教师团队，在育人之前要首先能够"自育"，即自我教育。而教师的自我教育首先要从抵制教育腐败开始。在这里，我们一方面要高度加强教师的自身道德修养，另一方面也要进一步加大教师的福利待遇，提高教师的薪酬。在饥寒交迫的生存状态下，道德不能够在普遍意义上得到提升，这是常识。其次，教师团队建设还要充分加强每一位教师的业务水平。平庸的教师永远不能培养出高端的人才。在提高教师业务水平的过程中，相关部门绝对不能在经费上有丝毫的吝惜，起码要让每一位在岗教职员工开阔视野，所谓"井底之蛙难成惊天之事"。如果普遍的教师没有进一步深造学习的机会，教师团队的业务水平不可能从普遍意义上得到升华，这也是常识。

那么，有了"教"与"育"的保证，是不是就有了高质量的教育呢？绝对不是。在这里我们特别要强调的是对教育的对象的管理。没有完善的管理，即使有了完善的教育也无法从普遍意义上得到充分的实施。教师团队在教育管理当中，面对的管

理对象主要有三种类型,其一,服从管理类型;其二,在一定程度上服从管理类型;其三,不服从管理类型。一般情况下,第一种类型与第三种类型所占比例较小,第二种类型占有比例较大,当然也有例外。对于教育工作者及整个教育团队而言,首先要能够准确把握受教育者的总体情况,从宏观上驾驭全局。其次在施教过程中除特定的教学部门之外,对待不同类型的受教群体,要有不同的方式方法。绝对不能生硬地套用既有的规定和法则,以"一刀切"的方式来要求和规范所有的受教群体,否则就会出现矫枉过正的情况。

而这种情况在当前的教育领域是很普遍的一种现象。这种现象的成因有二,其一是教师单纯注重教学水平的提高,而忽视管理水平的提高;其二是教师在管理上缺少责任感与使命感,用简单的"一刀切"来处理多变的问题。前者是能力问题,后者是态度问题。高水平的教育管理不是实现受教者对管理者的服从,而是通过管理者对受教者的教化,使受教者实现"自律"。前者只是被动的服从,而后者不但是主动的自我约束,更是跨越新高的开始。因此教育团队从这个角度来提高管理是很重要的。总之,如何构建合格的教育管理团队,如何长期保持教育管理团队的合格,是当前教育管理的几大主要问题之一,积极抓好教育管理工作对于我国教育的未来,具有十分重要的意义。

二、如何进行教育管理革新

古往今来,教育工作者最普遍的痼疾就是不愿或不能接受来自受教者的反驳,特别是缺少主动向受教者学习的能力。这是教育管理工作僵化,教育管理与现实情况相脱离的重要原因。作为教育管理者,一方面要具有对全局的掌控能力,同时,也要具有高度的亲和能力,主动地听取下面的意见和建议,这样才能够更进一步地做到管理与实际情况的吻合。然而,做到这一点却是很不容易的。这就需要广大教育管理工作者在思想观念上进行革新。首先,应破除传统教育管理工作中的专断和武断,站在自我之外,客观地审视自我。其次要具有自我批评的意识和接受批评的能力。同时,我们还要在制度上更进一步地加强教育管理者与受教者之间的相互监督与约束,以实现教育管理的双向性。

三、深化对"统一"的认识

教育关乎一个民族的未来,教育管理方向是否正确在极大程度上决定着民族的命运。而教育管理工作者又同时承担着教育和管理的双重使命。这就要求教育管理者时刻在方向上与我们党和政府保持高度的统一。

自古以来,统一与稳定就是密不可分的两个词汇。作为教育管理工作者如果偏离了国家的发展思路,那么其所从事的一切教育都只能是负面的,甚至反动的。教育是属于并服务于广大人民利益的。正所谓"千金之裘，非一狐之腋，盛世之德，非一人之功"。作为教育管理工作者，应当在党的领导下同心同德，在宏观和微观两个方面统一广大人民群众的思想方向，实现全民的共同利益。这就是一切教育和管理的最高目标和最终目的。

第二节 德育工作在教育管理中的运用

德育是学校教育的重要组成部分，是实现智育、体育、美育和劳动技术教育的前提。近几年，特别是在实行校长负责制以来，很多学校特别重视把德育工作落到实处，以提高教学质量为中心任务，开展德育工作。以对学生进行爱国主义教育、礼仪教育作为德育工作的突破口，号召全体学生学礼仪、用礼仪、讲文明、懂礼貌，从而营造学校良好的风气，促进校风、学风、教风的改变。促进学校精神文明建设和教学质量的提高，主要需要做以下两方面工作。

一、深入持久地开展爱国主义教育和礼仪教育

进行爱国主义教育是学校德育工作的一个重点。爱国主义体现了一个国家和民族的凝聚力，是鼓舞人们建设祖国、保卫祖国、为祖国奉献一切的精神力量。进行爱国主义教育，有利于学生树立远大理想，保证学生沿着正确的政治方向发展。学校可以利用寒暑假，组织学生观看爱国主义影片，并在放假前的家长会上，向家长提出督促孩子观看中央电视台百部爱国主义影片展播，并写出有一定水平影评的要求。开学后，在进一步组织全校师生观看影片的前提下，召开有关方面的主题班会，动员人人都参加到这项活动中来。在全班认真组织观看、认真评议，谈心得、谈感想的基础上，在语文教研组协助下开展全校"观百部爱国主义影片演讲竞赛"活动，将这项活动推向高潮。许多学生通过观看百部爱国主义影片这个"百部生动的爱国主义教育教科书"，了解了我们伟大中华民族五千年光辉灿烂的文明史、中国共产党半个多世纪以来艰苦卓绝的斗争历程以及中华人民共和国成立的伟大成就，激发了广大学生的爱国主义情感，增强了他们的历史责任感。

针对有些学校部分学生道德水准较低，对老师、家长不够尊重等不良现象，可以在全校学生中集中开展一次礼仪教育，其目的是把礼仪教育作为德育工作的突破口，号召全体学生学礼仪、用礼仪、讲文明、懂礼貌，从而营造学校良好的风气，促进校风、学风、教风的改变，促进学校精神文明建设和教学质量的提高。具体做法可以这样进行：首先召开全校广播大会进行动员，向学生们讲明礼仪教育的意义，给全体学生分发教育部转发的《中学生礼仪常规》等学习材料，并规定在班会上学习讨论。

二、教学管理与德育工作的有机融合

教学管理与德育是密切联系的，从价值取向上来看，两者是统一的，都有一个共同的价值取向，即培养社会主义现代化的建设者和接班人，两者的落脚点落在育人为本上。在弄清教学管理与德育关系之后，如何有效调节或控制二者的关系就显得十分重要。我们认为注意整体效应，将有效调控置于多维的教育大系统之中，从宏观上保证教学管理与德育的有机融合，是调节好二者关系的有效途径。

一是重视合力作用，促进教学管理中诸因素同步协调。这里的合力是指对实现一定教学管理目标过程中实际作用于教学管理活动的各种影响的统称。系统科学思想是研究系统合力的科学方法，从合力出发思考教学管理与德育的有机结合是领导思维科学的基本点。只有始终从整体与部分之间，整体与外部环境的相互联系、相互作用、相互制约的关系中综合地、精确地考察事物，才能使两者的关系在广阔的时空中处于和谐的运行状态，进而有机地结合起来。这样，我们在考虑两者结合时，再不是将德育局限于某些活动或课程，再不是将教学看成仅仅是学校的工作，要把校内因素与校外因素、受控因素与非受控因素、明显因素与隐蔽因素、趋同因素与冲突因素等都结合起来一并思考。这样，视野更广阔，角度更新颖，运筹帷幄，使两者在教育系统中取得优化的效果。所有这些，都是围绕教学管理中心的，其中有相当多的因素具有双重性，如果机械地割裂开来，就事论事，不从合力角度处之，就谈不上两者的有机结合。

二是树立全面渗透、全员参与和全程负责的意识，充分发挥各方面尤其是教师的教育优势。说到德育，人们容易想到党支部、政教处和班主任的职能，而教学管理与科任教师则不密切相关，这种思维方式，在理论上是形而上学的，在实践上则使德育与教学管理工作严重脱节。在教育工作中，教师是主体队伍，是教学管理与德育关系中的具有交点意义的主干。要使二者有机结合，就应当让所有教学人员都认识到自己既是教学管理者，又是德育工作者。这是保证在宏观系统中使二者有机结合的关键所在。

三是找准最佳途径，将课堂教学管理作为两者有机结合的主要渠道。在中小学德育大纲中，把学科教学作为对学生进行政治、思想和道德教育的最经常、最基本途径。因此，在学校教育中，教学管理与德育的有机结合的途径应当坚定地放在课堂教学管理方面。

第三节　教师培训的核心要素

在教师专业化命题成为教育学领域的一种共识之后，作为实现教师专业化的主渠道教师培训，其专业化问题则成为新的关注点。教师培训是促进教师专业发展的一种有效途径，是教师教育的一个重要内容，它与教师职前培养、入职教育共同构成一个完整的教师教育内容。当然教师培训也是教师终身学习的需要，为此国家政府十分重视教师培训工作。由于我国教师培训的费用主要由政府来承担，因此它又属于政府公共服务的范畴。显然，它迫使我们思考一个严重问题，既然是公共服务，它必然会占用公共资源，事实上，这几年国家投入巨大资金通过"国培计划"开展全国性的教师培训工作，于是培训效率、培训效果、培训效益等议题成为讨论的焦点。在本书看来，无论教师培训最终有何种结果，都需要考虑一个前提性条件，就是教师培训专业化。假设性地说，如果没有教师培训专业化就没有好的结果。而事实上，教师培训专业化存在很多的问题，由于"国培计划"主要由大学来承担，因此这些问题主要表现在：教师培训研究很薄弱，导致为教师培训工作提供的教师培训知识实在欠缺；教师培训的专业化水平迫切需要提高，包括教师培训的专业化队伍、团队建设没有提上日程、教师培训项目设计非专业化明显及其理论基础薄弱、教师培训的学科地位及其相应的制度缺失、教师培训质量评估缺位等问题都亟待解决。而所有这些问题中最需要解决的是，教师培训的核心要素不明确，导致教师培训专业化水平低下，从而严重影响到教师培训的结果。问题是，教师培训的核心要素有哪些？本书将从对象变量、需求评价、主题设计、理论建构、内容生成、过程互动参与、任务驱动、团队建设、效果评价、项目管理等方面来讨论。

一、教师培训的"对象变量"要素

教师培训的第一个核心要素是"对象变量"。之所以把它视为第一个核心要素，是因为中国教师的专业发展被高度"制度化"。本书提出"教师专业发展的制度化"概念，它是指教师在制度的规约下实现专业发展的，而制度提供了教师专业发展的路径和轨迹。这些路径成为教师培训中的"变量"。"变量（variable）"是研究方法的一个概念，"变量在定量研究中是一个中心概念。简单定定义，变量是一个会变化的概念，定量研究的语言就是变量与变量间关系的语言。"变量与概念紧密联系，教师培训的变量，就是培训对象，但在教师培训方案设计中，首先要确定培训对象，由于教师作为培训对象的时候，具有多样性、多层次性，它是一个变量，为此我们称之为教师培训的变量，其大致可包括三个变量群。

背景变量群：时间变量（初任教师、转岗教师、新调入教师）、自然变量（性别、年/教龄、民族等）、文化资本变量（中专、大专、本科、研究生）、社会资本变量（父母社会经济水平、伴侣教育水平、社会关系网络）、政治变量（共产党员/共青团员、民主党派、群众）。

发展变量群：等级化职称变量（三级教师、二级教师、一级教师、高级教师、正高级教师)、层级化荣誉变量(骨干教师、学科带头人、特级教师、名师、教育家)、科层制职务变量(幼儿园班长、班主任、教研主任、教导主任、年级组长、学科组长、科研主任)。

环境变量群：学段变量(幼儿园教师、小学教师、中学教师)、空间变量(农村教师、城市教师、西部教师、乡村教师、牧区教师等)、学科变量(单科教师与学科、全科教师、半全科教师)、组织变量(普通/薄弱校教师、重点/示范校教师、进修校教师、校外机构校教师、职业学校教师)。

中国教师培训的政府行为表明，对象变量是主要依据。以"国培计划(2010)"为例，它有两项内容，一是"中小学教师示范性培训项目"。教育部、财政部直接组织实施面向各省(区、市)的中小学教师示范性培训，主要包括中小学骨干教师培训，中小学教师远程培训，班主任教师培训，中小学紧缺薄弱学科教师培训等示范性项目。二是"中西部农村骨干教师培训项目"。在教育部、财政部统筹规划和指导下，中央财政专项支持中西部省份按照"国培计划"总体要求，实施农村义务教育骨干教师培训项目。在这两项内容中，"骨干教师""班主任教师""学科教师""农村骨干教师"等都是教师培训项目的"对象变量"。"对象变量"对于政府教师培训项目设计和管理具有重要意义，它不仅影响到教师培训项目设计的针对性，而且影响到教师培训的机会公平和资源配置。就以荣誉制度下的教师培训项目设计而言，区(县)、市、全国三级荣誉体系意味着培训机会的三级化呈现，这一定会涉及某一位教师在获得三级荣誉中如何利用教师培训机会的问题，对于区域性教师培训来说，尤其需要考虑"教师变量"在项目设计中的"主题"确定，它在一定程度上决定了培训项目设计的"主题"。

二、教师培训的需求评价要素

在确定了教师培训的对象变量后，需要讨论的核心要素是教师培训的需求。从逻辑上说，对象变量决定教师培训需求，换句话说，不同的对象变量提出不同的教师需求。需求是指主体对于客观事物的主观和客观需要，因此教师培训需求可以划分为主观需求和客观需求。

三、教师培训的主题设计要素

教师培训的第三个核心要素是"主题"。"主题"是指基于对象变量而设计的针对性培训内容，它往往体现在"对象变量"的内涵上。这里需要指出来的是，对象变量与教师培训主题之间是因果关系，但不能把对象变量视为教师培训主题。我们可以看到很多教师培训项目的设计把对象变量视为主题，导致项目设计的内容没有针对性。比如政府提出的"骨干教师培训项目""农村骨干教师培训项目"等，都是对象变量，当以骨干教师这一对象变量作为项目设计的主题时，项目设计者需要考虑的内容就无限大，既要把师德内容设计进去，还要容纳前沿教育理论，同时还要包括教师能力、教师知识；有的项目设计由于变量太大，难以把握，因而只好因人设课，根据项目设计者认识的专家、讲授者来设计课程内容，导致课程设计没有逻辑，讲授内容重复，培训评价内容宽泛，从而导致培训效果显著不佳等问题。如果我们把"农村骨干教师培训"项目改为"基于学科思想和方法的农村骨干教师教学研究能力提升培训"，那么培训主题非常明确，"学科思想和方法"与"教学研究能力"成为这个项目的两个相互联系的主题。

从以上所举的例子中可以得出的结论是，只有确定培训主题才可以为教师培训的理论建构、培训内容、培训方法选择、培训评价等提供本体论基础。问题是，如何确定教师培训的主题？选择哪些教师培训的主题？显然，通过列举法来确定教师培训主题是无限的，缺乏针对性，只有基于教师需求来确定主题才会有针对性，主题是需求的反映，但所有的主题都要体现教师专业发展的本体论、方法论的内容。本体论意义的教师专业发展包括"教会学生学习""育人"和"服务"，方法论意义的教师专业发展包括教师知识、教师能力、教师伦理，当然也包括教师专业发展的机制，如经验、反思、证据和数据、概念和理论，以及教师专业发展的环境，如国家制度、学校文化、学习社群和班级互动。从现实的培训情况来看，主要以知识和能力为主题的培训项目占主导。

四、教师培训的理论建构要素

通过教师培训变量、需求和主题的确定，接下来需要解决的问题是如何构建主题的理论基础，这就涉及教师培训核心要素之一"理论建构"。理论建构是针对主题的理论建构。"理论是由概念建构的"，"是一种围绕观点形成过程而展开的思维活动，这些观点解释了事物何以存在和如何存在"，"概念又是在定义的基础上建构。一个定义就是一个术语体系"。从主题的内容来看，我们以教师知识主题为例，教师培训项目以教师知识为主题来设计，必须建构教师知识理论，而教师知识理论无论在内容，还是在类型上可以做出多种选择，但必须由概念来建构，陈述性知识、程序性知识、方法性知识等都构成了教师知识理论的概念。而对于教师来说，既包括学科知识，又包括专业知识，这样就构成了一个概念关系的逻辑，为教师培训项目的课程设计提供了依据。

从当前的教师培训项目的设计现实来看，理论构建要素是最缺乏的，这就导致整体上教师培训项目设计的专业性不强的后果；由于没有理论建构，项目设计的内容和课程没有解释力。问题是如何进行教师培训项目主题的理论构建？最有效、最直接的路径是进行文献梳理。任何一个主题都会有相应的文献，文献可以是工作文献，也可以是研究文献，尤其是研究文献一定要成为理论建构的基础。这又提出了理论建构的研究能力，一个专业的项目设计者，一定是一个研究者，只有把项目设计建立在研究的基础之上才有理论建构的可能性。

五、教师培训的内容生成要素

教师培训的内容可以是多种形成，可以有静态的课程，教师培训管理部门习惯于建立课程资源库，总以为把课程资源库建立起来可以有效地进行选择，从而保证培训有效性，问题在于教师培训的内容或课程实施如何与教师的需求和主题相一致？需求因对象变量而体现出多样性，主题因需求的变化而体现多样性，培训内容或课程也因需求和主题的多样性而无法以静态的课程资源来进行"对号入座"。需要面对的一个现实是，专家都具有较强的自我建构能力，通常不太可能依据某一个静态课程来选择培训内容，这很容易使课程资源成为"摆设"。更重要的是，参加培训的教师存在着多种矛盾，如工学矛盾、因制度规定而"被迫"培训导致的学而不思的矛盾等，这些矛盾显然影响培训实施的过程效果。因此如何使教师培训效果真正体现出来，这就涉及一个更重要的教师培训内容的核心要素，就是"生成性"。只要培训实施过程中体现"生成性"就能有效地激发教师的学习兴趣，因为"生成性"的产生机制在于教师的需求和内在需要。

教师培训内容的生成性主要基于教师作为成人学习的特征的考虑。成人学习心理学中把成人学习的核心特征归结于学习者的主体性和学习的建构性，成人必须是在解决其内部认知矛盾的自我调控的过程中，透过经验、对话和反思而不断生成知识，因此知识的生成是教师学习作为成人学习的基本过程和结果体现。而基于灌输机制的预设培训则无法体现教师作为学习者的主体性和学习的建构性，效果也自然大打折扣。然而当前教师培训表现出来的最大特征就是培训内容的预设性，这种预设性内容的效果则取决于专家的能力和培训课堂中专家的授课水平。但有一点可以肯定的是，无论预设内容如何丰富，课堂现场气氛如何热烈，如果不是生成性的培训，都将是从"钢丝"到"铁丝"再到"粉丝"的递减效应，随着时间的推移，培训内容的信息掌握呈下降直至遗忘的效应。

关键的问题是，如何在培训中进行生成？教师培训不在于建立多少资源，而在于培训者如何基于教师的需求在培训现场生成培训资源。我们不反对国家建立教师培训资源库，对于现阶段教师培训能力区域不均衡的前提下有其合理性。但从教师培训专业化的角度来说，教师培训课程标准和课程资源建设没有太大的意义，因为一旦教师培训生成性成为教师培训质量衡量的一个要素，那么所有预设性课程资源的利用率将大大降低。

六、教师培训过程的互动参与要素

教师培训的内容生成性决定了教师培训过程中的互动参与性，因此它也是教师培训的核心要素之一。教师培训的生成性和互动参与性都是对教师学习作为一种成人学习的内在属性的回应，过程的互动参与才使得培训者与学员站在平等对话的位置上，在理论与经验的交互中实现内容的生成。从目前的教师培训过程来看，有各种互动参与的形式，讨论式、参与式、互动式、小组合作式、观摩式、研讨式等，不一而足。

什么是教师培训的互动参与？为什么需要教师培训的互动参与？如何在教师培训中互动参与？所谓教师培训的互动参与是指在培训过程中，尤其在课堂培训中培训者与学员之间就培训主题开展对话，培训者基于学员的观点进行引导，学员基于培训者的讲解和引导积极地进行思考和反馈。培训过程是培训者与学员两个主体间的交流理解的过程，根据社会学中互动理论，主体间的理解必然是在彼此互动中生成意义，并形成理解，最终达到视域的融合，二者之间是互为主体的关系。而如果是一方将另一方视为被动接受的客体，则往往难以达成理解，可能造成被动接受的一方按照自己的背景去解释对方的话语，或者简单接受其字面意义。因此只有培训中学员和培训者之间形成了互动参与的状态才能保证双方彼此理解对方的话语脉络，实现培训内容的生成，才能保障教师培训的效果。

而且成人学习的最大特点在于经验基础，学员是基于经验来理解和接受培训者的观点。这种特点一方面决定了教师培训中培训者和学员之间的角色定位，培训者是引领者，而学员是基于经验的学习者，这就要求学员在培训中不是记录培训者的观点，而是培训者的观点与自己的经验和认识在认知层面连接，形成自己的观点，然后进行现场对话或书面表达，只有内化到学员的认识结构中去的培训者的观点或思想才会有价值；另一方面也要求教师培训过程中要创设多元化、具探索性和挑战性的学习活动，特别是创设学员之间互动交流的平台，在经验与经验的碰撞中发现矛盾、问题、不足，再在培训者的观点、思想指引下去分析、整合和解决。

七、教师培训的任务驱动要素

教师培训的变量确定培训的对象，教师培训的需求基于教师变量展开的主题确定调查对象，主题确定后的理论建构为教师培训的内容确定边界，从而设置课程，通过生成性的教学过程和互动参与的教学方式使课程得到有效实施，最终还要通过培训学员的任务驱动来体现有效实施的最终结果，因此任务驱动性是教师培训的核心要素之一。所谓任务驱动是指基于培训需求和主题为被培训教师设计的学习任务。这些任务贯穿于每次培训，被培训教师在每次培训后都要完成相应的任务。每次任务的完成累积后构成结果任务，也就是培训方案设计中最终需要完成的任务，我们称之为过程任务和结果任务的结合。过程任务贯穿于每次培训课堂，基于教师培训的需求和主题建立过程任务和结果任务的部分与整体之间的关系，过程任务是部分，结果任务是整体，使被培训教师在过程任务完成中实现结果任务。结果任务是教师培训项目为被培训教师设计最终要完成的任务，是教师培训项目目标的体现。只有在培训实施中过程任务和结果任务相结合才能保障教师培训的质量。

讲座式、传授式、报告式、"百家讲坛式"的培训尽管在传递新信息、新观念、新理念、新思想等方面，可以起到扩大视野、更新观念、转变理念、形成新思想等方面的作用，但无法促进教师培训中教师能力的提升。在教师培训的理论建构中，我们讨论了教师知识、教师能力和教师精神的三维结构，对于教师知识、教师精神等可以通过上述教师培训方式来实现，但教师能力显然无法通过以上方式得到提升，它只能通过教师在课堂上的表现体现出来，并且只有在课堂才能检验培训的效果。

八、教师培训的团队建设要素

从主体的角度来说，参与培训的专家或专家团队是成功培训的一个关键，即教师培训的核心要素。从理论与实践的划分上，可以把专家分为理论专家和实践专家；从层次上来划分，可以把专家分为国家队、省队和地方队专家。现在最大的问题是，如何解决雇佣军式的专家队伍的授课质量和如何建设教师培训的专家团队？在教师培训质量的区域性差异依然存在的前提下，国家评选出"国培专家"是合理的，但这不是专业化教师培训的一种最终选择，因为不但在培训资源上造成投入和产出的效率低下问题，而且异地专家的"水土不服"现象屡屡出现，反而达不到应有的培训效果。

基于变量、需求、主题、理论建构等要素的教师培训项目一定会提出教师培训团队如何建设的问题，因为所有这些要素都不允许"雇佣军"培训专家存在，尤其是那些"远程"雇佣专家根本无法承担教师培训过程中的辅导功能。为此需要建设一支培训项目的团队，这个团队的特征应该是部分性和整体性结合、个体性和集体性结合、独立性和相互性结合，同时要满足理论专家、实践专家、教研专家、科研专家和管理专家组成的团队成员的要求。教师培训团队既要发挥教学功能，还要发挥指导学员完成任务的支持功能，更重要的是要充分理解项目的精神，理解教师培训项目设计的主题和理论建构，认同培训者自身在整个项目中的角色期待。教师培训团队建设的重要意义在于保障培训质量，使学员能够在培训后得到培训团队的持续辅导和指导，实现培训效果落实于学员的课堂教学之中。

九、教师培训的效果评价要素

教师培训的评价通常是一项常规的工作，确实也是教师培训的一个核心要素，但我们要讨论的是教师培训评价的主体和客体以及它们之间的关系。在教师培训的实践中，我们常常会经历作为培训者的被评价，而缺乏对参与培训的学员的评价，这可能与教师培训项目设计的任务驱动有关。参与培训的学员评价往往被认为是合理的、必要的，其实，对于一次培训而言，学员评价培训者是没有意义的，因为本来评价是为了改进，而学员已经无法再享受到改进的好处了，这对培训者的评价只具有管理意义，而不具有培训质量意义。

十、教师培训的项目管理要素

教师培训的项目管理是贯穿项目设计到项目实施，再到项目评价的一整套的管理机制，是与整个教师培训项目同步进行的，并向两端延伸的，因此也是教师培训的重要支持性要素。由于其同步于教师培训项目的进程，借鉴管理学的一般理论，教师培训项目管理按照流程大致可以分为四个组成部分：教师培训项目营销管理、教师培训项目设计管理、教师培训项目实施管理、教师培训项目评价管理、教师培训项目反馈管理。其中项目营销管理则是项目设计实施之前，针对向项目需求方进行相关咨询、推广、投标等一系列营销工作实施的管理，由于目前包括"国培计划"在内的各级政府组织的培训，都开展培训项目的招投标工作，教师培训机构必然要走出"酒香不怕巷子深"的思维定势，走出去主动向培训需求方进行营销，参与招投标工作，这都需要相应的管理支持；而项目反馈管理也是因应培训需求方的要求，为其提供培训过程及评价结果等意见，并从培训需求方了解其对培训过程及其组织实施的反馈意见，从而建立起的管理机制。目前不少培训需求方都会要求培训机构在项目结束时提供项目总结报告，部分培训需求方也会邀请第三方机构对培训进行评估，这类报告撰写和反馈意见接受整理都需要相应的管理服务。因此项目营销管理和项目反馈管理作为项目进程前后两端延伸环节的支持机制，必然要纳入教师培训管理系统之中。

而教师培训管理根据管理内容的不同则又可以分为项目控制管理、项目组织管理、项目人员管理、项目资源管理、项目财务管理、项目成本管理等部分。这些组成部分在管理学领域对企业或组织管理的分析中会涉及，而教师培训项目作为培训机构的主要产品，也必然受到这些管理内容的影响，因此也必然涵盖这些部分。

基于多学科的视角建构出了一个教师培训质量的基本框架以及这个框架内的具体内容，它实际上也是对教师培训专业化的一种建构。而真正要使教师培训实现专业化，尤其是在教师培训进入到大学领域以后最需要解决的是教师培训纳入教师教育体系中，通过教师教育学科制度建设，包括教师培训的学科制度建设奠定教师培训专业化的制度基础。事实已经证明，参与教师培训工作的大学教师既包括原有大学继续教育学院的人员，也有教育学教授，还有学科教学法教授，当然还包括中小幼一线的专家教师、教研员等，我们可以把所有这些人员都统称为"教师教育者"，在培训中称之为"培训者"，而在大学，这些培训者又是分属于不同的学科专业。从长远的角度来看，把教师培养和教师培训作为他们的学科专业方向应当是一种必然的选择，但现实是我们缺乏这个制度设计。为此要使教师培训专业化，建立在"专业"特征基础上，转变专业角色，使教师教育者成为大学的一种教授职位，从而实现教师教育专业化，包括教师培训专业化的目标。

第四节　教师培训的现实困境与对策

教师培训是教师专业发展的重要组成部分，然而，长期以来，教师培训处于一种无序、混乱和低效的状态，主要表现为培训的计划性、封闭性、专制化、单一性、拨款的一次性、评价机构缺失等方面。教师培训要走出低谷，首先要注重教师培训制度的建构，即从有计划的市场化、培训的开放化、培训的公正性、培训的多元化、实行教师培训券制度及建立教师测试、监督与评价机构等方面实施变革。

近年来，尽管国家在教师培训中花了大量的财力、人力和物力，但是教师培训的效果并不理想，关于教师培训的批评之声络绎不绝。譬如教师培训往往自上而下，不顾及教师以往的知识和经验，脱离教学实际，等等。究其原因，最根本的是缺乏一套与之相适应的规章制度，导致我国目前的教师培训陷入培训机构林立、培训缺乏重点、管理错位、评价失衡等鱼龙混杂的局面。教师培训制度是指在一定历史条件下，为完成教师培训任务、提高教师培训的质量和效率进行调节和控制的一套行为规则和制度安排。主要是对教师培训的规划与设计、实施与管理、考核与评价等的规定，亦即对培训谁、谁培训、培训什么、如何培训、效果如何等的规定。

一、教师培训何以低效

目前我国的教师培训依旧是低质量和低效率的，这一方面是由于我国目前的教师教育还处于转型期，是各种矛盾相互交错的结果，另一方面，就教师培训自身而言，还存在着培训体系不完善、制度不合理等诸多的问题，在制度上主要表现为不完全制度缺失和隐性制度缺失。

(一) 培训的计划性

在教师培训中，计划性表现为以委托代理为主的培训形式。采用委托代理的形式确定培训机构是必要的，但是如果委托代理过多，就会产生负面影响。这种影响主要有两方面：一是在高一级教师培训中（如国培计划或骨干教师培训计划等），培训基本都以部属师范类大学（或当地师范类大学）为依托，采用就近培训和平均分配的原则进行。这种模式最大的弊端是排斥了竞争，降低了培训机构对教师需要反映的敏感性和紧迫感，容易形成依赖心理，从而在很大程度上削弱了教师培训的效率。二是培训机构下移，主要指在市（县）级教师培训中，当地教育行政部门出于自身利益的考虑，往往将教师培训设置在当地师范学校进行，而师范学校的专业化与信息化程度都不高，不论在办学条件、办学水平还是师资配置上都不能很好地反映快速发展的社会实际，无法适应信息社会对教师提出的新要求，难以满足教师对培训自身的内在渴望。可见，过多的委托代理是计划时代的产物，是教育行政部门对教师培训统得过死的现实反映。

（二）培训的封闭性

培训内容脱离实际、培训实效不大，这是教师培训的现实反映。这一现象从根本上讲是教师培训封闭性的必然结果。教师培训的封闭性主要表现在教师培训内容的封闭性和培训方式的封闭性上。一方面，培训的内容基本是出于培训者个人的考虑，没有建立在中小学教师的实际需求基础之上，即采用了自上而下的方法，基于教师角色的外在界定，而不是植根于教师自身的经验和鼓励反思性实践。另一方面，在培训方式上，培训机构之间是相互封闭与孤立的，缺乏有机的交流与融合，教师只能在某一固定的机构中接受教育，即使在同一市区内不同的培训机构之间，也无法做到资源共享。教师培训的封闭性导致教师培训效率低下，资源浪费。

（三）方式的单一性

我国的教师培训在很大程度上依然沿用了以学历提升为主的培训模式，即将系统知识的传授和掌握看作培训的根本目的，采用说教为主的培训模式作为达到这一目的的根本方式。即使在国家级培训中，一些学校简单地用硕士学位课程作为培训课程，仅三个月的培训而要承担二三年硕士学位课程，且不说两者的教育目标是否一致，就是在时间上也不可能保证完成任务。这种重分层、轻分类，重共性、轻个性，教学方式单一、教学模式陈旧，培训"一锅煮"的现象，自然难以为广大教师所接受。

（四）拨款的一次性

按照传统的模式，教师培训机构每年在开展教师培训前从政府获得一定数量的人均培训经费，用于支持辖区内中小学教师的在职培训。长期以来，人们往往只关注教师培训经费的数量与使用效率，似乎只要政府有足够的经费投入，加大对培训经费的检查与管理，教师培训的质量就会自然提高。这种认识存在很大的片面性，从教师培训拨款方式的考察中可以发现，现阶段教师培训经费划拨是一次性的、按已有的计划进行的，这种拨款方式形成培训机构对整个培训过程的垄断，使得教师培训在一种孤立、封闭的状态下进行，影响了教师自主选择课程的机会，教师喜欢不喜欢、爱听不爱听都只能按照原有的计划，在事先设定好的班级中进行培训，从而将培训过程隐性地变成一种强制行为，在很大程度上减少了培训机构和培训者对培训过程和培训内容的关注，从而使培训收效甚微。

（五）评价机制缺失

有效的评价机制对教师的培训过程能起到很好的监督检查作用，是保证培训质量的重要手段。教师培训评价是一个涉及谁评价、评价谁、如何评价、评价什么的全方位、多角度问题。就评价主体而言，我国目前主要采用以培训学校为主的评价方式，这种评价使得培训学校既扮演了教练员又充当了裁判员的双重角色，从而使评价的作用失真，表现为培训学校对教师、培训者对自己的培训均不负责；从评价的对象来看，目前只关注对接受培训教师的评价，缺乏对培训机构和培训者的评价；从评价方式来看，即使部分院校采用终结性评价与过程性评价相结合的方式，但是过程性评价往往流于形式，只关注教师是否参加了培训，而对其在培训过程中的表现与变化很少涉及。

二、构建合理的教师培训制度的必要性

（一）构建合理的教师培训制度是实施科教兴国战略的需要

教育在促进社会经济发展、政治民主、文化繁荣等方面的作用已越来越显著。当今国际的竞争，越来越表现为教育之间的竞争，谁掌握了教育的主导权，谁就在未来社会最具有发言权。因为教育决定未来的人的存在，教育的衰落就意味着人类未来的衰落。百年大计，教育为本，教育大计，教师为本。教师的质量和素养，在很大程度上直接决定了教育事业的成败，决定了一个民族的命运。近年来，各国政府在提高教师社会地位和经济地位的同时着力于教师素质的提升，并加大了教师教育的投入。而教师培训作为教师教育的重要组成部分，是促进教师专业发展、提升教师素养的催化剂和加速器。因此，构建合理的教师培训制度，不仅是现代教育发展的要求和必然趋势，也是实施科教兴国战略、实现中华民族伟大复兴工程的前提条件。

（二）构建合理的教师培训制度是教师教育发展的现实要求

有学者将我国教师教育的发展称为教师教育制度的"中国问题性"。多种制度并存成为这个时代教师教育制度的特征，这个特征并不表明我国的教师教育制度安排已经达到了最佳状态，相反，单一、独立、封闭为特征的师范教育制度在高等教育制度变革中正面临着前所未有的挑战。通过制度重构，如合并、兼并、升格、综合等途径，使教师教育制度出现了"无序状态"，这种状态带来极大的制度不稳定性，使得教育机构混乱、人员冗杂，造成教育资源的大量浪费。解决这一问题的根本就是构建合理的教师培训制度。通过制度安排和政策调整来规范教师培训、促进

教师教育发展是最容易实现的，也是最有效的。

（三）构建合理的教师培训制度是教师专业发展的必然选择

改革开放以来，教师专业发展日益成为人们关注的焦点和当代教育改革的中心主题之一。推进教师的专业发展打破了教师培养的一次性模式，注重教师持续不断的、动态的发展，但是这种发展不是一个自然成长的过程，有赖于教师教育制度的支撑和保障，即通过制度支持来实现教师的内生发展，在教师已有教学经验基础之上，通过教师培训，改善教师的专业发展水平，促进教师的专业成长，以培养出训练有素的高质量的教师来实现教学的专业化，确保未来学校对师资的需求。

三、教师培训制度的构建

（一）有计划地市场化

市场经济条件下，教师教育的运行机制要由单纯政府行为转向政府行为、学校行为和教师行为相结合，充分利用市场竞争机制有效配置资源，提高教师教育质量水平。在教师培训中，我们总体建议培训机构上移，主要由综合性大学或师范大学来进行。同时教育行政部门不应是凌驾于一切之上的控制者，而应该对教师培训进行总体规划，定期向社会公布培训计划，设定培训机构的办学标准，设立公平、公正、有序的竞争规则，鼓励大学、师范院校、培训机构围绕教育部门规定的培训主题，设计培训项目，开展公平竞争。这既体现了政府是教师培训的倡导者，又将市场竞争机制引入教师培训之中，是提高教师培训效率的最有效方式之一。具体而言，可依据学校声誉、师资队伍、培训设计、培训效果、培训者的评价等来确定培训机构。

（二）培训的开放化

教师学习是自我导向的学习，是教师根据自己的需要特点进行自主的和自我反思的学习，他们拥有学习的自由和自我负责的观念。这就意味着教师培训是基于教师需求为了教师发展的培训，这种需求和发展是建立在教师对自身的清醒认识之上的，这就要求教师培训要打破传统教师培训的封闭模式，采用开放化的培训模式。开放化的培训模式包括双层含义：一是指培训内容的开放性，即培训机构在培训前收集培训对象的相关信息，客观地进行分析，并通过相应网站公布培训计划和培训内容，教师既可以根据培训内容选择相应的培训机构，也可以对培训计划提出修改建议。二是培训机构的开放性，指教师在培训过程中可根据自己的需要和现实情况参与不同机构的培训。

（三）选拔的公正性

随着《国家中长期教育改革和发展规划纲要（2010—2020年）》的颁布，全员培训的教育思想和教育理念在我国逐渐变为现实，教师培训经费已列入政府预算，每五年一周期的全员培训既是教师的权利，也是教师必须履行的义务。全员培训的实施，在很大程度上淡化了教师培训中名额分配的泛行政化和排资论辈现象。然而，诸如骨干教师国家级培训等仍是一种稀缺资源，在名额分配中存在着优先性的问题。优先的问题不是怎样处理不可改变的既定道德事实的复杂性问题，而是概括出合理的和能被普遍接受的提议以达到与所希望的判断一致。因此，各地在确定教师名额分配中，应制定教师培训选拔标准，注意兼顾不同学科和学段的合理分布，组织教师自我申请和公开推荐，采用教师自评、学校评议和专家审核相结合的方式，最后公布结果，接受舆论监督，确保选拔过程"公开、公平、公正"。同时，要注重中青年教师的成长，把具有培养前途的优秀中青年教师不断充实到骨干教师队伍之中，为中青年教师提供更多的成长机会，确保教师队伍的年轻化、专业化。

（四）培训的多元化

控制论的多样性法则认为，任何系统为适应外界的环境，其内部控制必须体现多样性。如果人们减少内部的多样性，该系统就难以应付外界的多样性。革新的组织机构必须把多样性结合到其内部的发展进程中。教师培训面临的对象在知识结构、能力与经验等方面都是参差不齐的个体，如何针对个别差异做到因材施教显然是每一所培训机构面临的客观问题和现实挑战。只有当专业学术环境能够创造机会或支持教师们去了解学习与教学有关的东西时，才能够对教师的理念和实践产生影响。

因此，面对新的问题和挑战，培训机构必须主动变革，这种变革应根据培训内容、培训方式的不同，采用分层次、分类型的多元化培训模式。具体而言，培训机构可根据教师的学科门类、知识结构、兴趣与需要、经验与水平分成若干小组，采用讲授、问题研讨、案例分析、专题研修、观摩示范等多种形式相结合的培训模式，可以是以课程为本的教师培训，也可以是以能力为本的教师培训，还可以是以技术为本的教师培训。

（五）实行教师培训券制度

如果允许领取慈善基金的学生及大学自费生自由择校，则可能引起大学间一定程度的竞争；如果允许学生自由选择教师，则可能引起教师间的竞争，激励教师勤勉工作。教师培训券制度，就是把市场竞争机制和教师自主选择机制引入教师培训系统，允许教师凭借培训券，根据自己的需求和培训计划、课程安排在同一市区内不同培训机构之间有选择地接受培训，以打破由单一培训机构垄断的、培训效率低下的、部分培训机构和培训者不尽职的状况。教师培训机构应始终贯穿这一思想观念：他们应是独立自主、把握自己命运的人，他们已经成熟不需要教师的引导，因为他们能把自己的生活掌握在手中。他们有选择地去听课，聆听不同的看法、事实和建议，为的是自己将来去检验和决定。

(六)建立教师测试、监督与评价机构

教师测试、监督与评价机构要独立于学校和教育行政部门,一方面防止受教育行政部门的支配,另一方面防止被教师培训机构所腐化。该机构作为第三部门,不是拘泥于某一具体的政策或每隔几年就改变有关政策,而是持续不断地投入,通过制定更高的标准、提供高效的支持以及执行连贯的以学生学习为目标的政策来提高总体的教学水平。具体表现在以下几方面:一是对新入职的教师做严格的资格审查,防止一些道德败坏、能力低下者进入教师队伍。二是为在职教师的学习提供指导,如对教师培训的方针政策、发展规划、课程标准等提供咨询建议,定期对教师培训机构和培训效果进行监督检查。教师培训结束后,应接受该部门的统一考核,通过考核后方能发给相应的培训证书。三是定期对教师队伍进行评估,尝试建立末位淘汰制。对一些不符合时代和社会发展需要、能力严重不足、经培训达不到相应要求的教师,坚决予以辞退,以保持教师队伍的活水源头。

第五节 教师培训——积极德育实践的新保障

在课程基础建设中,学校将教师培训作为一项重中之重的任务来抓,进行了全方位、多层次、多批次的校本培训。

一、积极校本培训的实践价值

积极校本培训是基于学校发展现实,针对不同学科教师在其专业发展过程中面临的共性的、非学科性的问题,如职业倦怠、心理焦虑、人际关系处理等问题,由学校设计方案、组织保障,教师自选菜单、自主参与、自由结伴,以积极心理学和积极德育为主要内容的校本培训。教师的知识构成是多元的、多层次,这是构成教师其他专业技能的基础,直接决定和体现了教师专业发展的水平。而积极校本培训是针对教师知识构成的教育科学知识、教育教学实践性知识、一般的方法论和科学文化知识面展开的培训。因而,积极校本培训是对传统局限学科专业知识教研活动的升级,是实现学校与社会、中学与高校、学者与教师再整合的纽带,是打通教师当下与未来、现实与理想、愿景与路径的盾构。

(一)实现教师更加自主参与

从培训机制而言,积极校本培训是教师自愿、主动式培训,是教师内在需求驱动式培训。因此,培训的自主性色彩更浓,强制性色彩更淡。从培训内容而言,积极心理教育培训超越了教师原先熟知的学科内容,给教师打开了一扇通向未知世界的窗户,更加丰富和完善了教师原有的知识结构。从培训形式来看,积极校本培训相对于传统学科教研活动,形式更丰富,从传统的听课、评课拓宽为讲座、沙龙、

团体拓展、模拟实践。

(二) 实现资源更加有效整合

从校内而言，传统的教研活动参与者大都为本校学科教师，相同的学科背景和教育经历，相似的教育困境和诉求，使得传统的教研活动黔驴技穷。然而，积极心理教育培训让学校内不同学科的教师坐在了一起，以不同学科的视角来审视相似的问题，不仅使得解决问题的思路更活、办法更多，而且使同事之间更理解、更融洽、心更近、情更深。

(三) 实现特色更加鲜明彰显

百校一面、千校同质，这似乎是全国各地普通高中的通病，面对高考这个指挥棒，我们都显得那么无能为力。然而，积极校本培训有意让老师与高考拉远了距离，对功利性的现实追求保持一定的超脱与超然，从而让教师能以更加理性的视角来看待高考、学生和自我。通过这样的非学科培训，让教师群体洗了脑，开阔了眼界，更新了观念，摆正了心态，从而重塑学校文化特质，更好地彰显学校办学特色。

二、积极校本培训的实践路径

(一) 自主选择，自觉参与

心理教育培训是一个系统工程，从一开始就设计了多个层次、多个批次培训，有通识性培训、心理咨询师培训、情绪管理师培训、生涯规划师培训等，实现了教师培训由"配给制"向"点菜制"转变，既可以满足教师常识性的了解需求，又可以满足教师更深层次、更专业的学习需求，同时学校将培训的具体方案提前告知，让教师能够结合自己的实际情况自主选择。教师在培训过程中，学习动机更强，注意力和参与度更高，学习效果相对于其他培训项目更好。这种非学科培训相对于学科培训而言，教师的自主性更强。对此，学校培训组织者更需要发挥教师的主体性，充分激发教师的参与意识，达到事半功倍的效果。

(二) 价值引领，高端合作

要激发教师的参与意识，必须要让教师觉得培训项目有意义、有价值，而意义感和价值感，一方面来自项目本身的价值，一方面来自项目对教师教学生活的意义，更重要的是让教师从内心深处对这个意义感有认知、有体验。

(三) 精心设计，抱团培训

精心设计培训过程。培训主要是利用教师教育教学业余时间，所以在做培训方案时应充分征求教师意见，培训过程做好后勤保障，如茶歇的准备、课间娱乐活动开展，使培训过程忙而不乱、长而不累、辛而不苦。教师专业发展需要同伴互助，积极校本培训也需要同伴相伴。

三、积极校本培训的实践路径

（一）独立评价，项目后驱

项目培训效果的好坏，一方面取决于评价机构的独立性和权威性，一方面取决于培训后的实践与运用。培训评价可以通过第三方机构来做，如心理咨询师的培训由职业资格考试机构来认证，生涯规划师培训由美国生涯发展协会的认证组织进行评价。通过第三方机构进行独立的培训评价，可以激发教师培训的动力，并能让教师之间进行有效的比较、督促和帮助，促使教师更加坚持培训项目。

（二）改进了教学行为，优化了教学技能

不知者不为怪。许多教师教学行为的无效或者低效，源于教师对此教学行为的无知和想当然。面对时代的发展，教育对象的改变，通过积极心理教育培训，教师在改变自身认知的同时也改变了教学行为。

第六节　重视教师培训中的德育工作

一、教师培训中德育工作的必要性

（一）社会的快速发展要求教师队伍思想素质的全面提高

伴随着市场经济的变化与发展，社会生活不可避免地出现了多样、复杂的东西，其中良莠不齐，好坏难分，现实与理论相抵触的东西越来越多地涌现到学校教育的内部中来，如何使我们的教师在提高教学技能的同时，更好地学会辨别是非、良莠，使自己不混同于不良的社会环境中，以诚实为人，踏实工作，严谨学风来要求自己，感染学生，这是培训中不可缺少的。

（二）国家对教师群体素养提出更高要求

国家实施教师培训计划之目的在于更新教师教育观念，提高教育素质。原国家教育委员会副主任柳斌在《全国中小学教师继续教育工作座谈会上的讲话》中指出："下更大的力量，大幅度提高中小学教师的素质，用师资队伍的高质量来保证基础教育的高质量。"这点不论是受训与执训，教师都应该认识到。素质是整体、全面、丰的构成它不以某一方面为重而忽略其他。教育以德、智、体、美、劳为主要构成，德育为五育之首，在任何教育阶段及领域都不得更改。一些教师错误地理解培训是国家对教师"设卡"，心下不服导致学习动机不纯，学习动力不足。只有正确认识国家之希望与要求，方能在思想上切实认清自身之不足，在培训中才能静心学习，刻苦努力，更新观念。

(三) 教师自身发展之需要

捷克教育家夸美纽斯说："教师应该是道德卓异的优秀人物。"实践证明，只有德才兼备的教师才能赢得学生的尊重和信任。学高为师，身正为范，学高与身正在教师职业里从来就是并行不悖的二套马车。教师意欲探取更高的社会地位，在人们心目中留有更重要的价值，这与其德高、身正、人良的品质是分不开的。

二、教师培训中德育工作的可操作性

增强师资培训的德育工作的可操作性，应坚持一些基本原则。

(一) 系统性原则

学校德育是一个系统工程，不可能单兵独进，要与学校总体目标规划融为一体，共为系统。唯此，才能互相协调，齐头并进。而德育这个系统既有它的整体性，同时也具有它的层次性。马克思主义道德是一种先进的高水准的道德，在道德建设的构成中，必然是道德建设的终极目标。道德建设既要弘扬中华民族传统美德，又要有新的符合社会主义市场经济特点的新内容，从而在人们的心中树立起我们时代的社会主义道德规范。

(二) 渗进导向原则

德育只有科学地渗透到各项教学科研工作之中去，渗透到课外活动中，渗透到教师的行为规范中，才能摆脱道德说教的干巴巴的枯燥气味，收到"随风潜入夜，润物细无声"的功效，而渗透的同时也保证了这些活动沿着正确的健康的方向发展。同时，德育还应该渗透到校园文化建设中去，应实现校园环境的绿化、美化、净化、知识化；同时还应创设一个和谐温暖的校园人际环境，学校应该首先通过其坚持不懈的德育工作，成为精神文明建设的坚强堡垒和无穷的力量源泉。

(三) 热点原则

在改革开放的当今社会，对热点问题无动于衷或回避，实际上则丧失了一个进行德育的关键机会，对热点问题的讨论并解决是有难度的，正因为有难度，才凸现出人们思想中的症结，这时候对症下药，往往会收到意想不到的效果。热点应该是德育的关键点，是德育取得成果的切入点和前奏。

(四) 反向教育性原则

道德与不道德是相伴而生的，正因为有了不道德才突出道德存在的价值。一个来自社会的反面教育实例，其本身具有由事实的真实性、寓意的深刻性以及对心灵深处的震性所组合成的力量。在今天，要进行有实效的德育工作就不可能不涉及对社会缺陷的看法以及对年长一代行为缺陷的批判。因此，运用不道德的教训和结果来进行反向的思想道德建设，也是我们在教育过程中应注重的原则。

（五）适当原则

德育要适应于社会发展的要，要能够推动社会前进。某项道德内容在这一时期推动了社会的发展，它就是合理的、进步的，即使与我们设想的所谓"美好道德"还不完全一致。如果某项好的道德内容，阻碍了历史的进步，那么在目前的道德建设中也是"不道德的"。道德是过程的，也是历史的，恩格斯早就告诉我们，"恶"是推动历史前进的杠杆。

三、教师培训中实施德育的途径

（一）适应竞争途径

未来的竞争要求教师必须全面提高自身素质。应当对当前世界的竞争从民族生存的战略高度来认识，把提高自身水平作为生存与发展的需要。现在从事教师工作的人并非都喜欢这种职业，也并非都适合从事这一职业。提高教师素质，适应社会竞争就是要改变这种状况。学校应通过多种激励的办法，如思想激励、校风激励、任务激励和成就激励，提高教师的成才意识和建功意识。

同时，必须进行适应社会竞争的挫折教育，使其明确挫折具有独特的价值。首先具有认识价值。挫折并不可怕，可怕的是失去追求。其次，挫折具有检验价值。只有具有非凡胆识、坚决的判断，坚韧的毅力和超常的工作效率的人善于战胜挫折。再次，挫折具有激励价值。人们可以从中体验到一种危机或挑战，从而激发迎接挑战，战胜挫折的内在动力，以便摆脱危机，继续前进。

（二）自我分析教育途径

这是德育的根本途径。任何教育过程都必然到达这一终极途径。因此，对于具有较高知识水准的教师，思想道德建设的途径不应是强行灌输，而是要引导他们独立地进行分析研究，进行内心的自我转化过程。要相信他们有这个能力，也有这个水平。因此，可以先从现实中具体事件出发来研究分析，引导他们得出正确的结论，也使他们们受到教育。必须特别注意，应该使道德具有魅力，赢得发展，征服人心。对道德的最大打击，莫过于把道德变成一个功利的手段。而过去，在无意识的情况下，总把做好事与成为劳模、晋升干部结合起来，道德是求得内心的完善，而不是外在的荣誉、功利。因此，平时应多宣传利他精神，多为社会做贡献，这是净化人灵魂的需要，也是这个社会绝对需要的。

（三）科学研究途径

科学研究是一项极其艰辛和极需牺牲精神的工作，热情、执着、富有信念是从事这一事业所需要的最可贵的品质。因此，在研究具体学科的同时，我们也应要求教师进行该门学科发展史的研究，注意到科学家的探索历史，注重中外这方面研究的比较，由此使他们体验到一种精神，自觉形成一种品格。对重大成果的宣扬应着力于该项成果所付出的艰辛劳动过程。

(四) 劳动及社会实践途径

劳动不仅是劳其筋骨，更是磨炼意志的一种重要手段。在劳动教学里，既包括掌握一定的手工技能和技巧，也包括了解材料和某些性能，还能培养这样一些宝贵的个性品质，如学会集体工作，热爱劳动，克服国难的坚毅精神等。学校教育应该与社会实践紧密结合，一旦离开了社会实践，不仅会因失去现实基础而成为无源之水无本之木，而且也会失去检验的标准而无法进行客观评价。

因此，学校德育工作应加强行为实践活动，以增强德育工作的吸引力，教师必须积极参加劳动，投身于社会实践中，才能与他人、与社会发生关系，了解人与人之间的各种道德关系，才能不断积累情感体验，提高道德意识水平并形成相应的道德行为和习惯。

一个有道德、有理想的人，他会努力地学习劳动，参加各种社会实践活动，同时，一个正在丰富自己的人，他的道德修养也会在逐渐地提高。教师培训工作中的德育工作是一项艰苦而又伟大的工程，除需要德育工作者做许多细致复杂的工作外，学校及行政部门还应该进行总体设计和通盘考虑。不搞花架子，不做表面文章，把德育工作作为继续教育中的一个重要工作来抓，并落到实处，只有这样，才能适应21世纪的教育对师训工作提出的新要求。

第十一章　德育建设与法律素养

第一节　大学生法律素养及德育再思考

　　大学生的法制教育从我国的普法教育开始就一直常抓不懈，并且取得了很好的效果。经过几十年的努力，大学生的法律意识增强了，能够自觉遵守法律，依法维护自己的合法权益。从大学生进校的第一天起，法律法规、纪律制度的宣传教育伴随着学子们一路走过。

　　素养是指"人在先天生理的基础上后天通过环境影响和教育训练所获得的、内在的、相对稳定的、长期发挥作用的身心特征及其基本品质结构"，实质是指人们在经常修习和日常生活中所获得的知识的内化和融合，它对一个人的思维方式、处事方式、行为习惯等方面起着重要作用。具备一定的知识并不等于具有相应的素养，只有把所学的知识通过内化和融合，并真正对思想意识、思维方式、处事原则、行为习惯等产生影响，才能上升为某种素养。对大学生的法律教育使大学生具有了法律知识，有了一定的法律意识，但并没有真正形成法律心理和法律道德意识，在现实生活中没有形成用法律来分析自己行为、约束自己行为的习惯和能力。法制教育需要两个大环境：一是法制教育的客观环境，即国家必须有健全的法律体系，有一个能客观公正执法的队伍和公正执法的社会现实；二是法制教育的主观环境，即广大社会成员具有知法、懂法的法律意识，能够守法、用法的法律心理以及能够约束自己遵守法律的法律道德素质。目前，大学生法制教育应从以下几个方面着手。

一、大力加强法制教育，健全法律意识

　　大力加强法制教育，健全法律意识，克服法制教育过程中的"法条解读"现象。法制教育让学生懂法，主要是让学生明白哪些行为是必须做的，哪些行为是法律禁止的，利用案例说法，触类旁通式地触动大学生的情感神经，培养学生知法、守法、用法的法律意识。在今后的法制教育过程中，我们应该注意把法律的真谛通过通俗易懂的方式传授给学生，使他们将所学的法律知识变为自己知识体系一部分，从而提高他们内在的素质；使他们用内在素质约束外在行为，从而整体上提高自己知法、守法的水平。

二、健全学校内部管理体制，构建和谐的校园伦理关系

随着高等学校教育体制改革的不断深入，高校办学形式越来越多样化，招生规模日益扩大，为了适应不断变更的教育体制改革，学校的育人模式也在不断发生变化。在高校学校教育中，"教书育人、服务育人、管理育人"是教育的宗旨。教育是核心，管理是保证，服务是拓展。学校必须健全制度，改进作风，做好管理和疏导工作，切实加强学生的管理工作。通过健全各项规章制度，规范学生的各种行为，从而形成良好的班风、校风。管理人员应注意深入实际，重视调查研究，切实了解学生的各种困难，及时发现并处理各种矛盾。这是从日常生活的"细"处着手，培养学生遵纪守法的良好习惯。对思想政治问题，要耐心细致，入情入理。对有犯罪苗头学生的违法违纪行为要严肃处理，更要解决其思想症状，防范其走向犯罪。校园内部管理制度的健全和内部管理的加强，是通过强制规范行为增加大学的软实力，即通过校风、教风、学风以及学校的凝聚力、吸引力、向心力，形成和谐的校园伦理关系，即校园心理环境的形成——学校内部与其成员之间的心理互动关系，便于各种问题和矛盾的解决。

三、关注大学生的心理，加强健康心理的引导

大学生正处于青年时期，其生理和心理日趋成熟。他们感情丰富，心理起伏大，容易冲动，分析判断能力不成熟，自控能力差，做事欠考虑；渴望走向社会却没有完全走向社会，缺乏社会阅历和人生经验，面对纷繁复杂的社会，如果没有正确的引导，很容易误入歧途，甚至走上犯罪道路。培养大学生健康的心理应从以下几个方面着手：首先，加强思想道德修养教育，培养正确的人生观和价值观。明确人生目的和人生价值的真正含义，形成正确的人生态度和人生方法是大学生道德教育的首要问题。在学生教育过程中，由于学生不理解世界观、人生观、价值观的真正意义，所以反复对他们强调生活态度和人生方法等一系列问题，很难取得理想的效果。只有将理论问题通俗化于现实生活当中，才能让学生自己理解人生目的、人生价值以及人生态度的意义。其次，抓住实例教学时机，培养大学生心理承受能力。关键性事件和社会压力对于心理趋于成熟而未成熟、心理波动很大的大学生来说是关键性因素。因此，在日常教学管理过程中，要抓住"特别"时期的一切"特别"事件，如评奖学金、评优秀、评困难补助、校风学风整顿等事件，以客观公正、严肃认真的管理方式，让学生从大学这个小社会明白生活道理，克服心理脆弱现象，提升应对挫折的能力。最后，关注有"问题"的学生，引导学生正确看待自己所面临的问题。大学生诸多违法犯罪案件发生的主要原因在其心理不健康，导致对问题认识有偏差。如因贫困或某些缺陷而自卑，形成怀疑一切，对社会不满的仇视

心态,以至于不能自拔,最终走向犯罪。对这类学生的掌握,要求老师及其管理人员深入学生生活,细心观察,以朋友的身份与学生交往,进而促使其主动与老师交谈,克服其心理障碍。或者通过"朋辈心理辅导"方式,及时掌握有"问题"的学生,以便"对症下药"。因为他们具有空间距离近、交往频繁等特点,通过较有能力的同学了解,会更及时发现问题,尽早解决问题,防止问题激化。

四、培养良好的习惯

法制教育是意识教育,教育的目的是要将所学的法律知识内化和融合,并能自觉运用法律分析判断和控制自己行为,即将意识转化为行动,这就需要人的自觉性。心理学研究表明:一个人的习惯21天就可以养成。对没有自觉性或自觉性较差的学生可通过让其参加一些任务式的组织活动,或者发现学生的兴趣、动机、情感和意志,培养其良好的生活习惯,养成自觉性,巩固法制教育的成果。在这个教育过程中,教育者的专业能力、人格魅力是至关重要的,要有能为人师、乐为人师、善为人师和学为人师的精神风貌。

第二节　高校法律素养教育在德育教育中的实效性

随着我国社会主义法制建设的教育不断完善以及法制风气的形成,高校德育教育也融入了法律的元素,从而更体现了大学生法律素质教育的重要性。法律素质已成为21世纪大学生思想道德素质中不可缺少的一部分。如何确定法律素质教育在高校德育体系中的地位,如何处理德育教育和法律素质教育的关系,如何推进德育教育和法律素质教育的不断融合是本节的意旨,也是对高校德育建设中的法律素质教育建设的探索。

一、法律素质教育在高校德育教育体系中的地位

何谓德育教育?这也是探索法律素质教育的前提。德育根据《现代汉语词典》上的解释,是指"政治思想和道德品质的教育"。按照国家教育委员会的定义,"德育即思想、政治和品德教育……""高等学校德育的任务是运用马克思列宁主义、毛泽东思想和邓小平理论,教育学生坚持社会主义方向,树立科学的世界观和正确的人生观,形成良好的道德品质,把学生培养成为有理想、有道德、有文化、有纪律的一代新人。"

无论是从词源的角度还是从官方的解释来看,德育教育都指的是按照社会普遍任何的一种价值标准和行为准则来制定人们特定的思维和行为方式高校法律素质教育是培养学生建立社会主义法律意识,加强法制观念,以增强学生的法律意识,自

觉地遵纪守法,其核心是培养大学生社会主义法律意识。根据我国德育教育的规定方案,法律素质教育本来的定位是"树立人生观和价值观"的德育教育。因此,法律素质教育是属于德育教育体系范畴的。

二、高校德育教育中法律素质教育的缺失

由于法律素质教育属于德育教育体系的范畴,法律素质教育的发展受到高校德育的限制,其发展的空间也被局限在更小的空间内。因此,法律素质教育在高校德育教育范围内发展更为漫长。本书认为,法律素质教育的缺失主要体现在以下三个方面:

(一)法律意识淡薄

在金钱泛滥,权力充斥的物质时代,一些大学生认为金钱、权力等可以左右一切,加之社会、学校和家庭常常忽视对大学生法律知识的推广以及法律素质的培养,他们往往忽视了法律在现实社会的作用。由于社会的多重发展,大学生的价值观发生了多方位的变化,很多大学生的人生信条甚至是利己主义、享乐主义等,这实在与21世纪社会所需要的大学生大相径庭。另外,在高校德育环境中,大学生接触法律素质教育的机会相对少,其自身的法律知识一般只能通过有限的社会活动获得,而这些法律知识往往是片面、零散甚至有错误的。

此外,在当代社会,有相当一部分大学生缺乏最基本的法律常识。经调查表明,极少数大学生认真读过宪法,大部分大学生对刑法、民法不了解或只知一二。由此可知,由于对法律微乎其微的认知水平,当大学生自身权利被侵害时,他们常常手足无措,无法自救,根本意识不到可以运用法律武器来维护自身的权利。大学生法律意识淡薄已成为不可忽视的教育问题,大学生若不及时学法以补充自身法律方面的不足,就会致使自己的权利遭到践踏,或者导致某些大学生去践踏别人的权利,走向无视法纪甚至犯罪道路。

(二)强调权利,忽视义务和责任

权利和义务是对立统一的。大学生既要充分行使自己的权利,又必须履行相应的义务,在违反相关义务时,大学生还要承担一定法定责任。可是,部分大学生确立了以权利观念为核心的法律认识后,却忽视了他们需要承担的责任以及应该履行的义务。这些大学生无限扩大了自己的权利,强烈要求获取自身的权利,却逃避了个人需对社会应尽的义务和责任。有些大学生甚至为了达到自身利益需求,不惜以损害国家、社会和别人的利益为代价,最终导致其触犯法律,走上违法犯罪的道路。

(三)法律素质教育体系不完善,受制于旧思想

部分大学生的法律思想可以做到与时俱进,他们理解与社会进步相适应的法律知识,可他们一些行为却又受制于旧思想,这也是法律实践与法律思想不能相互

协调的原因之一。他们虽能做到提出民主、法治的要求，但缺乏依照法律办事的习惯，处理问题总寄希望于别人，这明显体现出他们对民主权利缺乏重视，这些大学生提倡在法律面前人人平等，然而遇到与自身利益相关的事物时，却千方百计地采取措施来回避法律，最大限度地为自己身谋取更大利益。

三、德育体系中法律素质教育建设的出路

在法律素质教育受制于当前高校法律素质教育的情况下，探索法律素质教育的必由之路就成为推进高校德育教育问题的重中之重。这也是不断普及高校法律知识，培养大学生法律素质值得深究的地方。在现有高校德育体系下，法律素质教育建设的出路主要表现在以下三个方面。

(一) 营造良好的法律素质教育建设的环境

促进高校法律素质教育就必须培养和建设法律素质教育的环境。法律素质教育的实行需要与高校其他相关教育环节紧密联系，同时也需要重视对大学生成人、成才的双重培养。

学校应致力于宣传法制建校和法制学习的思想，采用多方位多层次的形式（如开展法制文艺汇演、法律主题班会等宣传教育活动），多种渠道来促进大学生法制学习，以提高大学生的法律素质。

此外，高校相关部门可以采取针对性措施和条例来健全和加强约束管理机制。建立预防大学生犯罪的网络管理系统，及时发布法律信息和学校发生的重大法律事件，来排除校内外不利因素对大学生的干预和影响是很好的方式方法，从而高校可以给大学生提供一个相对健康和稳定的法制校园环境。

另外，大学生的大学生活，除了在学校，接触更多的是社会和家庭，所以我们有必要寻求和呼吁其他教育环节来相互配合、共同努力完成大学生法律素质的教育。司法机关应该有着重点地与大学定时保持联系，以此来帮助高校建立优良的校园环境。同时高校应当加强校内后勤管理和司法宣传教育，积极配合所属地公安机关做好高校周围各行各业的安全防范工作等相关事宜。最后，作为大学生家长，也要重视及时了解大学生的动态，尽量用平等的心态与子女进行沟通交流，关注他们的身心健康问题，还应和子女的辅导员保持密切联系，积极配合高校做好对子女的法制教育工作，对在自己周边出现的一些法律情形，不仅自身要有清醒的认知，更要引导子女用积极向上和乐观的人生态度对待和处理遇到的各种问题。

(二) 培养大学生法律素质教育的兴趣，强化其法律意识

在加强和完善环境教育的同时，还要注重大学生对法律素质教育的兴趣的培养，可通过多种多样的课内外活动（如法制主题班会，模拟法庭辩论，法律协会，感受庭审现场和参观律师事务所等）实现。与此同时，还需强化大学生自身对法律

认知的程度。大学生的宪法意识、契约意识、公民意识、守法意识、权利和义务意识等是高校法制教育要着重培养的方面。高校法制教育要指引大学生正确认识自己，认识社会，建立正确的人生观和价值观，运用法律意识来规范自身的言行举止。当在学习生活中遇到纠纷或问题时，大学生要学会冷静和克制，把握好应对的基本态度。此外，要充分利用大学充裕自由的时间，从内心深处认可法律，并把所知所学的法律知识切实运用到学习生活中去，养成依法办事的良好思维习惯和行为方式，从而使大学生真正做到做好知法、学法、守法、护法。

(三)"德法并重"的教学体系建设

建立"德法并重"的教学体系，是加强在现有德育体系下的法律素质教育建设的日臻提升和完善的需要。法律素质教育的师资队伍的优化和加强是首要任务。

法律素质教育是一项知识性、实践性较强的综合性教育工程。因此，为保证高校人才的培育质量，就需要配备具有相当理论水平和实践经验的优秀法律知识教师队伍。我们应当根据高校的专业特点和师资队伍，重点建立一支有层次的、有优秀水平的规范师资队伍梯队。另外，要加强加大教师队伍的专业教学培育的力度，坚持不懈地学习法律知识，将重点放在完善课堂教学上，可以聘请法律界知名人士和学者定期定量地为大学生做讲座。此外，还可以利用课后时间采取诸如模拟案件、法律辩论等多样化方式对法律素质教育加以深化和补充。同时，授课教师之间以及授课学生之间也需要定期或不定期地进行教学交流和专业学习。法律教学不同的专业应尽量找到法律契合点。最后，教师在生活中应当做到公平、公正、守法和护法，用自身的言行举止引导大学生履行法律义务，使大学生的生活融入和贯通法制知识和常识。

其次，在进行德育教育的同时，还需要不断地将法律教育融进和贯彻到高校教育体系中，在德育中推广法律素质教育，在法律素质教育中推广德育，做到"德法"教育的融会贯通，从而使二者相互促进，共求发展。

最后，我们必须不断提升和加强法律素质教育在高校德育体系中的地位，要在教学上和制度中日益提高法律素质教育的操作性和可行性。这样，大学生可以从单调地学习法律知识，转变为具有法律意识和法律认知，再从法律意识和认知全面提高到法律素质。这也是我国高校德育体系的必由之路。

第三节　发挥德育课功能提高学生法律素养

学生是社会的一个重要群体，他们的法律意识直接关系到社会的稳定发展，因此，加强学生的法律知识教育，提高他们的法律素养，对于依法治国有着重大的意义。

法律素养包含法律知识、法律意识、观念，法律信仰。人的法律素养，是通过其掌握、运用法律知识的技能及其法律意识表现。学生获得法律知识的渠道是多样的，学校德育课中的"职业道德与法律"课程是学校进行法制教育的主渠道。如何在职业道德与法律课堂中提高学生的法律素养，本书有如下思路。

一、法律基础知识渗透到学校规章制度中，帮助学生养成良好行为习惯

职业道德与法律课教学的目的是有助于学生增长法律知识，有助于提高学生分辨是非的能力，帮助学生提升养成良好行为习惯的自觉性。美国教育家杜威[①]在《道德教育原理》中指出：品德的内容一定要转化成为个人自己的活动、习惯和欲望。杜威强调了德育实效应该体现为习惯养成和动力机制形成，而动力机制形成也应落实为养成良好习惯的自觉性。我国教育家叶圣陶在《习惯成自然》中更明确地强调："教育就是培养习惯。"学校的规章制度是基于国家的法律和人们的道德认识而建立的，是学校正常的教育教学秩序所必需的。一般而言，学校制定的规章制度既体现法律的精神和要求，同时又符合学校的实际，因此，课堂上对学生进行法律知识教育的同时将学校的规章制度结合起来，因势利导地进行法律和规章制度方面的教育，让学生认识到学校规章制度的正确性、合理性和必要性，熟悉和掌握学校的各项规章制度，做到真正遵守规章制度，按规章制度办事，为今后能自觉遵守国家的法律法规奠定良好的基础。例如，针对学生中存在的随意旷课、夜不归宿、损坏公物、打架伤人等现象，讲明"小错"与"大错"，违纪与违法之间存在着因果关系，告诫学生"勿以恶小而为之，勿以善小而不为"，作为中职学生在校期间应该自觉养成遵纪守法的好习惯。

二、结合实际进行案例教学，激发学生的学习兴趣，提高学生学习积极性

兴趣是人们力求接触某种事物或从事某种爱好活动的意识倾向，是一种带有趋向性的心理特征。科学研究表明：一个人做他感兴趣的工作，他的才能可能发挥80%以上，做不感兴趣的工作只能发挥20%。学习也是如此，如果学生对某一门课程不感兴趣，不仅会抑制学生学习主动性、积极性，而且会直接影响教学效果。因此，在政治课教学中如何巧妙地设置情景激发学生的学习兴趣就成为培养学生创新精神和实践能力的首要条件。达尔文因为对大自然产生了浓厚的兴趣，并以极大的热情去野外学习和搜集标本，以致后来成为著名生物学家。"成功的秘密在于兴趣。"

---

① 约翰·杜威（John Dewey，1859—1952年），美国哲学家、教育家，实用主义的集大成者。

可见，一个人当他对某种事物产生兴趣时，他就会主动地、积极地、执着地去探索。在教学过程中能否激起学生的积极思维，在很大程度上是要依赖兴趣做导向，如果教师在课堂授课时单纯从理论到理论，学生听不懂，就会感到枯燥无味，调动不起学生的学习兴趣，更不可能给学生留下深刻的记忆，所以教学过程中要将现实生活中真实的、具体的案例引入课堂，实施案例教学，充分发挥教师的主导作用和学生的主体作用，激发学生学习的主动性、积极性和创造性。例如，在教授"违反治安管理的行为"内容时，结合发生在学生身上的一些不良行为以及违反治安管理行为，先让学生列举身边各种违反治安管理的行为，然后引导学生回归书本，查阅违反治安管理行为的类型，最后请学生指出这些行为属于哪类违反治安管理的行为。这样，引导学生积极主动参与到课堂活动中来，活跃了课堂气氛，也达到了教学目的。

三、有针对性地选择与专业相关的内容教学，提高学生学习法律基础知识的实效性

中职学校是为社会输送第一线工作的高素质劳动者和中初级专门人才的学校，是学生走向社会的"纽带"。我们的法律基础知识教育必须教会学生怎样适应社会，跟上时代的步伐，修身、修艺、学会做人，学会用学到的知识和技能为社会做贡献。尽管他们所学的法律基础知识是一样的，但专业不同，运用法律知识解决具体法律问题的需求也不一样。他们除了要掌握基本的公共法律基础知识以外，还需要了解将来所从事行业专业部门的相关法律法规，因此要充实学生的行业法律知识。如在教学中，本书结合行业法规教育，依据不同的专业，在讲授教材规定内容的同时，适时地选择一些行业法律法规知识进行讲解并以知识问答形式引起学生注意。同时针对与专业有关、与未来从事的职业有关、与生产经营活动有关的犯罪行为，如受贿罪、贪污罪、挪用公款罪等，进行预防性的讲授，提高学生守法的自觉性、警觉性。

总之，生活在法治社会，离开法律寸步难行，通过发挥德育课对学生进行法律基础知识教育，有助于学生增长法律知识，有助于提高学生分辨是非的能力，从而提高学生的法律素养、法治意识，掌握专业技能的同时也成为一个知法、懂法、守法的合格的学生。

第四节　渗透式法律素质教育是拓展高校德育的有效途径

社会主义法治国家的建立和完善必然以提高公民的法律素质为前提和基础，高校德育目标的实现同样离不开大学生法律素养的提高。尽管高校法律素质教育正逐

步由知识本位的教学培养模式，向素质本位的现代法律素质培养模式转变，并取得一定成效和社会影响，但当前法律素质教育形式的多样化需求与现行法律教育单一化之间仍然存在矛盾，而渗透式法律素质教育方式将能较好地解决这一问题，促成高校德育目标的有效实现。

大学生法律素质教育作为高校德育的重要组成部分，近年来随着一系列课程改革的开展在不断健全和完善，高校法律素质教育正逐步由知识本位的教学培养模式，向素质本位的现代法律素质培养模式转变，并取得一定成效。但当前法律素质教育形式的多样化需求与现行法律教育单一化之间仍存在矛盾，导致大学生法律运用能力不强，法律意识薄弱，缺乏法律主动参与性，整体法律素质不高。

一、高校法律素质教育现状及原因分析

高校法律基础教育集中授课课时有限，另外，作为高校公共基础课也很难从考核环节上强化，由此造成学生学习积极性普遍不高，平时混日子，老师讲课"左耳朵进，右耳朵出"，期末考核时，根据老师提出的知识重点集中记忆一下，即可修满该课程学分。

学生在法律学习中没有"动感情"，即没有产生法律情感，对于学习抱着应付、逃避和冷漠的态度，又怎么能够希望这样的学生拥有较高的法律素质呢？

受历史和传统的局限性影响，高校法律素质教育存在教材内容单一、教学形式固定、教学方法滞后的现象。学生接受法律教育的过程仅仅是坐在课堂上听老师讲完四十五分钟，四十五分钟之外的时间便被完全抛弃，不同个性的学生接受了步调一致、完全相同形式的法律教育，其后果只可能是一群毫无个性特色的学生背诵同样的教学内容，以期待期末考核的分数而已。

高校传统法律教育过程中，所有非法学专业的学生接受的是同样的法律基础教育内容，因此课堂法律教学方式大同小异，步伐一致。表现在考核机制上，高校法律基础课程期末考试试卷内容全校统一，根本没有专业区分。在这样的法律"共性"教育模式下，学生能够从法律教育过程中学到的只可能是基本的法律常识，在自己学习的专业领域，尽管拥有较多的知识积累和专业素养，却没有相应的法律认知和法律运用能力，较高的专业素养和极低的专业法律知识储备之间形成了强烈反差。

二、具体措施和对策

具体措施和对策采用渗透式法律素质教育模式。在高校法律素质教育过程中，科学有效的方式和方法将会大大促进学生法律意识的增强，形成法律情感、法律信仰，最终实现高校德育目标。其中最为有效的即为专门法律教育和渗透式法律教育

相结合的培养模式。专门法律教育本质是有关法律知识的系统教育和正面宣传,是一种显性的教育方法;而渗透式教育是把对学生的法律素质教育融于特定的载体,通过熏陶和感染,来达到教育目的,是一种隐性的教育方法。在具体实施过程中,必须把两者有机统一起来,才能切实有效地提高高校法律素质教育的教育效果。

(一)法律情感教育融入具体法律基础教育

法律情感,是指人们对法律及法律现象所持有的情绪体验,诸如对法的认同或否定、支持或抵制、热爱或冷漠、信仰或敌视等情感。法律情感的形成要在人的心智发展到一定阶段,具备一定的认知能力后才会形成,尤其是大学生的法律情感,它是在高校法律素质教育的过程中,通过特定形式的法律知识学习才能培养起来。例如,当人们在现实生活中接触到有关"不法侵害"事件,诉诸法院判决后,人们对于判决结果的公平与否会产生自己的看法,进而在内心产生对于相关法律行为的判断和评价。在以后自己遇到法律纠纷时,这个态度会影响到他选择何种方式来解决纠纷。高校法律素质教育要培养学生的法律情感,与日常生活中人们对法律形成的简单好恶态度不同,是通过对法律知识进行集中和相对系统的学习去认识法律、理解法律,进而使学生达到自觉地对法律产生积极情感的效果。学生只有对法律产生积极正确的理性情感,才会从主体性角度出发,真正把法律意识和法律思维方式内化至自身的观念结构中,进而外化为一定的行为习惯。如果没有法律情感的触动,法律信仰也就变成了无本之木。

首先,明确法律情感教育的培养思路。法律情感教育的恰当渗入可以促进学生更好地完成对法律知识的学习、消化和掌握,提高高校法律素质教育的教育效果。对于大多数非法律专业学生来讲,纯粹的理论讲解很难调动他们的课堂学习积极性,更勿论去培养他们对法律的认同、热爱和信仰等情感。心理学研究认为,态度是一种心理和行为的倾向,它形成的核心因素是价值,即人们对事物的态度往往取决于事物对它的意义大小。所以,要想培养起学生对法律的积极情感,关键是必须要让学生认识到法律的价值。在极为有限的课时内通过有选择的法律知识讲授,将法律所具有的理性、正义、自由、秩序、安全等精神品质贯穿其中,让学生认识到法律的这些可贵品质对社会个体的意义,从而使学生对法律认同、尊重、热爱。

其次,努力将法律情感教育贯穿于整个法律教学过程中。在具体的法律教育活动中,精心选择好课堂教学内容,以最能彰显法律价值的知识点来引导学生学习领会,使得法律情感自然而然地产生,促使学生从心理上愿意接纳相关理论知识的学习。当然,仅有内容的选择是不够的,教师还必须要充分利用好教学内容向学生揭示其所包含的法律精神。比如,我们在讲与合同法相关的契约自由原则时,就应当向学生讲明市场经济中,自由竞争以及合同约定过程的相关法理,使得学生能够在理解的基础上融入法律情感。

(二) 公共基础法律教育中渗入个性教育

渗透性在高校法律素质教育中的应用还表现在，在公共法律基础教育中渗入对学生的个性教育。个性教育是相对于划一性教育而言的，个性化教育尊重学生个体在兴趣、特长、思维方式、认识框架和行进路线上的差异性，以教育的独特性为手段和途径，培养受教育者良好个性素质的教育。保尔·朗格朗就曾指出："教育的真正对象是全面的人，是处在各种环境中的人，是担负着各种社会责任的人，简言之，是具体的人。"只有在高校公共基础法律教育中充分重视个性教育的渗入，才能够从根本上克服和解决当前高校法律素质教育效果欠佳的问题。只有从根源上重视学生在法律知识学习过程中的个性特点，区别对待，因材施教，充分发挥不同学生在对应法律学习方面的特长，才有可能使得全体学生都能拥有较高的法律素养和守法用法能力。例如，有的学生对于国际经济法知识有一定的认知基础，而且平常关心国际经济新闻，那么教师就应该给这个学生更多国际经济法方面的知识传授和帮助，增强学生对法律知识学习的兴趣和爱好。这样的教育方式不仅培养了学生的个性，而且利用了学生的特长，提高了他们对法律素质教育课程学习的积极性。

(三) 普通法律教育中渗入专业法律规范教育

在高校的法律教育中，一般分为针对法律专业学生的"法学教育"和面对其他非法律专业学生的"法律基础教育"。就法律专业学生而言，学习过程中会涉及大量专门的法律法规条义。而这对于非法律专业的学生来说，学习领会如此繁杂量多的具体法律规范条文知识是不可能的，也是没必要的。因为，一方面，非法律专业的学生要花大量的时间学习本专业的有关知识，没有时间和精力再去接触法律各个领域的具体知识；另一方面在马克思主义哲学"价值性原则"的指导下，人们的学习和工作应该以个人的需要出发，不能盲目进行。在高校法律教育过程中，尽管基本的法律常识是各个专业学生都必须掌握的，但仅仅具备基本的法律常识是远远不够的，社会更多地需要他们在各自的工作专业领域灵活运用法律，为法治社会的健康运行添砖加瓦。所以，大学生的法律素质教育应该根据不同专业学生不同的法律学习需要，在内容安排上适当加入相应选学内容，供不同专业学生以及有不同法律学习兴趣的学生选择学习；执教教师在备课过程中，适当考虑学生的专业情况，准备和选取与其专业相关的案例和材料。这样，一方面增加了学生对本专业相关法律的掌握和理解，另一方面也更能调动学生对法律学习的积极性。例如，行政管理专业的学生，可以适当地增加相关行政法律法规的学习，列举案例时尽量安排行政诉讼案例和行政执法法律事件给学生；对于外语专业的学生则可以适当地安排学生所学语种国家的法律法规的简单介绍，并补充有关国际私法、国际经济法的相关内容，拓宽学生的视野，增强他们日后的工作适应能力。

(四)其他学科分散式的法律教育渗透于集中式的法律教育

我国现阶段高校法律教育,需要和其他相关学科课程整合和渗透,尤其是其他分散式学科的法律内容要渗透到集中式的法律教育中去。这样不仅可以强化学生在法律课堂学习中初步形成的法律意识,还可以使得该学科的内容更加丰富、生动、全面。例如,在高校法律基础课课堂上,针对哲学专业的学生,除了讲解一般法理知识之外,可以通过介绍"苏格拉底""哥白尼"等哲学人物,向学生讲解人物所处时代的律法和规定。这样不仅拓宽了学生的知识面,还帮助学生了解了法律的发展历史。

当然,在实际操作中,法律知识和其他学科内容的相互渗透并不是简单的相加,而是有机的、合理的加工,使其他学科法律内容真正成为对学生法律知识教育的一部分。另外,在相关学科的教育过程中强调学生法律意识的巩固,必须注意方式方法,尽量采取正面宣传的形式,避免因为不恰当的反面讲解引起学生的误解,形成错误的法律观念,使法律渗透教育起到适得其反的作用。

(五)活动课程渗入学科课程中

在教育实践中,人们越来越注重活动课程和学科课程的相互结合,表现在当前的高校法律教育过程中,将法律活动课程渗入到集中的法律学科课程教学中去。改变以往死板的师生教授关系,固定的教学场地,单一的教学方式,在法律活动课程中,学生需要掌握的法律知识已经在老师的精心设计和安排下,融入有关的互动活动中,学生感受到活动形式的丰富多样,如案情重演、法律观点辩论会、旁听法院公开审判、和公安局长谈心,等等。这样轻松活泼的活动形式,使学生没有被强制学习的精神压力,主动参与到活动中,在潜移默化中学到了法律知识,形成了正确的法律情感。而且,法律活动课的教学效果往往要比集中的课堂理论知识灌输课好得多。

由于活动课程的流动性和开放性,如果教师不能很好地把握活动课教学内容的主方向,在过程中往往会出现失控的现象,或者有关教师面对一些突发问题没有心理准备,致使整个活动课程失去秩序。学生不仅没有因此学到有用的法律知识,反而会对法律产生误解,甚至强化其以前对于法律的片面错误的观念。由此,作为高校法律素质教育工作者,在积极将法律活动课程渗透至法律学科集中教学课程的同时,要有更多法律知识储备和法律运用能力,以便更好地提高大学生的法律素质。

结 束 语

德育内容非常丰富,从爱国主义理论、人生价值观到心理健康等涵盖多方面。德育建设是教育中必不可少的要求,我国想要建设成文化强国就需要加强职业道德建设。学校作为在学生职业规划中的引导者,首要任务就是通过积极有效的方式来开展德育工作,同时多层次、多方面、多价值、多要求提高学生思想道德与法律素养的培养,让学生接受德育和法律方面的潜移默化的文化教导,为未来的择业选择、职业理想、职业道德、就业形势等做准备。

中国特色社会主义的共同理想教育和以改革开放为核心的时代精神的培育,是社会主义核心价值体系的重要主题,更是高校育人的根本。大学是人生新的起点,如何度过大学时光,将在很大程度上决定一个人今后的发展。大学生在校期间培养的素质和能力成为其就业竞争力的核心,大学生在校期间如何转变观念、认识纷杂的世界,如何抓住机遇、适应社会变革,是大学德育的一项重要任务。以德育为先导,引导学生树立正确的人生观、价值观和就业观,规划职业生涯,是大学生成长、成人、成才的有效途径。

对自己有一个准确的认知是就业规划的原则。就业规划的过程本身也是一个发现自己、了解自己的过程,认识自我是职业合理定位的前提。在做自我评估时要重新审视自己的人生观和价值观,在做规划的过程中,通过认识自我、剖析自我、发现自我、挖掘自我,从而了解自己的职业意愿,建立起自我的职业期望,从实际出发为自己做出一个合理的定位。在自我认知的过程中,个人的社会责任意识、诚信守法意识、团队合作意识等都会在全面的评估中得到体现。

在就业路径的选择上,要紧贴实际,重在实践。就业规划实践就是将自己的职业生涯规划目标落实为实际行动,不断接受社会、企业组织和他人反馈的信息,对自身的职业体力倾向、职业能力倾向和职业个性倾向予以全面科学的衡量与评价,实现择业观从"我能干什么"的理想型向"我会干什么""或我适合干什么"的现实型转变。就业规划的目的在于实现个体的和谐、可持续发展。就业规划是要帮助个人正确认识自己,在充分了解了内外环境有利和不利因素的情况下,设计出合理且可行的职业生涯发展路径,使自己的规划符合自己的兴趣,符合社会的需要。

现代德育建设能够满足基于当前形势下,在校学生对于职业生涯规划教育的期望。如今大多数学生会陷入未来的就业或创业问题这样的困境中,如何在工作中取得进步,如何面对工作和竞争激烈的当今社会是大部分学生要面对的现实,大部分学生无法把握就业以及未来发展的难点,学生乃至家长都对这种职业生涯规划教育抱有更多的依赖。所以,现代德育建设应当让学生自主选择未来的就业方向,通过更积极、更好的实践发挥出更大的发展潜力。现代德育建设不仅仅是一般的教育理念,可适当加入德育课程和内容,这样也能完善德育工作,有利于被学生广泛接受,让学生充分认识到自己的能力和潜力,对未来的挑战充满信心和准备。

参 考 文 献

[1] 齐琳琳. 全面依法治国背景下大学生法律素养的提升 [J]. 中国高等教育，2016，(Z2).

[2] 潘建. 全面依法治国视阈下大学生法治修养培育研究 [D]. 重庆师范大学，2016.

[3] 黄夏. 依法治国背景下大学生法律素养提升路径优化探析 [J]. 法制与社会，2016(14).

[4] 冯刚. 着力提升大学生思想政治教育工作质量 [N]. 中国教育报，2015(01).

[5] 王滨有，贾少英. "思想道德修养与法律基础"课程实践教学的思考 [J]. 清华大学学报 (哲学社会科学版)，2006(2).

[6] 陈锡敏. 试论道德的法律意蕴 [J]. 思想教育理论导刊，2008(3).

[7] 黄邦道. 论当代大学生法律思维方式的培养 [J]. 重庆科技学院学报，2008(5).

[8] 田大治. 高校依法治校存在的问题及对策 [J]. 新乡学院学报 (社会科学版)，2012(5).

[9] 张康. 关于加强大学生思想政治教育中的法制教育研究 [J]. 湖北经济学院学报 (人文社会科学版)，2014(3).

[10] 张大方. 大学生法律信仰培育体系的构建 [J]. 法制博览，2014(2).

[11] 贺志明. "思想道德修养与法律基础"课教学中公民法律信仰的培养 [J]. 首都教育学报，2012(8).

[12] 刘旺洪. 法律意识论 [M]. 北京：法律出版社，2001.

[13] 刘捷. 专业化：挑战21世纪的教师 [M]. 北京：教育科学出版社，2002.

[14] 朱小蔓，笪佐领. 新世纪教师教育的专业化走向 [M]. 南京：南京师范大学出版社，2003.

[15] 连秀云. 新世纪教师职业道德修养 [M]. 北京：教育科学出版社，2005.

[16] 劳凯声. 变革社会中的教育权与受教育权：教育法学基本问题研究 [M]. 北京：教育科学出版社，2003.

[17] 李东颖. 北大沉着当被告 [N]. 北京青年报，1999(25).

[18] 谭晓玉. 当前我国教育法学研究的价值取向: 若干问题与思考[J]. 清华大学教育研究, 2001(1)

[19] 陈鹏, 补占勇. 论教育法的价值冲突及其选择[J]. 中国教育学刊, 2004(5).

[20] 迟成勇. 论当代大学生就业观之建构[J]. 中国石油大学学报(社会科学版); 2012(02).

[21] 张维平. 教育法规咨询[M]. 哈尔滨: 黑龙江人民出版社, 2002.

[22] 张维平. 中小学校学法用法案例评价[M]. 沈阳: 辽宁大学出版社, 2002.

[23] 郭瞻予. 中小学教育违法心理形成及预防[M]. 哈尔滨: 黑龙江人民出版社, 2002.

[24] 滕丽. 教育法通论[M]. 哈尔滨: 黑龙江人民出版社, 2001.

[25] 严一新. 基础教育法规概论[M]. 武汉: 华中师范大学出版社, 2001.

[26] 苏伟栋. 从教师专业发展看有效提高课堂教学管理质量[J]. 现代教育管理, 2010(5).

[27] 王文东. 论权利与义务关系的对等性和非对等性[J]. 首都师范大学学报: 社会科学版, 2007(5).

[28] 周兴国, 朱家存, 李宜江. 基础教育改革研究[M]. 合肥: 安徽人民出版社, 2008.

[29] 顾明远. 教育大辞典(卷2)[M]. 上海: 上海教育科学出版社, 2015.

[30] 李章科, 何定. 教师法律素质刍议[J]. 西南科技大学学报(哲学社会科学版), 2003(9).

[31] 叶芸. 对提高中小学生教师教育法律素养的思考[J]. 教育探索, 2010(8).

[32] 李晓燕. 论教师的职业法律素质[J]. 河北师范大学学报(教育科学版), 2002(02).

[33] 蔺艳娥. 提高教师法律素质推进中小学校依法治教[J]. 教育探索, 2011(4).

[34] 于江波, 翟静. 浅谈我国高校教育管理模式的创新[J]. 价值工程, 2013(01).

[35] 尚启超, 李韦华, 钟育雄等. 独立学院学生教育管理模式的研究与实践[J]. 价值工程, 2012(11).

[36] 马纪. 教育管理新认识[J]. 价值工程, 2010(14).

[37] 石中英. 教师的基本价值品质及其形成[J]. 中国教师, 2012(1).

[38] 朱旭东, 宋萑. 论教师培训的核心要素[J]. 教师教育研究, 2013(3).

[39] 覃凤梅, 谭少元. 开放教育教师培训存在的现实问题与对策[J]. 继续教育研究, 2012(2).

[40] 常宝宁. 教师培训的现实困境与对策[J]. 现代教育管理, 2011(4).

[41] 董爱玲.浅谈中小学教师的法律素养及其培养[J].教育探索,2008(08).

[42] 叶芸.对提高中小学教师教育法律素养的思考[J].教育探索,2010(08).

[43] 柴丽.中小学教师法律素质的现状反思与理性探究[J].学园,2014(5).

[44] 杨凌.论法律基础教学中的法律情感培养[J].广西青年干部学院学报,2006(05).

[45] 李硕,王晓娜.如何提高独立学院大学生的学习动机[J].中小企业管理与科技(下旬刊),2013(06).

[46] 王水江.浅析职业生涯规划的意义与解决方案[J].企业改革与管理,2014(12).

[47] 何国举.职业生涯规划对提高大学生就业满意度的影响[J].教育教学论坛,2014(31).

[48] 秉心.法治社会需全民自觉提高法律素养[N].广西日报,2017.

[49] 吴思思.提升法律素质为法治中国培养人才基础[J].智库时代,2018(22).

[50] 叶莉婵.高校法治教育的视域下谈如何提升大学生法律意识[J].法制博览,2016(12).